이야기 속의 이야기

이야기 속의 이야기

김균태

역락

서문

이야기란 문학 용어로 말하면 서사敍事인데 시간과 공간과 사건으로 이루어진다. 이런 이야기에는 문자와 말로 표출된 의미만이 아니라 드러나지 않은 의미도 그 속에 함축되어 있다. 독자나 청자는 언어로 표현된 이야기를 읽거나 듣지만, 실은 드러나지 않은 의미도 함께 감상한다. 그 의미가 자신에게 가치 있는 것이면 재미있는 이야기이지만, 아무런 의미를 찾지 못해 감흥이 없다면 무의미한 언어의 나열이니 지루할 수밖에 없다. 단순하고 재미없는 이야기 속에서 드러나지 않은 의미를 찾아낼 수 있다면 지루하고 고리타분한 이야기라도 새롭게 느껴질 수 있을 것이므로 '이야기 속의 의미'를 찾아보려고 한다. 이야기는 소설처럼 글로 쓴 문학도 있고 신화, 전설, 민담처럼 말로 구술되는 문학도 있는데, 여기서는 말로 구술된 이야기를 중심으로 드러나지 않은 의미를 탐색하려고 한다.

사실을 바탕으로 꾸민 이야기이든 상상으로 꾸민 허구이든 간에 그 이야기가 가치 없다고 생각되면 들어도 금방 잊어버려 관심에서 멀어지지만, 지루하고 재미없다고 여긴 이야기에서 어떤 의미를 발견하면 그것이 늘 자기의 마음속에 남아서 삶의 지표가 되기도 한다. 마음에 남았다는 것은 비록 꾸며진 것이라 해도 이야기에 담긴 의미가 내 삶에 가치가 있기 때문인데, 이야기에 담긴 의미는 바로 이야기 속에 숨겨진 진실이고 이것을 탐색하는 작업이어서 글 제목을 『이야기 속의 이야기』라고 했다.

어렸을 적에 밥을 먹다가 상 밑에 밥알을 흘리기도 하고 밥그릇에 남은 밥알을 깨끗이 먹지 않고 남기기도 하는데, 이를 본 할머니는 밥알이 밥상 앞에 이르기까지 얼마나 많은 과정을 거쳐왔는지 그 지루한 밥알의 내력을 손주에게 예외 없이 이야기하신다. 할머니 시대에는 농부의 손을 거치지 않고서 이루어지는 농산물이 없으니, 농부의 수고에 늘 감사하는 할머니는 쌀 한 톨 밥알 하나가 모두 귀하지만 꼭 아까워서가 아니다. 농부의 수고가 헛되이 되는 것이 마음속에 걸려서고, 밥상까지 오르게 된 밥알의 일생이 마지막 순간에 손주의 부주의로 그르치는 것이 안타까워서다.

농부가 볍씨를 소금물에 담가 두었다가 잘 여문 것만 골라 모판에 뿌리고 싹이 트고 어느 정도 자라면 본 논에 모내기부터 시작해서 7월 백중 때가 되면 세 번째 김매기를 하는데, 이것이 마지막으로 잡초를 제거하는 만도리[만물]다. 그러고 나면 한 해 벼농사의 풍·흉년을 예측할 수 있어, 풍년이 들라치면 마음에 따라서는 풍물놀이를 하는 '풍장굿'이나 '삼동굿'을 벌이기도 한다. 또 '머슴날'이라 하여 그간 농사일로 수고한 머슴을 위해 음식을 장만해서 대접하고, 새 옷도 한 벌 지어주며 소에 태워 마을을 돌면서 위로하는 행사를 벌인다. 요즘으로 말하면 '근로자의 날'인 셈이다. 이러다 보면 벌써 추석이 다가와 가을걷이가 시작되고, 베어 말린 나락을 털어서 가마니에 담아 저장해 두었다가 필요할 때 방아를 찧어 벼 껍질을 벗겨야 비로소 밥 짓는 쌀이 된다. 이렇게 지루한 이야기를 손주가 밥알을 흘릴 때면 반복해서 들려주어 밥알의 아름다운 일생이 헛되지 않기를 바라는 마음에서 손주에게 타이른다.

할머니 자신도 밥을 지으려고 쌀을 씻고 솥단지에 앉히는 중에 행여 쌀이 그냥 버려질세라 늘 조심스럽게 밥쌀을 다룬다. 할머니는 볍씨에서 시작해서 밥그릇에 담겨 밥상에 오르는 쌀 한 톨의 일생을 그르치지 않으려고 늘 조심한다. 과거에는 쌀이든 잡곡이든 그것이 아주 귀해서 이렇게 하는 것을 당연하게 여겼다. 밥알의 내력을 아는 할머니는 손주의 부주의로 어렵게 밥상에 오른 밥알의 일생이 그르치게 되고, 농부의 정성이 물거품 되는 것이 마음에 걸리니 귀한 손주지만 그 지루한 이야기를 주문 외듯 한다. 할머니의 지적을 잔소리로 여기고 짜증을 내는 손주가 서운하지만, 할머니는 그저 웃으면서 "얘야, 밥투정 부리면 복 달아난다."라는 말씀으로 자신을 달랜다.

밥알을 흘릴 때면 들려주어 지루하게만 느껴졌던 할머니의 잔소리가 귀한 밥알이 아까워서가 아니고, 농부가 쌀에 쏟은 정성이 허사가 되고, 밥알의 일생을 그르치는 것이 안타까워서 하신 말씀인 것을 청년이 되어서야 깨닫는다. 이런 손주가 교사라도 되어 남을 가르친다면, 학생의 일생이 자기로 인해서 그르쳐져서는 안 된다는 생각으로 자기가 할 일을 게을리하지 않을 것이다. 이는 버려진 밥알의 일생처럼 자기 때문에 가르치는 학생들의 일생을 그르쳐서는 안 된다는 생각이 한순간도 마음에서 떠나지 않으니, 잔소리 같던 할머니의 이야기가 이제는 손주의 마음속에 삶의 지침이 되었다. 이런 사람은 수도꼭지에서 나오는 물 한 방울도 하수도로 그냥 흘려보내지 않을 것이고, 정성들여 만들어 준 음식을 함부로 버리지도 않을 것이다.

이처럼 이야기에는 겉으로 드러난 것보다 드러나지 않은 의미를 찾아내어 읽어야 지루하지 않고 가치 있는 것이 된다. 이런 마음으로 요즘 시대에는 지루하게만 느껴져 전혀 어울리지 않은 옛이야기 속에 담긴 의미를 찾아보자.

2025년 8월

저자 김균태

차례

일러두기

* 여기에 실린 글은 과거 학회지에 발표했던 것을 제목에 어울리는 글로 고쳐 쓴 것과 새로운 이야기를 찾아 작성한 글을 함께 실었다. 이야기 제목은 < >로 구분했다.

1.
곰과 교혼交婚한 이야기

환웅桓雄과 웅녀熊女

환웅桓雄과 곰[웅녀]이 혼인婚姻하여 고조선의 시조 왕 단군檀君을 낳은 이야기는 사람과 곰이 교혼交婚한 대표적인 사례다. 이를 고조선 건국 신화神話라고도 하는데, 일연一然이 찬술한 『삼국유사』 <고조선> 조에 전한다.

"환인桓因은 서자庶子 환웅桓雄이 인세人世를 다스리려는 뜻이 있음을 알고, 천부인天符印 세 개를 주어 인간 세상을 다스리게 했다. 환웅은 무리 3천을 거느리고 태백산 신단수 아래 내려와 환웅 천왕天王이 되었는데 그곳을 신시神市라고 한다. 이때 곰과 호랑이가 같은 굴속에 살면서 환웅에게 빌어 사람이 되기를 바랐다. 환웅은 쑥과 마늘을 주고 이것을 먹고 백 일 동안 햇빛을 보지 않으면 사람이 될 것이라고 했다. 곰은 삼칠일[21일]을 참아서 웅녀熊女로 변했지만, 호랑이는 그렇게 하지 못해서 사람으로 변신하지 못했다.

웅녀는 혼인할 사람이 없어서 신단수 아래에 나아가 아기를 갖도록 해 달라고 기도하니, 환웅이 남자로 변신하여 그녀와 혼인하고 잉태하여 낳은 분이 바로 단군왕검이다. 나라 이름을 처음에 조선이라고 불렀고, 도읍을 백악산白岳山[평양 부근 또는 지금의 구월산이라고도 함.] 아사달阿斯達로 옮겨 1500년을 다스렸다. 주周나라 무왕武王이 기자箕子를 이곳에 봉하자, 단군은 다시 장당경藏唐京으로 옮겼다가 뒤에는 아사달에 숨어 산신山神이 되었다."

환웅은 천제天帝 환인桓因의 서자庶子[장자長子가 아닌 아들]로 하늘에서 내려왔고, 그때 곰과 호랑이는 같은 굴속[지역]에 살면서 사람이 되기를 바랐다. 그런데 곰만 웅녀가 되어 환웅과 혼인해서 단군을 낳았다. 이야기로만 보면 단군을 역사적인 인물로 볼 수 없어서 김부식金富軾 같은 이는 『삼국사기』를 기자조선箕子朝鮮부터 기술했지만, 일연一然은 위에 소개한 것처럼 <고조선>부터 기록하여 고대사에 대한 인식의 차이를 보여준다.

단군은 과연 신화적인 인물일 뿐 역사적 인물이 아닐까? 고고학이나 인류학에서는 한반도 원주민이 문화적으로 시베리아 지역의 영향을 받았지만, 유전적으로는 남방계에서 이주한 종족이라고 한다. 다른 견해로는 한반도 북쪽에 자리 잡은 원주민은 언어 계통으로 보면 알타이어족[Altai-語族]에 속하고 생활 근거는 수렵狩獵과 어로漁撈였으며, 고古 아시아 종족으로 신석기 문화를 이루고 살면서 토템 신앙을 가진 곰 부족이나 호랑이 부족이라고 한다. 어떤 이론이 더 적절한지는 쉽게 판단할 수 없지만, 후자는 이곳에서 발굴된 기하문幾何文 토기土器 등을 표지標識로 해서 추론한 것이니, 이에 따르면 고 아시아 종족을 뒤이어 온 환웅 부족은 청동기 문화를 이루고 목축과 농경을 위주로 생활했으며, 태양을 숭배하는 신앙을 가졌는데 이들의 태양숭배는 농경 생활과 밀접한 관련이 있다.

고조선의 지배 세력인 환웅 부족은 자기들보다 앞서 온 고 아시아 부족 중에서 곰 토템부족과 손을 잡고 호랑이 토템부족을 몰아낸 뒤 이곳에 조선이라는 왕권 국가를 세웠다. 단군 신화는 이러한 역사적 사실을 바탕으로 환웅이 천제 환인桓因의 명을 받아 하늘에서 내려와서 웅녀와 혼인하여 단군을 낳았다는 비현실적인 이야기로 꾸며 건국 시조로서 단군의 신성성神聖性이 드러나도록 상징적으로 꾸민 구술 상관물口述 相關物이다.

이야기의 시간 구조를 보면 환인桓因·환웅桓雄·단군檀君 3대에 걸친 연대기로 각각의 인물들은 그들이 처한 공간에 따라서 성격이 구분된다. 환인은 하늘을 다스리는 존재로 서자인 환웅의 뜻을 알고서 그에게 지상에 내려가 그곳을 다스리도록 명령했으니 신적神的 존재이고, 환웅은 천상계에서 지상계로 이동하였으니 신격神格과 인격人格을 공유한 반신반인半神半人 같은 존재이며, 환웅과 웅녀와의 교혼으로 태어난 단군은 비정상적인 결합으로 지상계에서 태어났으니 인격을 지닌 존재지만, 죽은 뒤에 태백산으로 들어가 산신山

神이 되었으니 사후死後에 신격神格을 얻은 셈이다.

이런 연대기 구조를 가진 고조선 이야기가 무속巫俗의 관점에서 보면 성무식成巫式 구조와 유사하다. 성무식에서 '나무 오르기'는 무당이 보여주는 신열상태神悅狀態[ecstasy]에서 드러내는 '천계왕래天界往來'다. 무당은 이를 통해서 자신은 천상에서 내려온 존재임을 보여주어 무당으로서 신성성이 있음을 드러내려는 것처럼 환웅을 하늘에서 내려온 인물로 이야기를 꾸몄다. 주몽朱蒙의 아버지 해모수解慕漱가 오룡거五龍車를 타고 하늘과 지상을 내왕來往한 것이라든가, 그의 아들 유리瑠璃가 아버지 주몽을 만났을 때 자기가 천손天孫임을 증명하기 위해서 하늘로 솟구쳤다가 내려오는 증표를 보여준 것도 같은 이치다.

환웅이 하늘에서 내려온 신단수神壇樹 아래는 바로 신시神市의 중심지인데, 여기에도 무속 제의의 원리가 반영되어 있다. 신단수인 신목神木은 우주목宇宙木으로서 천상과 지상을 연계하는 매개 기능을 하는데 마을에 모셔진 서낭당 당산나무와 유사한 기능이다. 신단수는 이런 매개 기능 외에도 웅녀가 신단수 아래 나아가 잉태를 기원하였으니 남성을 상징하기도 한다. <대홍수와 목 도령>에서 하늘에서 내려온 선녀가 교목喬木인 목신木神의 정기精氣에 감염되어 목 도령을 잉태한 것이라든가, 지식 낳기를 기원하는 여성들이 당산나무나 남근석에 가서 자식 점지를 기원하는 행위와 유사하다. 그런데 이런 당산나무가 반드시 남성으로만 인식되는 것이 아니다.

정월 대보름에 전국적으로 행해지는 줄다리기를 보면, 놀이를 마친 뒤에 줄을 당산나무에 걸쳐두는데 이때 줄이 남성이고 나무가 여성을 상징하며 줄을 나무에 걸쳐놓은 것은 남녀 성행위의 상징적 표현으로 마을의 풍요로운 생산을 기원하는 세시풍속의 하나다.

이야기 속에 곰과 호랑이의 '인간 되기 경쟁'은 곰을 토템으로 받드는 곰 부족과 호랑이를 토템으로 받드는 호랑이 부족 간에 환웅 부족과의 결탁을 위한 다툼을 상징한다. 곰과 호랑이가 '인간 되기'를 원하니 환웅은 신령초神靈草인 마늘과 쑥을 먹고 동굴에 들어가 21일 동안 햇빛을 보지 않으면 사람으로 변신할 수 있다고 했는데, 결과는 곰이 사람으로 변신하고 호랑이는 실패했다. 겨울잠을 자는 곰과 계절에 관계없이 활동하는 호랑이의 경쟁은 처음부터 불공정한 것이지만, 곰만 인간으로 변신하여 환웅과 혼인했다. 이는 환웅 부족이 곰 부족과 결탁하고 호랑이 부족을 내친 역사적 사실을 상징적으로 표현한 것이다.

동북아시아 지역에서는 곰이 모계신母系神으로 인식되어 생산을 주관하는 신으로 숭배된다. 곰의 직립直立 활동이 인간과의 유사할 뿐만 아니라, 겨울잠을 자는 곰이 '달 동물[lunar animal]'임을 고려할 때 곰이 겨울잠에서 깨어나는 것은 부활復活의 상징적 의미다. 곰의 부활은 고대인들에게 소멸消滅 되지 않는 생산의 근원으로 여겨져 생산의 신神으로 인식되었으므로 호랑이와 곰의 경쟁에서 곰의 인간 변신은 예견된 것이었다.

제액除厄의 기능을 하는 마늘과 쑥을 먹고 동굴에서 햇빛을 보지 않도록 한 금기禁忌 역시 성년식成年式 제의祭儀의 하나로 여성의 성년식에 볼 수 있는 단절斷絶과 격리隔離라는 시련을 상징적으로 나타낸다. 마늘과 쑥은 고대인들에게 신령초로 인식되고, 빛이 차단된 동굴은 곧 죽음을 상징적으로 보여주는 공간이다. 따라서 신령초를 먹고 죽음의 공간으로 상징되는 동굴에서 지낸 것은 동물이 수성獸性에서 새로운 인성人性으로 부활 또는 전성轉性하는 통과제의通過祭儀인데 곰만 이 시험에 통과했다. 이 성년식 제의는 다시 혼인으로 이어져서 환웅과 웅녀의 '인수교혼人獸交婚'은 신화적 인물의 탄생 이야기에 나오는 주요 화소話素다. 여기서 '인수교혼'이라고 한 것은 웅녀가 인간으로 전환되었지만, 본래는 동물이었기 때문이다. 이처럼 교혼으로 태어난 주인공은 비정상적이므로 주인공에 따라서는 시련을 맞기도 하지만, 건국 시조로서 영웅성英雄性 또는 신성성神聖性을 드러내기도 한다.

여성이 동물로 나오는 단군 이야기에서 인수교혼은 두 부족의 결탁이 상징화된 것이지만, 환웅이라는 하늘 아버지[천부天父]와 웅녀라는 땅 어머니[지모地母]의 결합을 상징하므로 단군은 천부지모天父地母의 결합구조로 태어난 신성한 인물이다. 또 태양을 상징하는 환웅과 달을 상징하는 웅녀의 결합을 음양陰陽의 합合으로 태어난 인물이라고도 한다. 이런 천부지모의 구조는 무가巫歌 제석굿에서 산에서 내려온 스님과 고을의 부잣집 딸인 당금애기의 결합구조로 전승되지만, 남성이 동물로 나오는 야래자형夜來子型 이야기의 이물교혼異物交婚 구조와는 의미가 다르다. 이런 천부지모 또는 해[양陽]와 달[음陰]의 결합은 고구려 주몽 이야기에서도 보이듯이 한국의 북방계 건국 시조 이야기에서 볼 수 있는 건국 시조의 탄생 구조다. 수렵 생활에서 생산을 주관하는 토템 신앙의 대상이 된 지모신 곰과 농업사회에서 생산을 주관하는 천신[태양신] 환웅이 결합하여 태어난 단군은 1500년을 살고 죽은 뒤에 태백산 신령이 되어 고대 한국인의 고유 신앙이 되었다. 따라서 환웅과 웅녀의 결합에 의한 고조선 건국 시조 단군의 탄생은 제의적 원리에 의해 신성성이 확립되고 이를 통해서 건국 시조로서 정통성을 확보하려는 정치·사회적 의도가 담긴 이야기다.

만주 소수민족의 '곰 어미'

'인수교혼' 화소는 곰 숭배 신앙을 배경으로 한 만주 소수민족의 이야기에서도 볼 수 있다. 만주 소수민족의 곰 이야기에서는 인간이 곰으로 변해 죽은 뒤에 제의의 대상이 된다. 이들은 수렵 생활에서 얻은 곰을 식량으로 삼기도 하지만, 사냥해서 잡은 곰을 위해서 제의를 지내기도 한다. 이런 사례는 만주 지역 악륜춘족, 악온극족, 혁철족 같은 소수민족의 곰 이야기를 수록한 최원오의 『혁철족赫哲族의 구비서사시』, [역락亦樂, 2000]에 나온다.

"어느 사냥꾼이 나뭇등걸에 앉아 있는 암곰을 보고 활을 쏘았는데, 암곰이 던진 나무에 나무꾼의 다리가 눌려 도리어 곰에게 잡혔다. 암곰은 다친 사냥꾼을 업고 동굴로 데려와 돌봐준 뒤에 사냥꾼과 함께 살면서 반은 인간이고 반은 짐승인 새끼를 낳았다. 암곰이 새끼를 데리고 사냥 나갈 때는 동굴 문을 닫고 다녔지만, 고향을 잊지 못한 사냥꾼은 곰이 외출한 틈에 배를 타고 달아났다. 이를 본 곰이 화가 나서 새끼의 반을 찢어, 떠나는 사냥꾼에게 던져주고 반은 자기가 가졌다. 곰과 함께한 반쪽은 자라서 곰이 되고, 사냥꾼과 함께한 반쪽은 악륜춘족이 되었다."

암곰과 사냥꾼이 동거하여 낳은 아이가 '반인 반곰'인데, 사냥꾼은 고향을 잊지 못해 암곰이 외출한 틈에 배를 타고 달아났다. 이를 본 암곰이 화가 나서 새끼 곰을 찢어 반쪽을 사냥꾼에게 던져주고 반쪽은 암곰이 가졌다. 암곰이 가진 반쪽은 곰이 되고 사냥꾼이 가진 반쪽은 악륜춘족이 되었다. 이 이야기는 악륜춘족이 사람과 곰의 '인수교혼'으로 유래되었음을 설명해 준다. 고향을 잊지 못한 사냥꾼이 달아난 것은 공주 <곰나루>에서 강가에 쓰러진 어부를 암곰이 구해줘 함께 살았는데, 사람이 그리워 도망간 어부를 보고 새끼를 강물에 던지고 자신도 죽었다는 이야기와 유사하다. 그렇지만 <곰나루>에서 암곰은 비극적 죽음으로 끝난 뒤에 이 지역의 당산신이 되었지만, 악륜춘족 이야기에서 곰이 낳은 반쪽이 악륜춘족

되었다고 하여 혈연관계가 있음만 보여준다. 악륜춘족에게는 사냥꾼이 잡은 곰이 자기 부인인 것을 알고 애도했다는 이야기도 있다.

"사냥꾼 부인이 산에 가서 길을 잃고 헤매다가 곰으로 변했는데 사냥꾼이 잡은 곰에 끼어 있는 팔찌를 보고 바로 자기 부인인 것을 알고 버드나무 가지로 함函을 만들어 곰의 머리와 팔찌를 넣고 애도하였다."

사냥꾼의 부인이 산속에서 길을 잃고 헤매다가 곰으로 변했는데, 곰으로 변한 부인이 산속을 다니다가 남편인 사냥꾼에게 죽었다. 남편은 자기가 잡은 곰의 팔찌를 보고서 자기 부인임을 뒤늦게 알고 애도했다는 것이다. 이는 자기 실수로 죽인 부인을 위해서 제의를 지냈는데, 악륜춘족이 어떻게 곰을 위해 제의를 지내게 되었는지 그 유래를 보여준다. 이와 같은 제의 유래담이 혁철족에 구전된 이야기에는 좀 더 구체적으로 보인다.

"산으로 들어가 돌아오지 않는 아들을 강가에서 울며 기다리고 있던 여인에게 곰이 나타나 아이를 낳도록 해주겠다고 하여 함께 지내다가 곰의 말대로 아이들을 낳았다, 아이들이 장성하자, 여인은 곰을 따라 산속으로 들어가면서 자식들에게 삼 년 동안은 곰을 잡지 말라고 했다. 그런데 약속을 지키지 못한 아들들은 결국 사냥한 곰이 자기 어머니였음을 알게 되고, 그 이후로 이들은 곰을 사냥해서 먹을 때면 반드시 어머니를 위해 제사를 지냈다."

혁철족이 어떻게 인간과 혈연관계를 맺게 되었는가를 이 이야기가 알려준다. 강가에서 어느 부인이 울면서 아들을 기다렸는데, 그 여인에게 곰이 다가와 아이를 낳아주겠다고 하여 함께 지냈다. 이는 '인수교혼'의 의미다. 곰이 데려간 여인이 곰의 아이들을 낳았다는 것은 바로 혁철족을 낳았다는 것이다. 아이들이 성장하자 곰을 따라 산속으로 들어가면서 삼 년 동안 곰을 잡지 말라고 한 것은 여인이 곰으로 변했기 때문이다. 그런데 아이들이 이 금기를 어기고 곰을 사냥하다 보니 자기 어머니였음을 알았다. 그 뒤로는 사냥해 올 때마다 어머니를 생각하면서 제의를 지낸 것이다.

이는 혁철족이 곰으로 변한 자기 어머니를 '곰 어미'로 모시고 제의를 지낸 유래를 설명해 준 이야기다. 수렵시대에 살았던 혁철족이 '곰 어미'를 위해 제의를 지낸 것은 아들들이 금기를 위반한 실수로 곰이 된 어머니를 죽였으므로 이를 반성하는 마음 때문이겠지만, 이 일이 기원이 되어 '곰 어미' 제의가 이들의 신앙이 되었다. 이런 제의는 이들에겐 사나운 곰을 사냥할 때 곰을 친숙한 존재로 인식하여 곰에 대한 두려움을 없애는 심리적 기제機制가 되고, 자기들의 식량이 되어준 곰이 죽은 뒤에도 부활하여 계속해서 공급되기를 기원하는 일종의 주술 행위다. 혁철족의 이런 인식은 '달 동물'인

곰이 겨울잠을 자고 봄이 되면 활동하는 것을 보고 죽음과 부활을 반복한다고 믿어서 그런 것이다.

이제 '인수교혼' 화소를 보여준 고조선 건국 이야기와 만주 소수민족 이야기를 대조해 보자. <고조선>에서 환웅과 웅녀의 '인수교혼'은 곰과 호랑이가 먼저 인간으로 변신하기를 원해서 하늘에서 내려온 환웅이 곰과 호랑이에게 신령초를 먹고 21일 동안 동굴에서 지내게 했는데 곰만 인간으로 변해 웅녀가 되었다. 곰에서 변신한 웅녀는 아이를 갖고 싶어서 신단수 아래 나아가 간절하게 기도하자, 환웅이 남자로 변신하여 웅녀와 혼인해서 고조선의 건국 시조 단군을 낳으니 웅녀는 '지모신'으로 모셔졌다. 그런데 만주 소수민족의 곰 이야기에서 '인수교혼'은 곰이 다리 다친 사냥꾼을 데려가기도 하고, 산속에서 길을 잃은 사냥꾼 부인이나 강가에서 아들을 기다리던 여인을 데려가 함께 살면서 아이들을 낳았다. 그러니 만주 소수민족의 곰 이야기는 남성과 여성이 모두 곰과 교혼한 셈이다. 곰이 데려간 악륜춘족 사냥꾼은 고향을 잊지 못해 탈출해서 인간 세상에 살았지만, 사냥꾼 남편에게 죽은 부인이나 강가에서 아들을 기다리던 혁철족 여인은 곰을 따라갔다가 아예 곰처럼 변했다. 사냥꾼 남편은 자기가 죽인 아내를 애도하였는데 이후로 악륜춘족은 곰을 위해 제의祭儀를 지내고, 자기가 낳은 아들에게 죽임을 당한 어머니는 혁철족의 '곰 어미'로 숭배되었다.

이처럼 만주 소수민족의 곰 이야기가 곰과 인간이 교혼한 곰 숭배 신앙을 배경으로 해서 수렵시대에 형성되었다면, 고조선 이야기는 천신의 후예인 환웅과 웅녀가 교혼하여 곰 숭배 신앙과 천신 숭배 신앙을 배경으로 한 농경시대에 형성되었다. 이것은 두 이야기의 배경이 된 변신의 공간이 만주 소수민족 이야기에서는 강가 또는 산속이 수렵·어로시대의 활동지이지만, 웅녀로 변신한 동굴은 농경시대 인간의 정착지이기 때문이다. 또 인간이 곰처럼 변했다는 만주 소수민족의 곰 이야기는 인간과 곰이 혈연관계가 있다고 인식함으로써 곰 사냥할 때 느끼는 두려움을 해소해 주는 심리적 기제가 되고, 곰 사냥을 함부로 하지 않도록 하는 금기의 기능을 하며, 겨울잠을 자는 '달 동물'인 곰을 죽음과 부활을 반복하는 존재로 인식하여 자기들에게 필요한 식량을 계속해서 공급해 줄 것이라고 믿는 수렵시대의 발상으로 곰을 제의의 대상인 '곰 어미'로 모셨다. 그렇지만 고조선 이야기에서는 통과의례를 겪고 수성獸性에서 인성人性으로 바뀐 웅녀를 '지모신'으로 모셔서 단순히 식량 문제만을 해결한 것이 아니라 모든 생산을 관장하는 풍요의 신으로 인식했다.

따라서 인간과 곰의 상태로 교혼한 만주 소수민족의 이야기가 수렵시대를 배경으로 한 자연 중심의 이야기라면, 곰이 웅녀로 변한 뒤에 환웅과 결혼한 고조선 이야기는 농업시대 정착된 인간 중심의 이야기다. 그리고 만주 소수민족 이야기에서는 인간은 인간세계로, 곰은 곰의 세계로 분리됨으로써 이원적 세계를 보여주지만, 고조선 이야기에서는 곰과 인간이 한 공간에 공존함으로써 일원적 세계를 보여준다. 따라서 만주 소수민족 이야기가 자기들의 식량 공급원이 되는 곰이 자신들과 혈연관계에 있음을 설명하는 제의의 구술 상관물이라면, 고조선 이야기는 역사적 존재로서의 건국 시조인 단군의 신성성이 드러나서 통치자로서의 정통성을 보여주는 구술 상관물이다. 이처럼 두 이야기가 '인수교혼'을 핵심 화소로 이루어졌지만, 기능과 의미에서는 상당한 차이가 있다. 이런 '인수교혼' 화소는 고구려 건국 시조 수봉 이야기에서는 천신天神인 해모수와 수신水神인 유화柳花의 교혼으로 바뀌어 천부지모天父地母의 구조를 보여준다. 이것은 뒤에 난생卵生 이야기에서 다시 하기로 하고, 여기서는 곰과 관련된 이야기를 계속해보자.

〈곰나루〉와 변이형들

고대 문화사에서는 알타이 종족에게 밀려난 고 아시아 종족의 일부가 남하하여 삼한三韓의 여러 부족이 형성되었다고 한다. 이를 근거로 할 때 진한辰韓지역의 혁거세 이야기의 말 토템이 북방 기마민족의 이동에 따라 형성된 원시 신앙의 대상이듯이, 마한馬韓 특히 공주지역의 곰 토템 역시 북쪽에서 남하한 곰 부족에 의해 형성된 원시 신앙의 대상이었다. 이는 진한의 말이나 마한의 곰이 그 지역에 자생한 원조적 신앙 대상이라고 보기에는 말이나 곰과 관련해서 지역과의 상관성을 찾기가 어렵기 때문이다. 따라서 민족 이동에 대한 인류학의 견해나 고조선 이야기에 보이는 문화사적 의미를 통해 볼 때, 마한지역은 고 아시아 종족의 일부가 이주하면서 북쪽에서 행했던 곰 토템 신앙을 계속 유지하고 이를 통해 부족의 정체성을 확립했다고 할 수 있다.

어떤 연구자는 공주 <곰나루>를 백제의 건국 역사와 관련지어 백제의 시조 신화의 하나라고 주장하기도 하는데, 이는 백제의 시조 온조溫祚가 다른 건국 시조처럼 건국 신화가 없어서 이 전설을 초기 백제 건국 이야기의 흔적으로 이해했기 때문이다. 그런데 온조는 이복異腹 형인 유리왕琉璃王과의 불편한 관계 때문에 동복同腹 형인 비류沸流와 함께 남하한 뒤 온조는 위례성慰禮城에 비류는 미추홀彌鄒忽에 도읍을 정했다가 두 부족이 합쳐지면서 온조가 백제의 시조가 되고, 건국 시조로서의 정통성이나 신성성은 주몽의 후예임을 통해서 유지했다. 온조가 마한지역을 강점한 뒤에 주몽의 사당을 곳곳에 세웠다는 『삼국사기』 기록으로도 이를 충분히 짐작할 수 있다.

주몽의 후광을 업고 마한지역으로 이주해 온 온조가 마한지역을 강점強占하는 과정에서 먼저 이주한 곰 부족들과의 대립은 문화 수준의 차이가 있었으니 심각하지 않았겠지만, 얼마간의 대립과 저항의 갈등이 없지 않았다. 역사 문헌에는 이런 대립이나 갈등이 보이지 않아서 온조가 마한지역을 장악하는데 먼저 와서 정착한 사람들과 쉽게 동화同化 되었을 것으로 이해하지만, 이 지역에 전해오는 이야기에는 먼저 와서 정착한 사람들이 남하하는 백제에 대한 저항을 상징적으로 보여주는 이야기가 있다. 충남 청양군 청남면 내직리 고금리 고개를 공간 배경으로 한 <고금티 곰 울음>이 그것이다.

"아주 옛날 수컷의 새끼 곰은 어미 곰을 따라 고개에서 살았다. 어미 곰은 동굴에서 새끼 곰이 나오지 못하게 하고 먹이를 구해다 주었다. 추운 겨울날인데 먹이를 구하러 간 어미 곰이 밤늦도록 돌아오지 않은 것은 백제 군사에게 잡혀갔기 때문이다.

이튿날 새끼 곰은 먹이를 구하러 강가에 갔다가 곰사냥을 나온 사람들에게 쫓겨 산으로 올라갔다. 새끼 곰이 어느 바위에 올라섰을 때 어미 곰을 닮은 곰을 만났다. 그 어미 곰한테도 암컷의 새끼 곰이 있었는데 새끼 곰들끼리 서로 친하게 지냈지만, 어미 곰이 생각난 새끼 곰은 옛 동굴에 돌아와 혼자서 살았다.

새끼 곰은 몇 년 뒤, 전에 만난 그 곰을 다시 찾았으나 그곳의 어미 곰도 백제 군사에게 잡혀가고 새끼 곰만 혼자 살고 있었다. 새끼 곰은 그 밤을 함께 지내고 헤어졌다가 가끔 들려 친하게 지냈다. 새끼 곰들은 자라자, 바깥쪽에 살던 새끼 수곰이 함께 살자고 했으나 엄마를 기다려야 한다면서 새끼 암곰은 사양했다.

그러던 어느 날 이 골짜기에도 사람들이 찾아들어 산막을 짓고 숯을 굽기 시작했다. 고개에 숯을 굽는 연기가 자욱해지자 수곰은 자신이 먼저 집을 암곰 집으로 옮기겠다고 하니 암곰이 자신이 옮기겠다고 했다. 수곰이 집에 돌아와 암곰을 기다렸으나 오지 않아서 길을 나섰지만 연기로 갈 수가 없었다. 연기로 고개를 넘지 못한 둘은 서로 울부짖으며 외로이 늙어 죽었다. 지금도 수곰이 살던 곳을 바깥 고금리 암곰이 살던 곳을 안 고금리라고 한다."

먼저 온 곰 부족에 의해 건설된 마한 부족과 천손天孫의 후예임을 자처하고 철기문화를 지니고 뒤이어 온 온조 부족의 강점에 따른 갈등을 보여준 이 이야기는 두 부족 간의 문화 수준의 차이로 인해서 생겨난 이야기지만, 마한지역에 먼저 와 정착한 사람들의 의식이 반영되어 있다. 이야기에 등장하는 두 어미 곰은 사냥 나온 백제 군사에 의해 잡혀갔고, 새끼 곰들도 그곳에 이주해 온 사람들이 산막을 치고 숯을 굽는 연기 때문에 함께 살지 못하고 외로이 혼자 살다가 죽었다. 이런 비극적인 이야기가 공주에 인접한 청양을 공간 배경으로 하고 있고, 구술자는 어미 곰을 사냥한 사람들을 백제 군사라고 구체적으로 지적하였다. 청양은 마한 부족이 자리 잡고 있던 곳이지만 뒤에 백제가 강점한 곳이다. 구술자가 백제 군사라고 구체적으로 지적한 것은 이야기의 시간적 배경이 백제가 당시 마한 지역을 강점해 가는 과정에 있었기 때문이다. 따라서 백제 군사는 뒤이어 온 온조 부족이고, 곰은 먼저 와서 정착한 곰 부족의 상징적 표현이다. 구술자는 어미 곰을 잡아간 백제 군사들을 부정적으로 인식하고 있는 반면에, 곰에 대해서는 애련과 동정의 연대감을 보여준다.

이야기의 역사적 배경이 백제 군사가 마한지역을 완전히 장악한 뒤에 일어난 사건이라면, 청양군이 백제의 점령지역이므로 앞에서 말한 대로 굳이 백제 군사라고 구별하여 명명할 필요가 없었을 것이다. 따라서 이야기의 시간적 배경은 백제 군사가 이 지역을 강점하는 과정에 있을 때로, 구술자는 이야기 향유자들에게 백제 군사에 대한 이질감의 표현으로 그렇게 명명한 것이다. 이뿐만 아니라 새끼 곰을 갈라놓은 숯 굽는 사람들이 철기문화를 가지고 온 온조 부족으로 생각되는 것은 숯을 굽기 시작한 것이 바로 철기시대이기 때문이다. 숯은 철을 제련할 때 절대로 필요한 것이므로 산막에 자리 잡고 숯을 구웠다는 사람들은 바로 철기문화를 가지고 온 온조 부족이란 의미다.

따라서 이 이야기는 철기문화를 가진 온조 부족이 마한지역의 곰 부족을 분열하고 구축驅逐하는 과정을 상징적으로 반영한다. 어미 곰을 사냥한 것은 곰 부족의 족장을 잡아간 것이고, 새끼 곰들을 갈라놓았다는 것은 곰 부족의 연합을 막아 분열시켰다는 상징적 표현이다. 따라서 이 이야기는 마한지역 곰 부족의 위축된 역사 현실을 곰의 비극적 죽음을 통해 형상화하여 온조 부족에 대한 곰 부족의 저항을 상징적으로 보여준다.

곰 부족은 당시 온조 부족에 의해서만 시련받은 것이 아니다. 공주군 장기면 산학리 <날매고개>는 “신라인 포수에게 쫓기던 곰이 이 고개의 굴속에 숨었다가 굴 아래턱에서 잠을 자고 있던 포수에게 바위를 굴리니 포수가 깔려 죽었다. 그 뒤에 여기 사람들은 곰이 무서워 날듯이 빨리 고개를 넘었다고 하여 ‘날매고개’라 했다.” 신라인 포수에게 쫓기던 곰이 포수에게 바위를 굴려 죽였다는 이 짧은 이야기는 바로 신라로부터 시련받아 위축되어 가는 마한지역 사람들에게 정신적 승리감을 주기도 한다.

이제 공주의 <곰나루>를 보자. <곰나루>는 지금의 공주읍 웅진동[곰나루 골]이 이야기의 연원지淵源地다. 여러 편의 이야기가 조사 채록되었는데 공통부분을 중심으로 줄거리를 소개하면 다음 같다.

“옛날 연미산燕尾山 아래에는 암곰이 혼자 살고 있었는데 자라면서 시집을 가고 싶어 했다. 어느 날 어부가 배를 타고 금강을 건너오다가 지쳐 강가에 기절해 있으므로 곰이 가서 업고 동굴로 데려와 극진하게 돌봐주었다. 어부는 곰의 간호로 정신을 차렸고 그때부터 곰이 가져다주는 것을 먹었다. 어부는 달아나려고 했으나 곰이 동굴 문을 돌로 굳게 닫고 나갔으므로 어쩔 수 없이 곰과 살게 되었다. 곰은 마침내 임신하여 새끼를 낳았고 새끼가 생기자, 곰은 외출할 때 문을 닫지 않았다. 어부는 그때 강가에서 발견한 거룻배를 타고 달아났다. 어부가 없어진 것을 안 곰은 어부에게 돌아오라고 애걸했으나, 어부는 못 본 척 달아났다. 화가 난 곰은 새끼를 보

듣고 나와 어부에게 위협하며 돌아오기를 빌어도 뒤돌아보지도 않았다. 곰은 새끼와 함께 강에 투신하여 죽었다. 그런 뒤에 금강은 풍랑이 심하고 나룻배가 뒤집히는 일이 많아서 주민들이 부근에 곰 제단을 쌓고 위령제를 지내니 사고가 없어졌다."

구전되는 이야기에 따라서 내용에 약간 차이를 보이는데, 주인공의 신분이 어부, 미남 청년, 길 잃은 사람, 나무꾼, 소년 등으로 나오지만 모두 외래객이다. 새끼들의 숫자도 이야기에 따라 하나에서 셋까지로 다르지만, 새끼는 교혼의 결과물일 뿐 사건 전개에 크게 문제 되지 않는다. 이야기의 중심 화소는 환웅 이야기와 만주 소수민족 이야기에서 보여준 '인수교혼'으로 사람과 곰의 교혼이 이야기의 핵심이다. 다만 부여군 홍산면에서 채록된 <곰나루>는 강가에 쓰러진 어부를 구해준 곰이 뒷산 나무 아래 나아가 산신령에게 기도하여 '곰녀'로 변한 뒤에 어부와 함께 살았다고 했으니, 여기에는 단군 이야기가 전승된 것으로 인간 중심의 사고가 반영되었다.

<곰나루>는 홍산면에서 채록된 '곰녀'로 변한 이야기를 제외하면 앞에서 소개한 만주 소수민족인 악륜춘족 이야기와 유사하다. 특히 인간과 곰의 교혼은 만주 소수민족의 이야기가 그러했듯이 자연 신화에 가깝다. 다만 악륜춘족의 이야기는 곰과 인간이 결별하면서 새끼를 찢어 그 반쪽이 악륜춘족이 되었다고 하여 종족의 기원을 설명한 데 반해서, <곰나루>는 인간과 곰의 결별에 따른 곰의

죽음은 물론이고, 교혼 상징물인 곰 새끼마저 죽임으로써 인간과 곰이 더 이상 회복할 수 없는 비극적 죽음으로 끝났다. 그런 뒤 금강에서는 배가 전복되는 사고가 자주 일어났고, 이런 사고가 곰의 원혼 때문이라고 믿는 사람들은 곰 제단을 쌓아서 위령제를 지냈다. 바로 '곰 사당' 유래를 설명하는 당신堂神 좌정담坐定譚으로 <곰나루>의 곰은 곰 사당에 좌정한 신으로 받들어졌다. 이는 본래 원시사회 곰 신앙 또는 생산의 주체인 '곰 어미' 신앙이 재난을 지켜주는 마을 수호신으로 바뀌었다는 의미다. <곰나루>가 마한과 백제와의 관계 그리고 백제가 웅진에서 부여로 천도하는 등의 역사적 사실의 상징성은 후대 전승 과정에서 퇴색되고 금강 거룻배가 풍랑으로 전복되는 재난을 막기 위해 곰을 수호신으로 모시고 제의를 치른 곰 사당 유래담으로 바뀌었다. 이런 제의는 곰의 비극적 죽음에 의한 인간과의 결별에도 불구하고 공주지역 주민들이 곰과의 친연성을 부정하지 않았음도 볼 수 있다.

<곰나루>의 곰은 혼인할 상대가 없어서 이를 해결하기 위해 동질적인 수곰이 아니라, 사람과 교혼한 비정상적 결합으로 '짝이 없음'의 상태를 일단 해결한다. 그렇지만 이런 비정상적 결합은 다시 새로운 문제를 야기惹起한다. 곰과 새끼를 낳고 살던 어부가 인간 세상이 그리워 달아나 버림으로써 이 결합은 깨지고 곰은 처음 '짝이 없음'의 상태로 되돌아간다. 곰은 교혼의 결과물인 새끼를 위협의 수단으로 이용하여 재결합을 시도하지만, 어부가 외면함으로써 깊

은 좌절에 빠지고 금강에 투신하는 비극으로 끝난다. 이는 이들의 결합이 비정상이어서 완전한 것이 아니었기 때문이다. <곰나루>에서 사건은 이처럼 원인과 결과가 반복되다가 재시도 노력마저 거절당한 곰은 '짝이 없음'의 상태를 해결하지 못한 채 어부의 배신이라는 상처를 안고 죽음이란 비극을 맞은 것이다. 비극의 원인은 어부의 의리 없는 배신이지만, 근원적으로 따지면 인간과 곰의 비정상적 결합을 새끼를 낳은 뒤에 곰이 이를 완전한 결합으로 오해하고 방심한 데서 비롯되었다고도 할 수 있다.

본래 <곰나루>는 단순한 곰 사냥 유래담이 아니었다. 이 지역 백제 역사와 관련지어 생각해 보면, 동굴에서 홀로 지내면서 짝을 구한 곰은 선래先來 이주민으로 곰 부족의 상징이고, 지친 몸으로 금강 강가에 쓰러진 어부는 외래객外來客으로, 뒤이어 온 온조 부족의 상징이다. 따라서 어부와 곰의 교혼은 이 이야기의 핵심 화소로 외래객과 선래 이주민과의 공존을 의미한다. 먼저 와서 정착한 마한 지역 주민들이 외래객인 온조 부족과 결합은 인수교혼에서 보여주듯이 서로 필요에 의한 것이었으므로 진정성을 가진 결합이 아니다. 그래서 외래객인 온조 부족은 자신의 욕망 실현을 위해서라면 언제든지 떠날 수 있었다.

따라서 어부가 곰의 도움으로 위기에서 벗어나 함께 지내면서 새끼까지 낳았지만, 인간 세상이 그리워서 곰을 버린 채 달아난 행위는 한강 유역에서 지내던 백제가 고구려 남침에 밀려 남쪽으로 쫓겨와 웅진에 도읍을 정한 뒤에 다시 부여로 천도한 사실史實의 상징적 표현이다. 백제가 공주로 천도한 뒤에 나라가 어느 정도 안정을 찾았다는 것은 곰과 교혼하고 새끼를 낳았다는 상징적 표현이 말해주지만, 공주에서 다시 부여로 천도한 역사적 사실을 상징적으로 보여준 것은 인간과 곰의 결별이다. 이 결별이 회복할 수 없는 지경에 이르렀음을 보여준 것은 바로 곰 새끼를 강물에 던지고 자신도 투신한 행위다. 외래객의 떠남이 백제 지배 세력의 신의信義 없음만이 문제가 아니라, 웅진에 먼저 와 정착한 세력들의 방심에도 책임이 있다. 문화사적으로 보면 인간과 곰의 교혼은 수준 높은 철기문화를 가진 온조 부족과 토템 문화 수준을 벗어나지 못한 곰 부족 간의 결합이어서 동등한 처지에서 이루어진 정상적 결합이 아니다. 따라서 <곰나루>는 온조 부족이 웅진에 천도하고 다시 부여로 천도한 과정에서 곰 부족과의 정치적 수용과 결별을 상징적으로 보여준 것이라 할 수 있다.

앞의 <고금티 곰 울음>에서 이미 확인한 대로 곰 토템 신앙을 가진 곰 부족이 웅진에 정착하여 살고 있었는데, 이는 알타이 종족에게 밀려서 남하한 고 아시아 종족으로 일찍이 이곳에 자리를 잡고 자신들의 문화를 형성하며 살고 있었다. 그런데 주몽의 신성성을 등에 업은 온조 부족이 고구려로부터 이탈하여 남하할 때 수준 높은 철기문화를 가지고 와서 마한지역을 강점했다. 웅진에 정착한 곰 부족은 적극적이라고 할 수는 없지만 온조 부족을 긍정적으로 받아들였다. 그런데 온조 부족은 마한지역을 강점한 뒤에 웅진이 도읍지로서 협소하고 인재가 부족하다고 여겨서 부여로 천도하여 부여의 토착 세력과 결탁하고 웅진 세력을 버렸으니, 웅진의 곰 부족이 이를 비극적으로 인식하고 상징적으로 꾸민 이야기가 바로 <곰나루>다.

웅진이 도읍지일 때를 배경으로 한 이야기 가운데 공주군 중학동의 <장군바위>가 있는데, 이는 이 지역에도 인재가 많았음을 보여준다. "백제 문무왕이 고구려에 참패하고서 땅이 좁고 백성이 적어 구국의 장수가 없으므로 백제가 멸망할 것이라 근심하며 잠시 잠이 들었는데 꿈에 한 노인이 나타나 장수를 얻게 될 것을 예언하니, 과연 그 노인의 말대로 장수를 얻어 고구려와 신라에 싸워 대승하였다." 이것은 당시 웅진지역에서 나라를 구할 장수를 강하게 염원한 이야기이니, 이를 보면 웅진의 지배 세력이 결코 인재가 부족한 것도 아닌데도 지배 세력인 온조 부족이 부여로 천도했다. 『삼국유사』의 백제 무왕武王의 탄생 이야기인 <궁남지>에는 과부인 어머니가 못 속에 있는 용과 결합하여 무왕을 낳았다고 하고, 후백제 건국 시조 주인공인 견훤甄萱의 <야래자>도 어머니가 지렁이와 결혼하여 낳았다고 하는 등 부여를 중심으로 한 이 지역의 영웅 탄생담 구조가 북방계 영웅 탄생담 구조와 다른 것을 보면, 웅진 세력과는 다른 세력이 부여에 자리 잡고 있었음을 짐작할 수 있다. 따라서 백제의 부여 천도가 웅진의 곰 부족에게는 버려짐으로 인식될 수도 있다.

공주의 <곰나루>는 백제의 부여 천도 과정에서 온조 부족과 웅진에 먼저 와서 정착한 곰 부족과의 수용·분리 과정을 배경으로 생긴 것이다. 우연이라고 할 수 있지만 백제시대를 배경으로 한 공주지역에 구전되는 이야기 가운데 '배은망덕'을 주제로 한 이야기가 『충남 전설집』 공주 편에만 4편이나 수록되어 있다. 이야기 내용은 외래객을 양자養子로 받아들여 잘 양육해서 출세시켜 놓으니 결국엔 배신하고 은혜를 악으로 갚았다는 이야기다. 구술자는 이 이야기를 구술하는 중에 '사람은 구하는 것이 아니라는 인불구人不救'나 '머리 검은 짐승은 키우지 말라.'는 속담을 강조했는데, 이는 <곰나루>와 의식 면에서 서로 통한다. 이는 공주지역 주민들이 외래객에 대하는 태도가 본래는 호의적이었으나 차츰 폐쇄적으로 되어 가는 변모 양상을 보여준 사례다.

<곰나루>의 변이형들

공주 곰나루를 증거물 삼아서 구술한 이야기의 변이형은 군산시에서 채록된 <고마나루의 유래>와 의정부시에서 채록된 <곰나루> 그리고 곰나루 지명과는 무관하지만, 이야기 구조가 유사한 이야기로 완주군에서 채록된 <구례 곰소> 등이 있다. 이 자료를 중심으로 구술자의 구술 의도를 살피면 곰나루 전설의 핵심 화소인 '인수교혼'에 대해 다른 지역의 구술자들이 어떻게 반응하는지 볼 수 있다.

군산시에서 채록된 <고마나루 유래>의 채록기에 의하면 남의 이야기를 듣고 있던 구술자는 "내가 거짓말 한마디 해야겠다."라고 하면서 이야기를 시작한다. 여기서 거짓말이라고 한 것은 우선 곰과 인간이 관계를 맺고 새끼를 낳았다는 내용이 청중에게는 너무 황당할 수 있으므로 구술자가 이렇게 전제했다고 할 수 있으나, 이야기가 본래 거짓말이라는 포괄적 의미에서도 그렇게 말했을 수도 있다. 또 이야기 황당함에 대한 청중들의 거부 반응을 예상하고, 거짓말이라고 전제하여 구술을 지속하기 위한 안전장치로 진술할 수도 있다. 그러나 '거짓말'이라는 구술자의 진술이 비현실적이라고 해서 이야기의 진실까지 부정되지는 않는다. 여기서는 '거짓말'이라는 구술자의 진술을 문제 삼으려는 것이 아니라, 이야기를 통해서 핵심 화소인 '인수교혼'에 대해 구술자가 어떻게 반응하는지 살펴보려고 한다.

이야기 서두에 나타난 구술자의 진술을 보면, "그전에, 그전이 아니라 아마 그 옛날이지. 곰이 시방 사람하고 살았다는 얘긴데 말이지, 저, 지금도 가면 고마나루라고 이름이 있어요. 공주인데 말이요. 동네 저쪽으로 건너갈 것 같으면 청양 땅이고, 나루를 건너올 것 같으면 공주 땅이고요."라고 하며, 구술자는 서두에서 공주지역 위치를 설명하면서도 곰에 관한 이야기를 꺼내는 데 머뭇거렸다. 자신이 할 이야기가 조금 황당하다는 생각이 들어서인지 서두부터 "거짓말 한마디 해야겠다."라고 한 구술자가 이야기의 공간 배경인공주 곰나루를 증거로 제시하고 있는 것으로 보아 흥미를 전제로 구술한 민담이 아니다.

"청양에 사는 나무꾼이 나룻배를 타고 이곳으로 건너와서 나무를 하다가 곰에게 업혀 굴속에 갇혀 지냈다. 그 곰이 암곰이었는데 함께 지내다가 새끼 세 마리를 낳고 같이 살았다. 새끼가 생긴 뒤에는 곰이 굴 문을 열어 두고 사냥을 나가니 나무꾼이 그 틈을 타서 배를 타고 달아났다. 곰은 어부가 도망가는 것을 보고 뒤를 쫓아오다가 굴속으로 들어가 새끼들을 데리고 나와 물속에 던져 버리고 자기도 죽었다."

이 이야기에서 곰이 왜 나무꾼을 업고 굴속으로 갔는지에 대한 이유가 분명하지 않지만, 곰이 나무꾼을 보자마자 업고 간 뒤에 함께 지냈다고 했다. 또 어부가 곰과 살면서 새끼 셋을 낳은 뒤에, 굴 문을 열어 두고 사냥을 간 틈을 타서 나무꾼이 달아났다. 이를 알게 된 곰은 새끼를 물에 던지고 자신도 죽었다. 곰의 비극적 죽음 이후에 대해서 "나무꾼 가족들은 죽은 줄로만 알았던 사람이 돌아오니 무척 반가워했으며, 지금도 그곳에는 고마나루라는 곳이 있다."라고 하면서 구술을 마쳤다. 다른 변이형에서 볼 수 있는 곰의 비극적 죽음으로 인해서 금강의 재앙이 생겼고, 이를 막으려고 곰 사당을 세웠다는 일에 대해서도 전혀 언급이 없다. 이야기 성격은 공주 곰나루 지명을 구체적 증거물로 제시하는 지명 유래담이지만, 이야기 초점은 지명 유래 설명이라기보다는 사람이 곰이 함께 지내면서 새끼까지 낳고 살다가 다시 사람 사는 곳으로 도망 나왔다는 '인수교혼'에 있다. 따라서 구술자 처지에서 이 화소가 흥미 있는 내용이지만, 사실로 믿기 어려우니 '거짓말을 한마디 해야겠다.' 하고 서두를 꺼낸 것이다.

의정부시에서 채록된 <곰나루>도 이와 유사하다. 구술자는 "왜정 때 남편이 군인에 나간 일본 여자가 개하고 접촉해서 개새끼를 낳았다는 얘기도 있는데 사실인지 아닌지 모른다."라고 전제한 뒤에 구술했다. 구술 내용을 보면 군산시에서 채록된 <고마나루의 유래>처럼 웅진 나루에 대한 지명유래를 설명하고, 이야기 내용도 여타의 곰나루 이야기와 대동소이하므로 여기서 줄거리 소개는 하지 않는다. 차이가 있다면 의정부시의 <곰나루>에서는 곰이 나무꾼을 붙들어간 이유를 "곰이 암곰인데 새끼 들 때가 되어 발광이 났지만, 수곰이 없으니 그 대신으로 사람을 붙들어갔다."라고 분명히 했다.

이야기 서두에서 개하고 일본 여자가 접촉해서 개새끼를 낳았다는 것은 구술자가 화제話題로 제시한 것은 사람하고 곰이 접촉해서 곰을 낳았다는 것을 이야기하려는 유도 과정이다. 실제 구술된 이야기의 시작과 결말을 보면, 서두에서는 "충청도 어드메 웅진 나루라는 곳이 있는데 이진에는 그렇게 안 불렀다."라고 하고, 결말에서도 "나무꾼이 도망가자, 곰은 새끼를 죽이고 자신도 죽었는데 그렇게 해서 이곳을 웅진, 곰 웅熊 자 나루 진津 자로 이름 지었다."라고 했다.

따라서 '인수교혼'이 매우 희한한 사건이지만, 구술자 처지에서는 드러내 놓고 싶은 이야기가 아니었음을 알 수 있다. 왜냐하면 개와 접촉한 여자를 굳이 일본 여자라고 지칭한 구술자의 의도 속에는 '인수교혼'이 야만적인 나라에서나 볼 수 있다는 의미가 구연자의 말 가운데 함축되어 있기 때문이다. 이런 점에서 보면 구술자는 곰과 사람의 교혼을 군산시에서 채록된 <고마나루의 유래>의 구술자처럼 드러내 놓고 이야기할 만큼 흥미 있어서가 아니라 희한한 사건이어서 이야기한 것이다. 그러므로 구술자가 조금 상스럽게도 생각되는 이야기를 구술한 의도가 '인수교혼' 화소에 관한 것이지만, '웅진'이라는 지명 유래를 설명한 것처럼 가장해서 상스러움을 희석稀釋시켰다. 따라서 이 이야기는 환웅과 웅녀의 결합에서 볼 수 있었던 신성성이나 <곰나루>에서 볼 수 있었던 공주지역의 역사현실이 반영되었던 의미가 상실되어 버릴 정도로 변이되었다.

<구례군 곰소>는 구술자가 전라남도 구례군 동방천에 있는 '곰소'에 큰 바위로 듬성듬성 놓인 다리를 왜 '곰의 다리'라고 했는지 그 유래를 설명한 이야기다. 내용은 지리적 배경만 지리산 근처 섬진강에 있는 '곰소'로 되어 있을 뿐이고 내용은 여타의 <곰나루>와

유사하다.

“괴양산에 사는 사람이 지리산으로 산약山藥을 구하러 갔다가 바위 밑에 있는 구멍을 들여다보니 수곰은 죽고 암곰이 혼자 살면서 마침 암내를 내는데 사람을 보더니 반가워했다. 곰은 이 사람을 잡아 두고 먹을 것을 구하러 갈 때면 문에다 바위를 갖다 놓고 도망가지 못하게 했다. 곰이 이 사람을 다독거리며, 안고 하기를 자주 하니까 성욕이 동해서 관계를 했다. 곰이 새끼를 낳았는데 곰도 아니고 사람도 아니다. 그러자 이 사람은 이렇게 살아서는 안 되겠다고 생각하고 강을 건너 도망가 건너편 바위 뒤에 숨었다. 그런데 곰이 이것을 알아차리고 건너오라고 했지만 꼼짝하지 않았다. 곰은 자기 집으로 들어가 새끼를 데리고 나와 보이면서 돌아오라고 했다. 그래도 가만히 있으니 곰은 강에다가 큰 바위를 굴려 넣는데 금방 이쪽에 닿을 듯했으나 그만 지치고 말았다. 곰은 자기 새끼를 돌에다 팽개쳐 죽여 버리고 지리산으로 들어갔고, 이 사람은 그제야 고향에 돌아갔다.”

‘곰소’ 밑에 어떻게 큰 바위가 있게 되었고, 또 그것이 왜 ‘곰의 다리’인가를 이 이야기가 설명해 준다. 그런데 구술자는 곰과 사람과의 교혼을 성욕이 발동해서 그랬다고 하고, ‘인수교혼’이 상스럽다고 생각하고 있지도 않았으며, 오히려 사람이 성욕이 발동해서 능동적으로 했다고 함으로써 수음獸淫을 흥미 거리로 여겨 음담적淫談的 흥미를 드러냈다. 곰이 암내를 내고 있을 때 산에 약을 구하러 온 사람을 잡아 두고 함께 지내다가 새끼를 낳게 되었는데 새끼가 반인伴人 반곰인 것을 본 그 사람은 이렇게 살아서 안 되겠다고 생각하고 도망갔다. 일반적으로 곰나루 전설의 주인공은 사람 사는 세상이 그리워서 도망갔다고 하는데 여기서는 반인 반곰인 새끼를 보고 달아났다. 이는 사람도 아니고 동물도 아닌 것에 대한 혐오감에서 비롯된 것이지만, 인간 세상에 대한 그리움 때문에 도망간 것과 크게 다를 것이 없다. 사람은 고향으로 돌아가고 곰은 새끼를 강물에 버린 뒤에 지리산으로 돌아갔다는 것은 곰과 인간의 단절을 의미하며 인간 세계와 동물 세계를 이원적으로 인식한 결과다.

앞에서 언급한 대로 만주 지역 소수민족의 이야기에서는 반인 반곰의 새끼가 인간과 곰으로 나누어 가짐으로써 인간과 곰이 혈연관계가 있음을 의미하였고, 공주지역의 곰나루 이야기에서는 곰의 비극적 죽음에 의한 인간과 곰의 결별에도 불구하고 곰 사당이 세워짐으로써 곰과 인간과의 친연성親緣性이 부정되지 않았다. 그런데 <구례군 곰소>에서는 인간도 아니고 곰도 아닌 새끼를 보고서 이렇게 살아서는 안 되겠다고 하여 달아났고, 곰은 자기 새끼를 죽이고 지리산으로 돌아가 버림으로써 인간과 곰의 친연성마저 부정되어 버렸다. 따라서 이 이야기에서 '인수교혼' 화소는 곰과 인간의 혈연 의식이나 친연성이 부정되고 단순한 음담적 흥미 거리로 전락

하고 말았다.

그 외 '인수교혼'담

'인수교혼' 화소로 된 이야기는 지금까지 소개한 것 외에도 전라북도 완산군 완산동에서 채록된 선비와 원숭이가 교혼한 <유인원애사類人猿哀史>와 공주군 장기면 산학리에서 채록된 과부와 호랑이가 교혼한 <효목거리> 등이 있다. 이를 보면 이 화소가 곰에게 국한된 것이 아니지만, 곰과 관련되어 구전된 이야기로는 신안군의 <암곰과 살았던 백령도 도사>와 성주군의 <곰이 낳은 자식> 그리고 대구시의 <곰과 혼인한 노인> 등이 있다.

신안군의 <암곰과 살았던 백령도 도사>는 채록기가 소략해서 구술자가 어떤 상황에서 구술하게 되었는지 알 수 없다.

"백령도에 들어가 살던 어느 도사가 독한 짓을 하다가 주민들에게 쫓겨나게 되었다. 부인이 도망가라고 하여 배를 타고 나오다가 무인도에 이르렀는데 곰이 나타나서 그 도사를 업고 굴로 가 버렸다. 굴속에서 산 지 3년 만에 곰이 아들을 낳았다. 그때부터 도사는 출입이 자유로워졌다. 하루는 도사가 돌아다니다가 배 한 척이 있는 것을 보고 달려가 뱃사람들에게 살려 달라고 했다. 그런데 뱃사람들은 곰이 와서 사람이라고 한다면서 거절했지만, 도사는 배에 올라탔다. 뱃사람들이 자세히 보니 정작 사람이었다. 달아난 도사를 뒤쫓아오던 곰이 자기 새끼를 물에 던져 버리고 갔다. 그런 뒤 뱃사람들은 도사의 말을 들어보고서 그가 글을 할 줄 아는 사람인 것을 안 뒤에는 말을 못 하게 하고 데리고 다니면서 돈벌이에 이용했다. 아내는 집 떠난 지 3년이 지나도록 소식이 없는 남편이 궁금해서 여기저기 찾아 나섰는데 한 곳에 사람들이 많이 모여 있어 가 보았더니 곰으로 분장한 도사가 글씨를 쓰고 있었다. 도사는 자기 마누라를 알아보고 글씨를 써서 주니, 마누라가 그 사람들에게서 남편을 다시 찾았다."

이야기 주인공은 도사인데 섬마을에 들어와 악행을 저지르고 쫓겨나 떠돌아다니다가 어느 무인도에서 곰을 만나 새끼를 낳고 살다가 도망했다. 그런데 뱃사람들에게 걸려 곰 행세를 하면서 고생하다가, 남편을 찾아 나선 아내를 만나게 되어서 고통에서 풀려났다는 권선징악적 인과응보담因果應報談이다. 줄거리는 세 가지 화소로 이루어졌는데 우선 도사가 백령도 주민들에게 독한 짓을 하다가 쫓겨나게 되자, 아내의 도움을 받아서 도망했다는 '악인 축출' 화소와 사람과 곰이 혼인한 '인수교혼' 화소 그리고 잃어버린 남편을 찾아 나선 '남편 찾기' 화소다. 따라서 이 이야기는 매우 이질적이라고 생각되는 세 가지 화소가 한 편의 이야기를 이루면서 악인의 인과응보를 주제로 한 흥미 위주의 민담이다.

이 이야기는 마을에서 악행을 저질렀던 주인공 도사가 자기 악행에 대한 죗값을 어떻게 치르게 되는지 그 과정을 보여주었는데, 공주시 <곰나루>의 당신堂神 좌정담坐定談으로서 의미는 완전히 퇴색되고, 군산시 <고마나루 유래>와도 무관하다. 구술자는 '인수교혼' 화소를 도사가 곰에게 붙들려 동거하고 또 새끼를 낳는 것들을 악행의 죗값을 치르는 과정으로 인식하고, 도사의 형상이 곰처럼 변했다는 것도 사람과 곰의 친연성을 드러내려는 의도가 아니라, 그로 인해서 뱃사람들의 돈벌이에 끌려나니는 고통을 받게 되었다는 의미다.

다음은 성주군에서 여성 구술자에 의해 구술된 <곰이 낳은 자식> 역시 구술과정이 소개되어 있지 않아서 구술자의 의도가 직접 드러나지 않는다.

"눈 오는 날 소금 장수가 눈을 피하느라고 바위 밑에서 쉬고 있었다. 곰이 바위 밑으로 다가와 보고서 도로 나가더니 짐승을 잡아왔다. 이렇게 해서 곰과 동거하게 된 소금 장수는 아들을 하나 낳았는데 이름이 효식이었다. 그리고 여자아이를 하나 더 낳았다. 하루는 곰이 사냥하러 간 사이에 아들이 빨리 달아나자고 해서 여동생은 놓아둔 채로 압록강 건너 대국으로 향했다. 아들과 아버지가 없어진 것을 알게 된 곰은 뒤쫓아가서 그들에게 가지 말라고 했다. 그러다가 딸을 데리고 나와 발에 얹어 놓고서 가지 말라고도 했다. 효식이는 아버지에게 돌아다보면 동생이 죽는다고 보지 말라고 했다. 그런데 아버지가 몰래 돌아다보니 곰이 여자아이를 죽여 버렸다. 장래 왕비가 될 아인데 아버지가 돌아다봐서 죽었다.

얼마 후 조선 왕이 사신을 보내 그들에게 돌아오라고 했다. 효식이가 천기天機를 보니 자기 어머니인 곰이 죽어 압록강에 백룡이 되어서 원수를 갚으려고 지키고 있었다. 대국 천자가 그들에게 돌아가라고 하니, 백룡의 간을 내주면 돌아가겠다고 했다. 도술을 부리는 옥황상제 도움으로 백룡이 배를 쓱 내밀었을 때, 효식이가 칼로 백룡의 간을 꺼내먹고 조선으로 돌아왔다. 옛날에 짐승 몸에서 낳은 아이가 장수가 되었는데, 효식이는 바로 그런 장수다."

언뜻 보면 구술자가 이런저런 이야기를 제멋대로 섞어서 구술한 것처럼 보이는 이 이야기는 사람과 곰의 '인수교혼' 화소, 곰과의 결별을 아들 효식이 주선한 '효행' 화소, 여동생 죽음의 원인이 된 뒤 돌아보지 말라는 '금기' 화소, 아들이 서해 백룡이 된 곰을 물리친 '괴물 퇴치' 화소 등으로 구성되어 있다. 이야기 중에 '인수교혼' 화소 내용이 삽화로 들어있지만 주지主旨가 아니고, 제목을 <곰이 낳은 아들>이라고 했듯이 '짐승한테서 낳은 아들 장수 되기'가 주지다. 이것은 사람과 교혼한 곰이 아들과 딸을 낳고 사는데 남편과 아들이 도망가 버리자, 곰은 딸을 죽이고 자신도 죽어 압록강의 백룡이 되어서 자기가 난 아들을 원수로 여기고 복수하려고 지키고 있었고 이를 물리친 아들이 장수가 되었다고 하는 이야기이다.

곰나루 형 '인수교혼'담과는 무관한 것처럼 보이는 다른 화소들이 어떻게 한 편의 이야기 논리로 결합하여 구술되었는지 구술자의 의도를 살펴보자. 이 이야기는 공주 <곰나루>에서 볼 수 있었던 사람과 곰의 '인수교혼' 화소에서 유추될 수 있었던 제의적 의미로서의 곰과의 혈연血緣 또는 친연親緣 의식이 상실된 것은 물론이다. 그리고 공주라고 하는 지리·역사적 현실도 반영되어 있지 않아서 웅진 백제의 역사와 관련된 상징성마저 드러나지 않는다. 소금 장수와 곰과의 교혼으로 탄생한 아들과 딸이 반인 반곰이 아니라 인간으로 태어남으로써 곰과의 혈연 의식도 단절되었다. 또 동거했던 곰에게 딸을 남겨둔 채 탈출한 동기가 세상 사람이 그리워서가 아니라, 동물과 동거할 수 없다는 유교적 윤리관에서 비롯되었다.

따라서 아버지의 인수人獸 동거만이 아니라 동물을 어미로 수용할 수 없다고 한 아들로 대변되는 구술자의 유교적 윤리관이 이 부자父子를 곰한테서 탈출하게 했다. 아들이 여동생을 남겨둔 채 아버지하고만 탈출하는 것도 남성 중심의 가부장제 아래서 효행을 실천한 것이라고 할 수 있는데, 아들의 이름을 효식이라고 명명된 것도 이와 무관하지 않다. 이뿐만 아니라 아들은 여동생이 장차 왕비가 될 인물이었는데 아버지의 금기 위반으로 죽게 되었다고 하여 아들의 '지인지감知人知鑑' 능력도 드러났다. 그리고 압록강의 백룡이 된 어미 곰이 복수를 하려고, 부자父子가 길 길목을 지키고 있다는 것을 미리 알고 옥황상제의 도움을 받아 물 위에 떠오른 백룡의 배를 갈라 죽였다고 하여 아들은 괴물 퇴치 능력을 지닌 장수로 형상화되었다. 그러므로 이 이야기의 주인공은 곰과 소금 장수가 아니라 그들이 낳은 아들이다.

구술자는 사람과 곰의 '인수교혼' 화소를 활용하여 괴물 퇴치담의 장수가 짐승의 몸에서 태어났음을 드러내기 위해 탄생 삽화로 구술한 것이다. 구술자가 "이전에 짐승 몸에서 낳은 아이는 큰 장수가 된다고 해."라고 진술한 것을 보면, 이 이야기가 어떤 서술원리에 의해서 구술되고 있는가를 짐작할 수 있다. 짐승 몸에서 태어난 자식이 장수가 된다는 속신俗信은 아버지가 여우와 관계해서 태어난 강감찬 이야기에서도 볼 수 있다. 따라서 이 이야기에 삽입된 사람과 곰과의 교혼 화소는 결국 구술자가 인식하고 있는 '짐승한테서 태어난 아들 장수 되기' 민담이다.

다음은 대구시에서 남성 구술자에 의해서 구술된 <곰과 혼인한 노인>도 앞에서 소개한 <곰이 낳은 자식>과 유사하다.

"집도 절도 없이 바닷가에서 살던 노인을 하루는 곰이 와서 업고가 큰 바다를 건너서 산으로 올라가 굴속으로 데리고 갔다. 곰은 노인이 도망치지 못하도록 사냥할 때는 동굴 문을 닫고 나가 곰과 함께 살게 되었다. 곰은 짐승이랑 과일을 매일 정성으로 가져다주었다. 늘 생식生食만 하던 노인이 화식火食이 먹고 싶다고 하니 곰이 불을 피워서 화식할 수 있게 해주었다. 이렇게 지내다가 정이 들어 부부가 되었다. 그런데 이 곰은 15년만 사람과 함께 살면 왕이 될 수 있어서 매년 섣달그믐이면 동물들을 불러 모아 회의를 열었다. 노인은 동물이 회의하는 것을 보는데 하늘에서 '금전' 한 잎이 그곳에 떨어졌다. 회의 때마다 떨어지니 벌써 열하나가 되었다.

이렇게 지내다가 곰이 임신해서 어린애를 낳았는데 재주가 있었다. 곰이 사냥하는 동안 노인은 그 아이에게 말을 가르쳐서 서로 말이 통하게 되었다. 한 번은 아이가 아버지에게 내가 어떻게 해서 곰한테서 태어났느냐고 물으니, 노인이 사실대로 일러주었다. 그러자 아이가 우리는 사람이니까 곰을 배신하고 사람 사는 데로 가자고 했다. 아버지는 곰의 정성과 자식 낳은 정을 생각해서 머뭇거리는데, 사람은 사람 사는 데로 가야 한다고 아들이 우겼다. 아들은 둘이 타고 갈 배가 만들어지자 동물 회의를 하는 틈을 이용해서 떠났다. 곰이 돌아와 부자父子가 없어진 것을 알고 바다 쪽으로 쫓아가다가 다시 돌아가 그간 모았던 금전을 가지고 나와서 물에다 던져 버렸다. 부자는 뒤도 돌아보지 않고 육지로 나와 인가人家에서 살았는데 아들은 공부를 잘해서 일류 선비가 되어 장가들고 잘 살았다."

이 이야기는 '곰의 동물 왕 되기' 주지主旨를 드러내기 위해 '인수교혼' 화소를 활용한 것이다. 곰이 사람을 납치한 것은 자기가 왕이 되기 위해서 주어진 시험을 통과하려고 한 것이므로, 장기에 쓰러져 있던 어부를 구해주었다는 <곰나루>와 다르다. 그리고 곰과의 결별도 <곰나루>에서는 어부가 인간 세상이 그리워서 달아났지만, 여기서는 노인이 그동안 곰의 정성스러운 공대恭待와 자식까지 낳은 사이에 생긴 정 때문에 결별을 주저했다. 반면에 아들은 사람이 곰과 살 수 없으니 도망가자고 하여 아들에 의해서 아버지와 어미 곰의 동거가 부정되었다. 그러니 앞에서 소개한 <곰이 낳은 아이>처럼 아버지와 아들의 동물에 대한 인식의 차이를 보여줄 뿐만 아니라, 곰과 사람의 혈연 의식이나 친연성도 아들에 의해서 부정되었다. 이 이야기를 앞에서 소개한 <곰이 낳은 아이>와 대비해 보자.

<곰이 낳은 아이>는 곰에게 남겨두고 온 딸을 어미 곰이 죽이는 것으로 되어 있어서 곰나루 원형담과 비슷한 점이 없지 않지만, <곰과 혼인한 노인>은 '곰의 동물 왕 되기' 주지主旨의 입사入社 실패담으로, 자기 새끼가 아닌 하늘에서 받은 '금전'을 바다에 내던진다. <곰이 낳은 아이>는 아들이 괴물을 물리친 장수가 된 데 반해서, <곰과 혼인한 노인>의 아들은 글을 배워 '일류 선비'가 되었다. 그러나 두 이야기는 구조적으로 '짐승한테서 낳은 아들 훌륭한 인물 되기' 유형담에 속한다. 곰과 사람 사이에 생긴 여자아이를 가지고 협박하다가 결국 죽이는 것이나, 곰이 왕이 될 수 있는 증거로 하늘에서 받은 소중한 '금전'을 바다에 버리고 왕 되기를 포기했다는 것은 소중한 것을 없앴다는 점에서 구조적으로 같은 의미다. 이뿐만 아니라 '장수'와 '일류 선비'라는 문무文武의 차이가 있지만 훌

륭한 인물이 되었다는 점에서도 같은 맥락이다.

'짐승한테서 낳은 아들 훌륭한 인물 되기' 유형은 주로 영남지역에서 전승되는 이야기이다. 공주지역에서 전승되던 <곰나루>의 '인수교혼' 화소가 여기에 삽입되었지만, 본래 의미는 상실되고 단순히 사람과 짐승의 교혼 화소로서만 기능하고 있다. 그렇다고 하더라도 <곰나루> 유형은 사람과 짐승의 교혼 화소로 민담 전승자들에게 보편화되어 있음을 알 수 있고, 이런 보편성은 전승 집단의 무의식 속에 곰과 인간과의 고유한 친연성이 남아 있는 결과라고도 할 수 있다.

2.
알에서 태어난 임금 이야기

사람은 모두 태생胎生인데 알에서 태어났으니 난생卵生이다. 이는 비정상적인 탄생이지만 이를 통해서 주인공의 신성성이 드러나는 상징적 표현이다. 알은 새 생명의 시작으로 세시풍속인 동지冬至에 새 알을 팥죽에 넣어 먹는 풍속도 이때가 되면 우주에는 음陰에서 양陽이 비로소 소생하니 이와 관련이 있다. 한국의 신화에서 난생으로 태어난 건국 시조로는 고구려高句麗 주몽朱蒙을 비롯해서 신라新羅의 혁거세赫居世, 가야국伽倻國의 수로首露 등이 있다.

〈주몽朱蒙〉

먼저 고구려 주몽의 탄생은 그의 아버지가 되는 해모수解慕漱가 세운 북부여의 건국 이야기부터 시작된다. 이는 『삼국사기』나 『삼국유사』의 기록이 유사한데 『삼국유사』 <북부여北扶餘> 조의 기록은 다음과 같다.

"「고기古記」에 전한前漢 선제宣帝 신작神爵 3년 임술壬戌 4월 8일 천제天帝가 흘승골성紇升骨城에 내려올 때 오룡거五龍車를 탔으며 도읍을 세워 왕이라 하고 나라 이름을 북부여라 했다. 스스로 이름을 해모수解慕漱라 하고 아들을 낳아 이름을 부루扶婁라 했으며 해解로 성姓을 삼았다. 그 뒤 천제의 명에 따라 도읍을 동부여東扶余로 옮겼다. 동명제東明帝가 북부여를 계승하여 일어나 졸본주卒本州에 도읍하고 졸본부여卒本夫餘라고 하니 바로 고구려 시조다."

이 기사 뒤로 동부여에 관한 내용이 계속되고 그 기록에 의하면 부루의 아들은 금와金蛙이고 천손으로 태양을 숭배하는 부족이다. 고구려 건국 시조인 주몽朱夢에 대한 기록은 이규보의 『동명왕편』 주註에 자세히 나오지만, 『삼국유사』 <고구려> 조의 기록은 다음과 같다.

"고구려는 곧 졸본부여다. 졸본주卒本州는 요동 경계에 있다. 국사國史「고구려 본기」에 시조 동명성제東明聖帝의 성姓은 고씨高氏요 이름은 주몽이다. 이보다 앞서 북부여 왕 해부루가 동부여로 피해 가고 금와가 왕위를 이었다. 그때 한 여자를 태백산 남쪽 우발수優渤水에서 만나 물으니, 나는 하백河伯의 딸로 이름은 유화柳花다. 동생들과 놀러 나왔다가 자칭 천제의 아들 해모수라는 남자를 만났더니, 나를 웅신산熊神山 아래 압록鴨綠 강가로 유인하여 욕을 보이고 가서는 돌아오지 않았다. 부모는 중매 없이 남을 따라갔다고 나를 책망하며 이곳으로 귀양보냈다고 했다.

금와가 이상히 여기고 집에 머물러 두었는데, 햇빛이 비쳐 몸을 피해도 쫓아와 비추었다. 인해 잉태하여 알 하나를 낳으니 크기가 다섯 되나 되었다. 왕이 버리라 해서 개나 돼지에게 주어도 먹지 않고 길에 버리면 소나 말이 피해 가며 들에 버리면 새와 짐승이 덮어 주었다. 왕이 깨뜨리려고 해도 깨어지지 않으니 어미에게 도로 주었다. 그 어미가 알을 싸서 따뜻한 곳에 두니 아기가 껍데기를 깨고 나왔다. 기골이 영특하고 기특하며 일곱 살에 남달리 뛰어나 스스로 활과 화살을 만들어 쏘면 백발백중百発百中이었다. 속담에 활을 잘 쏘는 사람을 '주몽'이라 했으므로 이름을 '주몽'이라 했다.

주몽이 남쪽으로 수레를 타고 내려오다가 부여의 엄리대수奄利大水를 거치게 되었을 때 왕이 나루에 이르러 말하기를 '나는 황천皇天의 아들이며 하백河伯의 손자다. 오늘 도망가는 길인데 뒤쫓은 자가 있어 따라오니 어찌하겠는가?'라고 하니, 고기와 자라들이 다리를 놓아 건너갔다. 건너자 다리는 사라지고 쫓아오는 군사들은 건너지 못하였다. 졸본주에 이르러 도읍을 하였다."

『삼국유사』 <고구려>조의 내용으로 보면, 고구려 시조인 주몽은 천제인 해모수가 하늘과 지상을 왕래하다가 수신인 하백의 딸 유화를 유혹하여 결연結緣해서 태어난 천손이다. 따라서 주몽은 단군과 마찬가지로 천부지모의 결합구조로 태어나고 신성성을 얻어 통치자로서의 정통성을 지니게 된다. 이런 고구려는 북부여北扶餘 계통의 이민집단으로 천제의 후예임을 자처하고 있는 태양숭배 부족이다.

이규보의 『동명왕편』의 탄생담에도 "유화의 아버지 하백은 해모수가 중매도 없이 자기 딸 유화柳花를 유혹했다고 하여 처음에는 반대했다가 여러 가지 내기를 한 뒤에 그의 인물됨을 보고 허락했다. 해모수를 술에 취하게 한 뒤에 오룡거에 태워 하늘로 올려보낼 때, 유화는 쇠붙이를 가지고 타지 말라는 하백의 경고를 잊고 비녀를 꽂은 채 수레에 타고 갔다. 술에서 깬 해모수가 유화의 비녀를 이용해서 수레를 찢고 유화를 다시 땅으로 되돌려보내니, 유화는 우발수優渤水에서 홀로 지내다가 잉태하고 알을 낳았고, 금와가 이를 상스럽지 못하다고 여겨 버리라고 했다. 그런데 지나가던 짐승들이 그 알을 품고 알을 깨뜨리려고 해도 깨지지 않아서 알을 유화에게 되돌려 주었다. 방 한쪽에 두니 햇빛이 그 알을 비추었다. 얼마 지난 뒤에 알을 깨고 나온 이가 바로 주몽이다."

주몽은 유화의 몸에서 직접 알로 태어났으니 말 그대로 난생卵生이고, 알은 태양을 상징하고 새로운 생명의 잉태를 의미하므로 고구려 시조는 천부지모의 결합구조와 난생 화소로 되어 있어 태양 또는 천신 신앙을 배경으로 한 이야기다. 금와는 유화가 낳은 알을 상서롭지 못하다 하여 버리라고 하니 비정상적으로 탄생한 주몽은 유아기에 버려짐의 시련을 경험하게 되는데 영웅 탄생담에서 기아

棄兒 화소가 바로 이것이다. 주인공은 유아기 시련을 새와 짐승 같은 자연물의 도움으로 위기에서 벗어나지만, 성장기에 들어선 주몽은 아비 없는 자식이라는 주변의 질시를 받고 어머니 유화에게 아버지 존재에 관해 물은 뒤, 잃어버린 아버지를 찾아 탐색의 길을 떠나기 전에 아버지가 내주고 간 "내가 감추어 둔 물건이 칠령칠곡七嶺七谷 돌 위에 선 소나무에 있다."라는 수수께끼를 풀어 숨겨 놓은 칼을 얻은 뒤에 길을 떠난다. 탐색의 과정에서 주몽이 겪은 고난이 여기에 구체적으로 제시되지는 않았지만, 자기 능력과 초월적 존재의 도움으로 이를 극복하고 마침내 고구려 건국 시조가 되었다. 주몽 같은 사람의 '영웅의 일생' 이야기는 왕으로서 능력 있음을 보여주고 신성한 존재임을 드러내는 구술 상관물이다.

〈혁거세赫居世〉

신라 시조 박혁거세의 탄생담은 『삼국유사』 <신라 시조 혁거세왕> 조에 있는데 난생과 관련된 부분만 소개하면 다음과 같다.

"육부六府의 조상이 모두 하늘에서 내려왔다. -중략- 3월 초하루에 6부의 조상들이 각각 자제들을 거느리고 함께 알천閼川 언덕에 모여 의론하되, '우리들의 위에 백성을 다스릴 임금이 없으므로 백성이 모두 방일放逸하여 제 마음대로 행동하니 덕 있는 사람을 찾아서 임금을 삼아 나라를 세우고 도읍을 만들어야 하지 않겠는가?'라고 하고, 산에 올라 남쪽을 바라보니 양산楊山 아래 나정蘿井 옆에 번개 같은 이상한 것이 땅에 닿고, 흰 말이 땅에 엎드려 절하는 듯해서 찾아가 보니 붉은 알이 있었다. 말은 사람을 보고 길게 울며 하늘로 올라갔다. 그 알을 깨어 사내아이를 얻었는데 모양이 단정하고 아름다웠다. 동천東泉에서 목욕을 시키니 몸에서 광채가 나고, 새와 짐승들이 춤을 추고 천지가 진동하며 일월이 밝아지므로 혁거세왕이라 하고 위호位號를 거슬한居瑟邯이라 하였다.

이제 천자가 강림하였으니 덕 있는 여왕을 찾아 배필로 정하자고 하더니 사량리沙梁里 알영정閼英井 가에 계룡鷄龍이 나타나 왼쪽 겨드랑 밑에서 동녀童女를 낳았다. 모습이 매우 예쁘나 입술이 닭의 부리 같았다. 월성月城 북천北川으로 데려가 목욕시키니 부리가 떨어져 나가 그 내를 발천撥川이라 했다. 궁실을 남산 서쪽 기슭 지금의 창림사에 세우고 두 성아聖兒 받들어 길렀다. 남자는 알에서 나왔고 그 알이 박만 하였다. 방언에 바가지를 '박'이라 하여 '박'으로 성姓을 삼고, 여자는 태어난 우물 이름 알영으로 이름을 삼았다. 두 성인이 나이 13세가 된 오봉五鳳 원년 갑자甲子에 남자는 왕이 되고 여자는 왕후가 되었다."

사서史書의 기록에 따르면 여기에 등장하는 육부의 촌장들도 모두 하늘에서 내려온 존재다. 그때까지는 촌장들로서의 정통성을 유지하고 있었으므로 육부는 씨족 중심의 촌락 집단이었다. 그런데 왕국 건설의 시대가 도래하니 자기들을 다스려 줄 지도자 없었으므로 알천 언덕에 모여 임금을 찾아야겠다고 의논했다. 덕 있는 사람을 찾으려고 산에 올라가 남쪽을 바라보니 양산 아래 나정 옆에서 번개 같은 이상한 빛이 땅에 닿고 흰 말이 엎드려 절하는 듯하여 찾아가 보니 붉은 알이 있었다. 이러한 혁거세의 난생은 모계를 알 수 없고, 유화가 알을 직접 낳은 주몽의 난생과는 좀 다르지만, 알을 깨고 낳았으니 넓은 의미에서 난생이다. 붉은 알은 태양과 새 생명의 탄생을 상징하지만 난생이니 비정상적인 탄생이다. 그런데도 혁거세가 촌장들에게 거두어진 것은 이들에게 자기들을 다스릴 통치자가 없어서 새로운 통치자를 원했고, 주몽이 금와왕金蛙王에게 수용되지 못하고 버려진 것은 이들에게 이미 통치자가 있었기 때문이다. 따라서 수용됨과 버려짐은 통치자가 '있고' '없음'의 차이다. 거기에다가 알을 발견할 당시의 신비한 광경을 촌장들이 직접 체험했는데, 하늘에서 번개 같은 빛이 땅에 닿았으며 흰 말이 엎드려 절하다가 사람들이 오니 하늘로 올라갔다. 이러한 신비한 현상을 목격한 사람은 그들 자신이고 하늘에서 빛이 드리웠다는 것은 혁거세가 하늘에서 내려온 인물이고, 흰 말은 기마민족의 후예임을 상징하므로 역사적으로 볼 때 북방계에서 이주한 혁거세의 역사적 사실을 하늘에서 내려온 인물로 이야기하여 천신의 후예로 신성한 존재임을 드러낸 것이다.

혁거세 이야기에서는 혁거세를 왜 하늘에서 내려온 존재라고 했을까? 고고학의 견해에 따르면 혁거세 세력은 북쪽에서 철기문화를 가지고 이곳에 이주하여 나정의 우물을 중심으로 자리를 잡은 종족이고, 그의 부인 알영도 북쪽에서 이주하여 알영정의 우물을 중심으로 자리를 잡은 종족이다. 이들은 북쪽에서 이동하여 신라의 우물 터를 중심으로 자리를 잡고 자기 세력을 확장하여 육부의 촌장들을 수용하면서 왕권 국가를 건설했다고 한다. 이러한 역사적 사실을 혁거세는 하늘에서 빛이 드리운 곳에서 발견한 알에서 태어나고, 알영을 계룡의 옆구리에서 태어난 존재로 이야기하여 이들의 신성성과 정통성을 확보하기 위해서 꾸민 구술 상관물이다.

이 이야기 외에, 궤에서 나왔으므로 엄밀하게 말하면 난생이라고 할 수 없지만, 경주김씨慶州金氏 시조 김알지金閼智의 탄생담이 『삼국유사』 <김알지 탈해왕脫解王代> 조에 있다.

"호공瓠公이 밤에 월성月城 서리西里를 가다가 시림始林에서 빛을 보았다. 붉은 기운이 하늘에서 땅에 닿고 구름 속에는 황금의 궤가 나뭇가지에 걸려 있고, 빛이 궤에서 나오며 흰 닭이 나무 밑에서 울었다. 이 사실을 왕에게 알리니 왕이 숲으로 가서 궤를 여니 남자가 누워 있었다. 궤에서 일어난 일이 마치 혁거세 때 같았다."

김알지의 신비한 현상을 최초 목격한 사람인 호공은 당시에 권력을 가진 실력자다. 그가 하늘에서 빛이 있었고, 흰 닭이 나무 밑에서 울었다는 것을 보고서 이를 임금에게 알렸다. 임금이 숲으로 가서 직접 확인하고 이를 거두어 태자로 책봉했지만, 왕의 자리를 파사婆娑에게 사양했다. 그 뒤 7대 후손인 미추未鄒가 왕위에 올랐다. 김알지가 왕에게 거두어짐은 신이神異한 출생 정황이 당대의 실력자인 호공에게 목격되고, 왕이 직접 가서 거두었기 때문이다. 이처럼 김알지의 출현 상황도 천손임을 암시한다고 할 수 있어 혁거세의 출현과 동일 구조라고 할 수 있는데, 다만 그가 궤 안에서 나왔으므로 엄밀히 말하면 난생의 이형태異形態다.

〈수로首露〉

가락국駕洛國의 시조 김수로왕 탄생 이야기를 『삼국유사』「가락국기駕洛國記」 조에서 난생과 관련된 부분만 소개하면 다음과 같다.

"천지가 개벽한 뒤로 이곳에 나라 이름도 없고, 군신의 칭호도 없었다. …중략… 구간九干[아홉 추장]들이 있어 이들 추장酋長이 백성을 통솔하였으니 백 호에 칠만 오천 인이었다. 산이나 들에 도읍하고 우물을 파 물 마시고 밭을 일궈 먹었다. 마침 건무建武 18년 3월 3일[계욕일禊浴日]에 북쪽 구지龜旨에 이상한 소리가 있고 마치 사람을 부르는 것 같아서 무리 이삼 백 명이 모여들었다. 사람 소리인 것 같으나, 모습은 보이지 않고 소리만 났다.

'여기에 사람이 있느냐?' 구간들이 '우리가 있습니다.' '내 있는 곳이 어디냐?' '구지입니다.' '하늘[황천皇天]이 내게 명하여 이곳에 나라를 세우고 임금이 되라 하시므로 여기에 왔으니, 너희는 이 봉우리의 흙을 파 모으면서 노래하되,

거북아, 거북아[구하구하龜何龜何]

머리를 나타내어라[수기현야首其現也]

만약에 나타내지 아니하면[약불현야若不現也]

구워 먹으리라[번작이끽야燔炸而喫也]

하고, 발을 구르면서 춤을 추면 그것은 대왕을 맞이하면서 기뻐서 날뛰는 것이다.'라고 했다. 구간들이 그 말대로 기뻐하며 노래하고 춤을 추고서 얼마 있다가 올려다보니, 하늘에서 붉은색 줄이 내려와 땅에 닿았다. 줄 아래를 찾아가 보니 바로 붉은 보자기에 속에 금합金盒이 있어 열어 보니 황금알 여섯이 있고 둥글기가 해 같았다. 뭇사람들이 모두 다 기뻐하며 예를 갖추어 백 배 절을 하고 다시 보자기에 쌓아서 아도가我刀家 집으로 가져갔다. 상床에 모셔두고 무리는 각각 헤어졌다가 12일이 지난 다음 날 아침 다시 모여 합을 열어 보니, 여섯 알이 변하여 동자가 되었고 용모는 심히 위엄이 있었다. 마침내 상에 앉히고 모두 하례賀禮하며 공경을 그치지 않았다. 하루하루 자라 10여 일이 지나니 신장은 9척으로 은殷나라 태을太乙 같고, 얼굴 모습은 용龍 같은데 한漢나라 고조高祖 같으며, 눈썹은 여

덞 갈래로 빛나 요堯임금 같고, 두 눈동자는 순舜임금 같았다. 그달 보름에 즉위했는데, 처음 나타났다고 해서 수로首露라 이름하고 국호를 대가락大駕洛 또는 가야국伽倻國이라 했으니 육가야六伽倻 중 하나다. 나머지 다섯도 각자 돌아가 오가야五伽倻의 군주가 되었다."

수로와 관련된 이야기 배경이 되는 「가락국기」에 삽입된 <구지가>에 대해서 기존 연구자들의 견해는 다양하다. <구지가>를 원시사회에서 신성한 임금의 탄생誕生과 성년成年 그리고 신을 맞이하는 제의祭儀 과정에서 구술되던 주술 노래가 수로의 탄생과 등극 또는 구간들이 신을 맞이하는 구술과정에 삽입되었다거나, 동요 또는 민요가 「가락국기」 문자 정착 시기에 삽입되었다고도 하고, 수로가 자신의 정치적 목적을 위해 노래를 지어서 가르친 것이라고도 했다.

이 <구지가>는 후대에 전하는 <해가海歌>나 고려조 박감朴瑊의 한시漢詩로 계승되기도 하여 <구지가> 해석은 더욱 다양해졌다. <해가>는 신라 성덕왕 때 순정공純貞公 부인 수로水路의 미모가 뛰어나 심산대택深山大澤을 지날 때면 신물神物에게 자주 잡혀갔다. 순정공이 강릉 태수로 부임해가던 중 동해안에서 갑자기 해룡海龍이 나타나 수로부인을 납치해 갔다. 어느 노인이 "뭇사람의 입은 쇠도 녹인다[중구삭금衆口鑠金]는 말이 있으니, 백성들을 모아 막대기로 언덕을 치면서 노래를 부르라."라고 하여 그 말대로 하니 과연 용이 부인을 내놓았다. 노래 가사는 다음과 같다.

"거북아, 거북아 수로부인을 내놓아라[구호구호출수로龜乎龜乎出水路] / 남의 부녀를 빼앗아 간 죄가 얼마나 큰가[약인부녀죄하극掠人婦女罪何極] / 네가 만약 거역하고 내놓지 않으면[여약패역불출헌汝若悖逆不出獻] / 그물로 잡아 구워 먹으리라[입망포략번지끽入網捕掠燔之喫]"

이 가사는 해룡을 위협하는 내용으로 <구지가>와 상당히 유사하다. 그리고 『역옹패설』에 실려 있는 고려조 박감의 한시는 "거북아, 거북아 잠을 탐하지 마라[구호구호막탐수龜乎龜乎莫耽睡] / 삼대의 재상이 헛말이로구나[삼세재상허어이三世宰相虛語耳]"라고 했다.

<구지가>에 나오는 '거북'은 향찰 표기로 하면 '검'이나 'ᄀᆞᆷ'으로 신神을 뜻한다거나, '귓것'으로 '귀鬼' 또는 '마魔'를 의미하는 이두 표기라고도 하고, 거북은 제의의 희생물 또는 토템 동물을 상징한다고 하며, '머리[수首]를 나타내어라.'에서 '머리'는 순수하게 '거북의 머리'라고 하거나, '신군神君 또는 우두머리'의 상징적 표현이라고 하며, 앞에 소개한 <해가>와 관련지어 수로왕이라고 추론하기도 하고, 머리를 'ᄆᆞᄅᆞ'의 향찰이라고 하면서 산마루 즉 구지봉을 의미한다고도 한다. 그런가 하면 <구지가>를 성性과 관련해서 해석하기도 하고, 아주 특이하게 이 지역의 철鐵 생산과 관련지어서 <구지가>를 철이 의물화意物化된 표현이라고도 한다.

이처럼 <구지가>와 거북의 정체 그리고 거북의 머리에 대한 상징적 의미나 해석이 다양하고, 가사에 나오는 '구워 먹으리라 [번작

이끽야燔炸而喫也]' 구절에 대해서도 원시인들의 소박한 성적 욕구의 상징적 표현이라고 하면서 격렬한 욕정이 깃든 여성 성기性器의 은유라거나, 희생 제의에서 거북을 불에 구워 희생으로 바치는 장면을 의미한다고도 하며, 위혁威嚇에 의한 기원祈願이라는 모순된 심리를 반영한 주술로 제사祭祀 의례儀禮에 사용된 희생물인 거북을 죽여 향연饗宴을 갖는 제의의 가요적歌謠的 투사投射라고도 하고, 철을 생산하는 과정에서 생긴 것으로 '번작燔灼'을 제련製鍊의 상징적 표현이라고도 한다. 이처럼 다양하게 해석되는 것은 <구지가>나 거기에 나오는 거북을 어떻게 인식하는가에 따른 결과다.

<구지가>의 배경이 된 「가락국기」에 나오는 '계욕禊浴'은 삼월三月 상사일上巳日로 원사元巳라고 하는데, '계禊'는 묵은 때를 씻거나 상서롭지 못한 것을 없앤다는 점에서 결潔과 같은 뜻으로 악惡을 제거한다는 의미다. 이러한 '탁계濯禊' 의식은 3월의 계욕지일禊浴之日 외에 유두일流頭日에도 행해지는데 부정不淨과 재화災禍를 정화淨化하여 신성화神聖化하는 의식儀式이면서 자녀를 기원하는 의례도 겸하였다. 그런데 수로의 탄생 과정에 일어난 주민들의 행동이 계욕의 날에 구간들과 주민들이 구지봉에 모여서 수로의 탄생을 기원한 것인지, 아니면 주민들이 계욕 행사를 하려고 모였는데 갑자기 하늘에서 소리가 들려서 구지봉 쪽으로 간 것인지 분명하지 않다.

이뿐만 아니라 <구지가>의 배경 설명에 나오는 '봉우리를 파서 흙을 쌓아라[굴봉정촬토掘峰頂撮土].' 구절은 글자 그대로 '꼭대기를

파서 흙을 모으다.' 정도로 이해할 수 있겠는데, 이를 '봉두峰頭의 흙을 파헤치면서'라거나, '봉우리를 두드리며'라고도 하고, 거북의 산란 동작과 연관을 지어 '산봉우리를 파고 그 흙을 뒤로 당기며'라고도 한다. 이 구절에 관한 다양한 해석도 자의字意나 구문句文 때문이 아니라, '봉우리를 파서 흙을 모으다.'라는 행위가 무엇을 의미하는가 때문이다. 또 자의나 구절과 관련지으면 '여섯 개의 알'도 거북이의 알인지 아니면 거북과는 무관한 알인지도 불분명하다.

수로의 출신에 대해서 그가 '외래인'이라는 데는 기존의 견해가 대개 일치하지만, 구체적으로 제시된 내용은 다르다. 역사·문헌학적으로 수로는 중국의 몰락집단의 부족장으로 김해지방 철산지를 장악하기 위해 철기문화를 가지고 북방에서 내려온 외래인인데, 중국 전한前漢을 찬탈하고 신제국新帝國을 건설했던 왕망王莽 족당으로 소호少昊 금천씨金天氏 후예라고 하고, 민속학적으로는 수로 자신이나 수로 왕족이 수로의 탄생을 극화劇化해서 매년 시행하는 영신迎神 제의의 구술 상관물로 삼았는데 이는 가야의 왕권을 장악한 이민족으로서 강력한 왕권의 정통성을 확보하기 위한 것으로 이를 통해 수로를 부족장으로 추대하면서 수로 부족이 신성한 존재임을 드러내기 위해서 출자出自를 천신계天神系로 하여 천신과 수로 사이에 생명적 연대를 계보화系譜化하고, 복화술腹話術과 환청幻聽을 조작하는 주술 능력을 지닌 수로를 위한 제정일치祭政一致 시대의 산물이라고도 하며, 민간신앙 측면에서는 수로를 골매기 당산堂山 신격神格

에 해당한다면서 금관가야金官伽倻의 국조신國祖神이자 부족의 수호신守護神이라고도 한다.

「가락국기」의 찬자撰者와 이야기 구술 주체에 대해서는 『삼국유사』 권2를 비롯하여 여러 기록물 『고려사高麗史』 권11 「지리지地理志」, 『신증동국여지승람新增東國輿地勝覽』 권3 「김해도호부金海都護府」 <구지봉龜旨峰> 조條, 『동국통감東國通鑑』 권2 「삼국기三國紀」 조, 『대동운부군옥大東韻府群玉』 「구간수계九干修禊」 조 등에 나오지만, 특이하게도 『신증동국여지승람』 권29 <고령현高靈縣 건치建置 연역沿革> 조의 기록만은 여타의 「가락국기」 내용과 다르게 "최치원의 <석釋이정전利貞傳>을 살펴보면, 가야산신伽倻山神 정견모주正見母主가 천신天神 이비가夷毗訶에 응감한 바 되어 대가야왕大伽倻王 뇌실주일惱窒朱日과 금관국왕金官國王 뇌실청예惱窒青裔 두 사람을 낳았다."라고 되어 있다면서 여기에 나오는 뇌질주일은 이진아고왕伊珍阿鼓王의 별칭이고, 뇌질청예는 수로왕의 별칭이지만, 「가락국기」의 육란지설六卵之說과 함께 모두 허황하여 믿을 수 없다고 했다.

「가락국기」는 그 협주夾註에 "고려高麗 문묘조文廟朝 31(1076)년 대강大康 연간年間에 금관지주사金官知州事 문인文人이 지은 것"이라 했고, 『삼국유사』를 찬술한 일연一然이 이를 간추려 실었다. 또 허전許傳의 『숭선전지崇善殿誌』 권4에 "금관지주사는 김양일金良鎰인데, 고려 문종이 수로왕 등극 갑자甲子 임인년壬寅年을 맞아 김주사金州事 양일良鎰에게 특별히 명하여 능원陵園을 보수하고 제사를 지내며 사적을 기록하라."고 했다. 따라서 수로 등극이 후한後漢 건무建武 18(42)년이고 수로首露 사당祠堂 건립이 가락국 제2대 거등왕居登王 건안建安 4(199)년이므로 「가락국기」 찬술 시기[1076년]와는 거의 일천 년의 간격이 있다. 또 찬술 계기에 대해서도 "「가락국기」가 이루어진 당시 11세기에 사람들은 일 년에 한 차례씩 놀이로 재현했다. 그리하여 지방 백성과 서리, 군졸들이 수로왕이 허후許后를 맞이하던 장면을 되풀이하기 위해서 말을 달리고 배를 띄우면서까지 야단스러운 행사를 벌였는데, 이런 풍속은 가락국 시대에 유래되었다."라면서 「가락국기」는 이런 풍속의 내용을 근거로 해서 만들어졌다고 했다.

반면에 어떤 이는 "소찬자所撰者가 홍범구주洪範九州에 기초한 제왕 중심의 사유관思惟觀이나, 유가적儒家的 국가관을 암연히 집어넣어 원래의 수로 신화를 도식塗飾하거나 개변改變했을 것으로 추측된다." 하고, 또 어떤 이는 "편찬자 일연이 김수로 출자出自의 신비성과 존엄성을 부여하기 위해 북방계 알타이 민족의 난생설로 장식했으며, 허왕후의 출자도 올바르게 전하지 않고 불교의 발상지인 고대 인도의 아유타국으로 한 것을 근거로 변개變改했을 가능성이 높고, 그가 붙인 명銘 또한 「가락국기」의 구조가 국가적 차원의 현실인식과 상관성이 있다."라고 했다. 이상의 여러 견해를 보면 현전 기록은 소찬자인 금관지주사 김양일이 찬술했지만, 『삼국유사』 편찬자 일연에 의해 수로에 대한 본래 내용이 어느 정도 변개되었을 것이다.

「가락국기」의 구성은 1) 수로왕의 탄강·등극담, 2) 초기 치적담, 3) 탈해와의 술법 대결담, 4) 신성 혼인담까지는 다른 건국 영웅신화에서 볼 수 있는 서사 내용이고, 5) 수로 치적, 6) 사후[장례 및 제사] 기록, 7) 묘당廟堂 기사奇事 및 전승 민속놀이, 8) 김해 지명 유래, 9) 조문선趙文善의 묘답廟畓 기사奇事, 10) 8대손 김질왕金銍王의 왕후사王后寺 창건과 5백 년 뒤에 지어진 장유사長遊寺 폐사廢寺 등은 사실 기록과 전승되는 이야기로 구성되어 있다.

1)의 탄강·등극담은 신화적 서사로 이루어졌지만, 2)의 초기 치적담은 주몽의 치적담에서 입사 시련의 경쟁 화소로 신성성을 드러낸 것과는 달리, 수로 이야기에서는 그의 검박한 생활 태도나 풍수지리의 해박함과 민본주의적 태도 등이 강조되어 있어 신성성보다는 유가儒家 내지 풍수지리風水地理 관점에서 수로가 왕으로서의 능력 있음을 드러냈다. 3)의 탈해와의 술법 대결담과 4)의 허황후와의 신성 혼인담은 건국 영웅신화에서 볼 수 있는 서사 내용이지만, 5)의 수로 치적은 건국 영웅으로서의 행적이 아니라 관직명을 중국식으로 바꾼 것이고, 6)은 사후 장례 및 제사 역시 신성성의 완성을 드러내는 상징적 표현이 아니라 일반 역사 기록이다. 다만 허왕후와 수로가 각각 157, 158세씩 살다가 죽었다고 하여 신화적 인물로 각색되어 있지만, 이것만으로는 그들의 사후 신성성이 잘 드러나지 않는다. 7)은 묘당 기사 및 전승 민속놀이에 나오는 충지, 영규 및

도적의 이적異蹟 관한 이야기이고, 8)은 김해 지명 유래담이며, 9)의 조문선의 묘답 기사는 앞의 묘당 기사와 함께 수로왕의 경이로움을 드러내어 부도덕한 인간의 욕망을 좌절시켜서 수로왕의 신통력이 사후에도 지속되었음을 보여준 이야기다. 이는 비범한 능력이 신성성을 획득하기 위한 상징이나 은유의 신화적 서사물은 아니지만, 인간 인식의 한계를 넘어선 상황 창출을 통해서 적층積層된 주체들의 원망願望이 암시적으로 드러나도록 하여 공포와 경이로움을 드러낸다. 10)의 8대손 김질왕의 왕후사 창건과 5백 년 뒤에 지어진 장유사 폐사에 관한 역사 기록물이다. 따라서 「가락국기」는 1)에서 4)까지는 생애에 관한 서사 부분으로 어느 정도 신성성이 드러나지만, 5)에서 12)까지는 경이로운 전설과 역사 기록물로 이야기와 서술자 논평이 개입되어 있다.

지금까지 제기된 여러 문제점을 논의하기 위해 앞에서 소개한 「가락국기」의 수로 탄생·등극담만을 단락별로 먼저 보자.

1) 구간들이 다스리고 있는 이곳은 나라 이름, 임금과 신하 칭호가 없었다.
2) 하늘에서 형체는 보이지 않은 채, 구간들에게 뭔가 요구하는 소리가 들렸다.
3) 하늘에서 붉은 줄이 내려오는 징후를 보였다.
4) 여섯 개 알이 있었고 이를 구간들이 가져다가 보관했다.
5) 얼마 지나지 않아 수로는 동자로 태어나서 왕위에 등극했다.

6) 남은 다섯 개 알도 오가야의 왕이 되었다.

2)와 6)을 제외하면 신라 혁거세 탄생·등극담과 매우 유사하므로 이를 앞에 소개한 혁거세의 난생 이야기와 대비해 보자.

혁거세 이야기의 예비상황부에서는 육촌六村의 장長들이 3월 초하루에 알천 언덕에 모여 "우리에게 백성을 다스릴 군주가 없어 백성들이 방종하고 제멋대로 하니 어찌 덕 있는 자를 찾아 군주로 세우고 나라와 도읍을 세우지 않겠는가?"라고 의논하면서 그들을 다스려 줄 군주를 스스로 찾고 있었다. 그런데 수로 이야기의 예비상황부에서는 "천지가 개벽한 뒤, 이곳에는 나라 이름도 없고 군신의 칭호도 없었다. …중략… 구간들이 통솔하고 있었는데 백 호에 칠만 오천 인이었고, 산이나 들에 도읍하고 우물을 파 물 마시고 밭을 일궈 먹었다. 마침 건무 18년 3월 3일[계욕지일]에 북쪽 구지에 이상한 소리가 있었는데 마치 사람을 부르는 것 같아서 무리 이삼백 명이 모여들었다."라고 했다.

나라 이름이 없고 임금과 신하의 칭호도 없었던 상황은 신라 육촌과 비슷하지만, 가야의 구간들은 그런대로 자족自足하고, 왕이 없음도 문제 삼지 않았다. 또 혁거세 이야기에서는 육촌의 장들도 혁거세처럼 본래 하늘에서 내려온 천상계 인물이었으므로 혁거세를 수용하는 데 적극적이었던 반면에, 수로 이야기에서는 구간들의 출신에 대한 언급이 없을 뿐만 아니라 수로가 자신의 출현을 위해 이들에게 일련의 동작과 노래와 춤을 복회술로 요구했다. 그들은 수로의 요구에 따랐으므로 수로와 구간들 사이에 알력이나 갈등이 없어 보이지만, 수로의 출현에 대해서 구간들의 수용이 육촌의 장들처럼 적극적이지 않았다. 이는 자기들을 통치할 왕이 필요하지 않아서겠지만, 구간들과 수로 사이에 출신 성분이 다른 것도 하나의 이유일 것이다.

수로가 등극한 뒤에 보여준 이야기에는 혁거세 이야기에서 볼 수 없는 수로의 업적인 가궁假宮 짓기, 경도京都 정하기, 신궁新宮 짓기 등의 등극 초기 치적담과, 탈해가 배를 타고 쳐들어 와 왕권 쟁탈을 벌이는 데서 수로가 술법으로 그와 대결한 이야기가 나온다. 그리고 육촌의 장들이 천거한 알영부인과 혼인한 혁거세와는 다르게 수로는 구간들이 추천한 왕후 후보를 거절하고 천명天命을 기다려서 선주민이 아닌 이주민 허왕후를 선택한 혼인이 천명을 따른 신성혼神聖婚임을 상징적으로 보여준다. 이처럼 수로는 유가儒家나 풍수지리風水地理 같은 사상을 배경으로 하여 군왕으로서 능력이 있음을 드러내고, 그의 등극과 혼인이 천명이었음을 강조한다. 수로는 철기문화의 강력한 힘을 가진 외부 세력으로 읍락邑落 국가國家인 김해 지역을 차지하여, 나라 이름도 정하고 군주도 세워 그곳을 지배하여 왕권王權 국가를 세운다. 그러면서도 제정일치祭政一致 시대의 주술장呪術長으로서 복화술과 환청을 이용하여 자기 소리가 하늘에서 들린 것처럼 해서 자기 요구에 구간들이 따르도록 하여 신성한 존재임을 상징적으로 보여준다.

그렇다면 이런 이야기의 구술 주체는 누구였을까? 수로에 관한 기사記事는 고려 문종文宗 때 김양일에 의해 「가락국기」에 찬술되었지만 여러 형태의 삽화로 이루어졌다. 이는 후대에 이야기 형성에 참여한 많은 주체에 의해 삽화가 적층 되었음을 의미한다. 특히 신화 부분인 수로의 탄생과 등극 초기 치적은 후대의 기술 과정에서 상당히 많은 내용이 첨가되었을 것이다. 『동명왕편』 고구려 주몽의 건국 이야기 중에 비류왕沸流王 송양松讓과 대결에서 보여준 '가궁 세우기[고각鼓角 훔쳐 오래된 것으로 위장함]'와 '경도 정하고 신궁 세우기[골령鶻嶺 덮은 구름 걷히고 산성에 성곽·궁실·누대를 하늘이 이루어준 것이라 함.]'가 수로 이야기에서는 역사시대에나 나왔을 고급 종교나 사상으로 윤색되어 있다. 수로의 '가궁 세우기' 삽화에서는 "질박하고 검소함을 주로 하여 띠 풀[모자茅茨]을 자르지도 않았으며, 토계土階를 세 자만 쌓았다."라는 데서 알 수 있듯이 유가적儒家的 질박質朴과 검소儉素함이 보인다. '경도 정하기' 삽화에서는 "여기는 땅이 협소하여 여뀌 풀잎 같으나, 특이하여 18나한羅漢이 주거住居할 만한 곳이 되겠다. 1에서 3이 되고 3에서 7이 되니 칠성七聖의 거주지도 여기가 합당하다."라고 하여 불교문화와 풍수지리 사상이 반영되어 있고, '신궁 세우기' 삽화에서는 "궁궐과 사옥은 농한기를 기다려 짓기로 하였다."라고 하여 민본民本 위주의 유가적 치도治道로 윤색되어 있다.

그러므로 「가락국기」의 등극 초기 치적이 특정 시기에 특정 집단의 관심, 의지, 이해, 문제의식 등이 단락별로 따로 개입되어 있어서 수로 등극에 관한 이야기 체계의 형성 주체는 토착 주민들의 지배 세력인 구간들을 뒤엎은 수로왕 당대의 세력이거나, 아니면 수로왕 사후死後에 바로 왕권을 계승하고 수로 묘당을 세운 거등왕의 세력일 가능성이 크다. 그래서 수로 이야기는 한국 건국 신화가 형성 주체들에 의해 주인공의 행위가 규범적이고 포괄적 의미를 지니도록 토착 주민들의 주술 신앙이나 전래 종교를 배경으로 해서 이루어진 신화와 다르게 작위적이다.

수로를 중심으로 한 당대의 지배계층이 수로 등극 이야기의 형성 주체라면, 수로가 생존해 있으면서 어떻게 자신을 신성시하는 비현실적인 이야기를 만들 수 있었을까 하고 의심도 들지만, 수로가 이 지역에 왕으로 등극하면서 도읍을 정하고 궁궐을 지었을 것이며, 탈해와 왕권의 쟁탈을 벌여서 승리했다는 것도 역사적 사실일 것이므로 이를 이야기로 구전하는 과정에서 통치자로서 능력 있음을 과시하기 위해 자신의 생애와 위업이 '천명'임을 강조하여 차원을 높여 상징화할 수 있다. 철기문화를 가진 수로 부족은 힘으로 지배자가 된 뒤에 구간들을 비롯한 토착 주민들과의 심리적 갈등의 해소를 위해 주술장으로서 복화술과 환청을 이용하여 신비 체험의 술책을 써서 수로가 행한 역사적 사실들을 구술하여 능력 있음을 드러나게 해서 토착 주민들에게 얼마든지 자연스럽게 신성한 존재로 인식되도록 할 수도 있다.

만약에 거등왕 세력이 수로 등극 이야기의 형성 주체라면, 온조가 백제를 건국한 뒤에 주몽의 사당을 짓고 제사하여 주몽의 후손임을 드러내어 통치권자로서 정통성을 확보했고, 고려를 창건한 왕건은 『고려사』에서 그의 조상들의 계보를 상징적으로 기술하였으며, 이성계가 조선을 건국한 뒤에 세종은 『용비어천가』를 통해 육조六祖의 행적을 중국의 성현聖賢들과 대비하여 기록해서 통치자로서 정통성을 확보했던 것처럼, 힘으로 가야 지방을 지배했던 수로왕이 죽은 뒤에는 구간들 같은 기존의 세력권 자가 거등왕의 왕권 계승에 반발할 수도 있으니, 이를 막기 위한 대책으로 거등왕이 수로왕의 묘당을 짓고 제사를 지내면서 그의 행적을 상징적으로 표현하여 수로왕이 신성한 존재였거나 천명에 따라서 왕이 되었다는 것을 구술 또는 기록하여 수로왕의 위업을 계승한 후손으로서 통치권의 정통성을 확보할 수도 있었을 것이다.

수로왕 이야기는 그가 살아있을 때 자신이 통치자로서 정통성이 있음을 드러내기 위해서 구술했든지, 아니면 그가 죽은 뒤에 즉위한 거등왕이 수로의 사당을 짓고 제사를 지내면서 구술하거나 기록했겠지만, 이는 모두 수로의 통치자로서 정통성을 확보하기 위한 것이다. 따라서 수로왕 이야기는 수로 당대의 정통성 확보를 위해서 상징적으로 구술되던 것이 수로의 뒤를 이은 거등왕에 이르러 묘당의 제의와 함께 그 내용이 더욱 풍부하게 구술되거나 기록되어 체계화되었을 것이다. 이런 관점에서 수로의 탄생 등극담에 형체는 보이지 않고 하늘에서 소리만 들려 자신의 출현을 맞으라고 하고, 하늘에서 빛이 드리워지며, 그곳에 여섯 개의 알이 금합에 담겨 있었다는 신비 체험은 그가 천상계 존재임을 상징적으로 보여준다. 또 완하국玩夏國의 28용龍 중에 한 사람 함달왕含達王의 부인한테서 알로 태어나고, 수로와 경쟁에서 진 뒤에 신라로 가서 왕이 된 탈해와 술법 대결담[탈해가 매가 되면 수로는 독수리가 되고, 참새가 되면 매가 됨]에서 수로왕의 변신은 주몽 신화에 나오는 하백과의 신통력 대결[하백이 잉어가 되자 해모수는 수달이 되고, 꿩이 되자 매가 되며, 사슴이 되자 늑대가 됨.]에서 보여준 해모수의 변신과 비슷하지만, 해모수와 하백의 대결이 유화와 혼인하기 위한 입사 의례로 벌인 것인데 반해서, 수로왕의 탈해와의 술법 경쟁은 왕권 다툼을 위해 벌인 것으로 수로가 자신은 천명을 받은 자임을 직접 말하여 제왕으로서의 능력 있음을 보여준다. 또 신성 혼인담에서도 천명임을 직접 진술하는데 수로왕이 구간들이 천거한 여인을 거절하면서 천명으로 결혼하겠다고 하고, 구간들 두 사람에게 바다로 나가서 대기할 것을 명한다. 그의 예견대로 아유타국阿踰陀國에서 온 허황옥許黃玉이 육지에 올라 치마를 벗어 산령山靈에게 바친다. 이들의 혼인은 천명에 따른 신성혼이고, 또 수로왕의 예언은 선견지명先見之明이 있음을 드러내어 그가 통치자로서 능력을 보여준다. 이처럼 수로 이야기에서 초기 치적이 후대에 윤색되었다고 하더라도, 탄생과 등극의 입사 의례와 술법 경쟁 그리고 신성혼 등의 상징적 표현과 천명이라는 진술은 그가 통치자로서 능력과 자질이 있음을 보여준다. 따라서 신화시대 이후에 적층 된 삽화 기록을 제외하더라도, 수로 이야기는 왕으로서 정통성을 드러내어 이야기 형성 주체들의 정통성도 함께 확립하는 구술 상관물이라고 할 수 있다.

수로 탄생의 시간적 배경이 3월 3일 계욕지일인데, 이날에 북구지北龜旨에서 평소와 다른 목소리가 들려서 군중 이삼백 인이 그곳에 모였다. 주민들은 본래 계욕의 날에 액厄을 물리치고 자식 낳기를 기원하는 의례를 계곡에서 행했으니, 이날도 주민들이 이 행사를 위해 모였을 것이다. 그렇지만 원문에는 "사람들이 계욕의 날에 갑자기 북쪽 구지에서 평소와 다른 목소리로 사람을 부르는 것 같아 구간들을 비롯한 사람들이 그쪽으로 갔다."라고 했다. 그러니 구간들이 새로운 통치자가 필요해서 구지봉에 모인 것이 아니라, 형체가 보이지 않은 소리[복화술에 의한 환청] 때문에 모인 것이므로 어떻게 보면 구간들의 뜻과는 상관없이 신군神君을 맞이한 것이다.

수로는 철기문화와 천신 숭배 신앙을 가지고 북방으로부터 내려온 이주민의 한 부족장으로서 구간들의 지배 아래 있던 김해 지역의 읍락邑落 국가를 장악한 새로운 지배 세력이다. 구간들에 의해 다스려지던 이 지역 주민들은 신석기나 금석병용기 문화권을 이루고 거북 토템 같은 신앙을 가지고 있었는데, 선진 철기문화를 가지고 새로운 지배 세력으로 등장한 수로가 읍락 국가였던 이 지역을 왕권 국가로 건설한 것이다. 「가락국기」의 수로 이야기는 이런 역사적 사실을 바탕으로 해서 당시 주민들을 통치하고 있던 구간들과는 형성 주체들이 다른 세력이 수로에 관한 이야기를 통해서 수로의 출자出自를 천상계로 하고 천명을 강조하여 수로 세력의 지배 논리를 정당화시킨 것이다. 수로의 출자가 천명을 배경으로 한 것은 「가락국기」만이 아니라, 앞에서 소개한 『신증동국여지승람』 권29 고령현 건치 연혁 조에도 믿을 수 없다고 했지만, 천부지모 결합으로 탄생했다고 했다. 이처럼 선진 철기문화와 천신 숭배 신앙을 가지고 김해 지역으로 이주하여 새로운 지배 세력으로 등장한 수로는 가야의 왕으로서 정통성 확보를 위해 신화적 구술 상관물이 필요했다. 수로가 "황천皇天이 내게 명하여 이곳에 처해 나라를 새롭게 하고 임금이 되라 하시므로 여기에 왔다."라고 한 것은 이런 점에서 상징적 의미가 크다.

이야기 형성 주체들은 수로를 천명에 따라 하늘에서 내려온 존재로 상징화하면서 그의 탄생과 등극 사건의 시간적 배경을 「가락국기」에는 "계욕의 날[3월 상사上巳일]로부터 12일[협진浹辰]을 지나 알에서 동자童子로 태어나고, 그로부터 10여 일이 지난[유십여신혼踰十餘晨昏] 보름날에 즉위하였다."라고 했는데, 당시 이 지역에서 민속행사가 행해졌을 계욕의 날과 보름날에 맞추어서 탄생하고 즉위식을 거행했을까? 또 자신의 출현을 위해 그곳에 모인 사람들에게 "너희는 봉우리를 파고 흙을 모아라"라고 했는데 이는 어떻게 하는 동작이며, 무엇을 상징하는가? <구지가> "거북아, 거북아 /

네 머리를 나타내어라 / 만약 나타내지 않으면 / 불에 구워 먹으리라 노래하면서 도무蹈舞를 하면, 이것은 대왕을 맞이하면서 기뻐 날뛰는 것"이라고 했는데, <구지가>는 이미 전에 있던 노래인가? 아니면 수로 이야기와 함께 만들어진 것인가? 또 거북의 정체는 무엇이고 신군神君과는 어떤 관계이며, 거북에게 "머리를 나타내라."라고 했는데 '머리'의 지시적指示的 의미는 무엇이고, 거북이 기원 대상이라면 거북에게 어떻게 '명령'할 수 있으며, 더욱이 기원 대상에게 "머리를 나타내지 않으면 구워 먹어버리겠다."라는 '위협'은 무슨 의미일까? 마지막으로 여섯 개의 알은 거북이 낳은 알일까? 이런 많은 의문을 설명하는 일은 그리 쉽지 않다.

수로의 탄생과 등극의 시간적 배경을 이 신화의 형성 수체들이 주민들의 민속행사일인 계욕의 날로 정한 것은 그날에 당시의 주민들이 부정不浄과 재앙災殃을 씻어 정화하고 출산을 기원하는 의례가 행해졌기 때문에 이날을 그들의 신앙 체계를 바꾸는 계기로 삼기에 오히려 적당하다고 여겨서일 것이고, 또 구간의 백성들은 자식 기원을 보름달에 의지했으므로 제왕의 탄생과 관련해서 상징적 의미가 있어서다. 수로는 바로 계욕의 날에 선진 철기문화와 천신 숭배 신앙을 가지고 천명을 빌어서 이곳에 출현하여 이 지역의 기존 신앙 체계를 바꾸려고 한 것이다.

신화시대의 사람들은 신화를 단순한 이야기로서나 혹은 지적인 흥미를 만족시켜 주는 오락물로서 즐기지 않았다. 신화는 그들에게 사회 규범을 설정·유지하고 인간 행동의 지침을 마련해 주며, 인식의 근거나 가치 판단의 기준이 된다. 이런 점에서 수로 이야기는 형성 주체들의 의도에 따라 구술된 것이어서 고도의 상징성을 내포하고 있으므로 <구지가>의 관련된 내용도 쉽게 설명되지 않는다. 수로가 구간들에게 요구한 상징적 표현인 '봉우리를 파고 흙을 모으면서' 동작과 <구지가>를 부르고 '뛰면서 춤을 추는' 행위는 신맞이굿에서 흔히 보이는 요소들로 영신迎神을 위한 행위지만, 구간들을 중심으로 한 문화 또는 신앙 체계와 충돌을 유발할 수도 있을 것인데, 수로는 오히려 이 충돌을 이용해서 계욕의 날에 주민들의 기원 대상이던 거북 신앙을 청산하고 천신 신앙으로 대체하기 위해 그의 출현 시기를 여기에 맞춘 것이다. 즉 주민들의 신앙 의례의 날은 계승하지만, 기원의 대상인 거북 토템을 부정하고 이보다 한 차원 높은 천신으로 전환하여 기존의 지배 신앙에서 벗어난 새로운 지배 논리와 이념을 제시한 수로는 자신의 통치권 확보 의도가 다분하다.

구지봉과 관련된 거북의 정체正體 역시 텍스트의 문맥만으로 쉽게 해결되지 않지만, 수로의 탄생·등극담을 형성한 주체들의 역사적·문화적·신앙적 배경과 함께 이 신화의 형성 주체의 의도를 통해 거북의 정체를 살핀다면 해결의 실마리를 찾을 수 있다. 「가락국기」 주석에는 수로의 탄생·등극담이 형성되던 시기에 구지봉의 형상이 거북이가 엎드린 것 같아서 그렇게 불렀다고 했다. 필자의 현지 조사에서는 이 지역 주민들이 거북을 토템으로 여기고 있었다는 흔적은 발견하지 못했지만, 구지봉 지명이 거북과 관련된 것으로 보아 거북은 그들의 주술 토템 동물이었을 가능성이 없지 않다. 토템이란 어떤 동물이나 식물을 신성시하여 자신이 속해 있는 집단과 특수한 관계가 있다고 믿고 동·식물류를 믿음의 대상으로 하여 집단의 상징으로 삼은 데서 유래되었다. 오늘날 토템이란 말은 이와 유사한 사회현상에서 집단의 상징이나 징표로서 자연물을 가리키는 데 널리 쓰이고, 토테미즘은 토템과 인간 집단과의 여러 가지 관계를 둘러싼 신념·의례·풍속 등이 제도화된 체계다. 어떤 현상이 토테미즘이 되기 위해서는 몇 가지 조건이 합치되어야 하는데 그 대상은 집단의 토템으로 불려야 하고, 집단과 토템과의 관계가 신화나 전설로 뒷받침되어야 하며, 토템 동물을 잡아먹는 일을 금기로 해야 하고, 동일 토템 집단 내의 혼인은 금지하며, 토템에 대한 집단적 의식을 행해야 한다는 것으로 알려졌다. 구지봉의 거북은 이와 같은 토템 또는 토테미즘의 개념에 어느 정도 일치한다. 따라서 이 지역 주민들이 거북을 숭배했다는 실증을 찾지 못했지만, 지역 토템 신앙의 대상이 되었을 가능성이 없지 않다.

이 지역은 예부터 기자신앙祈子信仰과 기우제祈雨祭가 성행했던 지역인데 김해金海 해은사海恩寺에서 음력 3월 3일 삼진날과 5월 5일 단오에 지방민들이 이곳에 찾아와 남근男根 상징의 봉돌[영석靈石]과 여근女根 상징의 돌확[석구石臼]에 기도한 이야기가 전하는 것으로 봐서 이 지역의 성기性器 숭배崇拜 신앙의 대상은 봉돌이나 돌확만이 아니고 거북도 그 범주에 속했을 것이다. 왜냐하면 탈해, 서동, 견훤 등의 탄생 삽화에서 볼 수 있듯이 주로 한반도 남부지역에 분포된 이물교혼 구조인 <야래자>형 이야기에 등장하는 동물 즉 용, 지렁이, 뱀 등의 형상은 남근男根 숭배 신앙을 통해 생산과 풍요의 상징적 토템으로 인식되었으니 구지봉의 거북도 그럴 개연성이 높다고 할 수 있다. 그러니 구간들이 다스리던 읍락 국가 시대의 김해 지역은 기자祈子나 풍요豊饒를 기원하기 위한 남근 숭배의 신앙을 배경으로 한 거북 토템이즘이 존재했을 것이다.

따라서 가야 시대 이전의 구지봉은 남근 숭배 신앙과 관련된 거북 토템 신앙의 근거지였을 것이고, 주민들은 계욕의 날에 거북을 대상으로 하여 여러 목적의 제의를 치렀을 것이므로 이 지역의 주민들에게는 본래 기자나 풍요를 기원하는 제의에서 거북은 신앙의 대상이지 제의의 희생물이 아니다. 우리 민속에서 거북과 같은 토템 동물이 제의에 바쳐진 흔적은 쉽사리 찾아지지도 않는다. 그런데 <구지가>에서 '구워 먹으리라'라는 위협은 주민들의 신앙 대상이었던 거북이 철기문화와 천신 숭배 신앙을 배경으로 한 수로 부족에게는 신앙의 대상이 아니라 주술 동물 정도로 인식되었으므로 가능한 것이다.

그렇다면 형체가 보이지 않는 목소리로 구간들에게 <구지가>를 부르게 한 신화 형성 주체들의 의도는 무엇일까? 당시에 수로 부족에게 거북은 한낱 전승된 주술 동물이겠지만, 구간들을 비롯한 주민들에게는 당시에 토템으로 인식되었을 것이다. 따라서 하늘이 명하여 이들에게 거북을 불러 거북의 '머리'를 요구하게 한 것은, 수로 출현을 계욕의 날에 맞춘 것처럼 이들의 신앙 체계인 거북 토템의 남근 숭배 신앙에서 태양을 중심으로 하는 천신 숭배 신앙으로 바꾸려는 의도가 담겨 있다. 그러므로 이 시기는 토테미즘과 천신 숭배 신앙이 혼재된 시대의 문화적·신앙적 전환기였다고 할 수 있다. 마치 단군 이야기에서 선진문화를 가지고 태양 또는 천신을 숭배한 환웅 부족이 곰이나 호랑이 토템이즘을 가진 부족을 병합하는 것을 상징적으로 보여준 것과 같은 원리다.

일반적으로 사람들은 자기들이 가지고 있던 기존 신앙의 대상을 포함한 제의의 방식을 바꾸기란 쉽지 않다. 사람들은 지극히 개인적인 삶에서도 간단한 금기나 속신에 대한 믿음을 바꾸기가 쉽지 않은데, 하물며 부족 집단의 신앙 체계로 자리 잡은 남근 숭배 신앙인 거북 토템을 다른 신앙 체계로 바꾸는 일은 인지人智와 문화의 발달로 기존 신앙의 대상에 대한 믿음이 훼손되었다고 하더라도 이를 하루아침에 바꾸기란 쉽지 않다. 새로운 차원의 신앙 체계가 유입되면 사람들은 생산과 풍요를 주관했던 남근 숭배 같은 신앙에 대해 회의를 느끼기 마련이지만, 그런데도 사람들이 기존의 신앙 대상이나 제사 의례를 쉽게 바꾸지 못하는 것은 새로운 신앙에 대한 확신이 없고, 이런 변화로 말미암아 다가올지도 모를 재앙에 대한 불안감 때문이다. 이런 때 강력한 힘을 가진 자나 신앙의 대상인 존재가 제의의 방식을 바꾸라고 하면 사람들은 아무런 불안감이 없이 이를 바꿀 수 있다. 바로 당사자인 신이 그렇게 하라고 이야기함으로써 이야기 내부의 사람들은 물론이고 외부 사람들도 앞으로 다가올지 모를 재앙에 대한 불안감 없이 이를 계기로 제의의 형식을 바꾸게 된다. 그 사례를 <해랑당> 당신화堂神話에서 볼 수 있지만 이에 대해서는 다음에 기술한다.

이야기란 인간 생활에 끼치는 중요한 기능 중의 하나이지만, 신앙 대상의 전환에도 마찬가지로 기능한다. 수로 이야기는 강력한 능력을 소유한 초월적 존재가 신비 체험을 통해서 사람들에게 기존의 신앙 대상을 바꾸도록 요구한 것이니, 이런 신비 체험을 직접 목격한 사람들은 그의 요구대로 수용하게 된다. 바로 구간들을 비롯한 토착 주민들에게 형체는 보이지 않은 채 복화술을 써서 환청으로 들리게 한 것이지만, 하늘에서 들린 이런 신비 체험을 직접 경험한 사람들은 그 요구를 수용하게 된다. 그들에게 노래와 동작을 하라는 요구는 바로 주민들의 신앙 대상이 된 거북 토템을 물리치고 자신이 왕림할 곳을 마련하라는 지시의 상징적 표현이다. 따라서 수로 이야기의 형성 주체들은 이런 상징적인 이야기를 구술하여 구간들을 비롯한 기존의 세력이 수로를 스스로 용납한 것처럼 구술하게 하여 통치자로서의 정통성을 확보하려는 것이다.

'굴봉정촬토'하고 <구지가>를 부르면서 '도무'하라고 했는데, '굴봉정활토'는 거북의 산란 동작을 상징적으로 보여준 것이 아니다. 이는 영신굿에서 행해지는 신맞이의 상징적 동작이나 노동을 나타내지만, <해가>에서 용신이 납치한 수로를 내놓도록 거북을 향해 막대로 해안을 치면서 위협하고, 주몽 이야기에 나오는 <백록가白鹿歌>에서 하늘이 비를 내리도록 흰 사슴을 잡아 나무에 매달아 놓고 위협하며, 조선 초기에 도마뱀에게 비를 기원하는 <석척가蜥蜴歌>에서 하늘이 비를 내리도록 항아리를 버드나무로 치는 등의 위협과는 다르다. 이런 행위들은 주술 목적을 효과적으로 성취하는 주술력을 증진하는 것이지만, <해가>에서 취의取義 대상인 용신이나 <백록가>나 <석척가>에서 천신을 의식하고 주술 대상인 거북이나 백록과 도마뱀에게 위협을 가했다고 해서 <구지가>에서 거북에게 한 위협이 취의 대상인 천신을 두고 한 것일 수 없기 때문이다.

'굴봉정활토'가 제의에 수반된 상징적인 동작이지만, 단순히 신군神君 출현의 주술 목적을 효과적으로 성취하기 위한 상징적 행위가 아니듯이, <구지가>에서 '머리를 나타내라'의 '머리'의 의미와 '나타내라'라는 명령, 그렇지 않으면 '구워 먹어버리겠다'라는 위협도 주민들의 주술 대상이었던 거북에게 주술을 걸어서 하늘의 신군을 내놓으라 명령하고 안 그러면 구워 먹겠다는 위협이 아니다. 왜냐하면 주술 대상인 거북이 은유 주술의 대상이라면 '거북'의 취의取意는 용신일텐데, 용신에게 신군을 내놓으라는 요구는 수로 이야기 맥락으로 볼 때 합리적이지 않기 때문이다. 주술 목적인 '머리'

는 '대왕' 또는 '우두머리'의 은유로 하늘에서 내려오는 신군神君일 수밖에 없는데, 신군의 출현을 거북에게 명령한 것이라면 주술 대상의 매개자인 거북이 주술 소망을 해결해 줄 사자使者여야 한다. 그런데 거북이 해신海神인 용의 사자使者는 될 수 있을지언정, 천신天神의 사자가 될 수 없으므로 거북을 매개로 해서 하늘에서 내려올 신군을 요구하는 것을 '호칭+명령-가정+위협'의 원시 주술 가요의 공식구를 이용해서 설명하는 것은 결코 합리적이지 않다. 수로부인을 구출할 때 불린 <해가>에서 거북이 용신의 매개자라고 한 것은 거북과 용에 대한 동양의 보편적 인식으로 상관성이 있으므로 그럴 개연성이 있고, <백록가>의 백록나 <척석가>의 도마뱀이 민속학적으로 비를 주관하는 천신의 매개자라고 할 수는 있겠지만, 거북에게 하늘에서 내려올 신군을 내놓으라는 것은 합리적이지 않다는 것이 수로가 천명을 받고 강림하는 천상계 후손임을 분명히 하고 있고, 거북과 천신은 상관성이 없으므로 거북을 천신의 매개자로 볼 수 없기 때문이다.

지금도 행해지고 있는 모래밭에다 두꺼비 집을 지을 때, 부르는 유희요遊戲謠로 <두꺼비 노래>가 있다. 이 노래에 두껍아 두껍아/ 헌 집 줄게 / 새집 다오 / 가사가 상고시대에 주술가呪術歌였을 개연성이 없지 않지만, 이때 행하는 손동작은 두꺼비 집의 형상을 만드는 시늉을 한다. 만약 상고시대에 이 동작의 지시문을 기록하면서 '모래를 손등에 쌓고 손으로 두들기며'라고 하였다면, 오늘날 우리가 여기에 어떤 상징적인 의미를 부여할 수 있을지 쉽사리 상상되지 않는다. <구지가>는 원시 신앙 사회에서 기자祈子나 기우祈雨를 목적으로 하는 제의의 주술 노래로 불렸던 것이 아니다. 주술 공식구[호칭+요구-가정+위협]에 따라서 당시 수로 이야기의 형성 주체들이 자기들의 의도에 맞게 <구지가>를 주술의 노래로 지었을 개연성은 있지만, '굴봉정촬토'가 신군神君 출현의 주술 목적을 효과적으로 높이기 위한 주술력 증진의 상징적 동작은 아니다. 이는 당시 주민들의 신앙 대상이었던 거북 토템의 신성 지역이었던 구지봉의 흙을 파서 신군의 출현에 장애가 되는 거북 제단을 헐어버리고 신군을 맞을 새 제단을 마련하면서 이를 환영하는 의미로 <구지가>를 부르며 도무를 하라고 해야 합리적이다. 그리고 이런 행위가 이야기 내부 목격자들에게 받아들여진 것은 수로의 신비 체험을 경험한 당사자가 바로 구간들을 비롯한 주민들이기 때문이다.

거북의 정체가 당시 구간들을 비롯한 주민들에게는 토템 신앙의 대상이었지만, 수로 세력에게는 흑주술黑呪術 대상 정도로 인식되었을 것이다. 더욱이 역사적 배경으로 보아도 수로 세력은 선진 철기문화와 천신 숭배 신앙을 가지고 강력한 힘으로 구간들을 지배하였다. 그러므로 이런 역사적 사실이 포괄적이고 규범적 의미를 갖도록 상징화해서 신성성을 드러내어 구간들을 비롯한 주민들의 통치자로서 정통성을 확보하려고 했다면, 기존의 것보다 새로운 문화와 신앙 체계를 제시했어야 한다. 그런데 수로가 천명을 받아 강림하면서 주민들의 토템 신앙 대상인 거북에게 '머리를 나타내라'의 머리를 신군을 내놓게 하는 것이라면 논리적 모순이다. 왜냐하면 <해가>에서 거북의 취의는 '용신'이라고 할 수 있으니 용신에게 '수로'를 내놓으라고 하는 것은 이해되지만 <구지가>의 거북에게 '천신'을 내놓으라고 할 수 없기 때문이다. 또 주사[呪詞; 주술 언어]는 은유가 아닌 직설로 표현하지만, 설령 '머리'가 은유적으로 사용되었다고 하더라도 '머리'는 거북의 머리가 아니라 '우두머리' 즉 신군을 의미해야 하는데, 「가락국기」의 문맥을 보았을 때 거북에게 신군을 내어놓으라고 한 것은 논리적이지 않다. 토템 동물을 죽이는 일은 특별한 의식을 행할 때가 아니면 금기하는 것이고, 더욱이 거북 같은 주술 동물이 당시 그곳 사람들에게 기자祈子를 위한 신앙의 대상이라면, 거북에 대한 경외감 때문에라도 주술의 내용은 기원의 뜻을 담은 백주술白呪術로 해야 한다. 거북이 초월적 존재의 매개자라면 거북에게 한 명령과 위협은 주술 언어의 원리로 보았을 때 매개자 뒤에 숨겨진 신에게 하소연하기 위한 것이어서 <해가>, <척석가>, <백록가>처럼 집단적 주술의 경우 명령하고 위협하는 흑주술로 할 수도 있다. 그러나 <구지가>의 경우는 거북이 초월적 존재의 매개자가 아니다. 주술 제의에서 주술 대상에게 명령하고 위협하는 흑주술을 행할 때는 주술 대상인 귀신의 신통력을 어느 정도 인정하면서도, 사람들의 마음에는 이미 신앙 대상이 아니어서 마치 전라도 당골의 '잔밥 물리기'나 '며느리 샘 말리기' 같은 간단한 무속巫俗 의례儀禮에서 보듯이 축귀逐鬼의 대상이 되기도 한다.

따라서 명령과 위협의 주술 구조로 된 <구지가>의 주술 언어는 이런 맥락에서 파악되어야 한다. 하늘의 뜻에 따라 신군이 내려와 스스로 임금이 되어 이곳을 다스리려고 하는데 구간들이 자기를 받아 줄 준비로 기존의 것을 물리치고, 새로이 출현하는 신군을 맞으라는 의도로 동작과 노래와 춤을 추게 한 것이다. 그래서 노래 가사에 '머리'는 구지봉의 '터주신' 상징인 토템 거북의 머리이자 그의 목숨이고, 이런 거북은 구간들의 님근 숭배 신앙을 배경으로 하여 구지봉을 선점한 토속신인 토템이다. 따라서 그 '머리를 나타내라'라고 한 것은 그 정체를 드러내고 신성 지역인 구지봉을 떠나라는 의미로 이해해야 한다.

<구지가>에서 '만약 나타내지 않으면 / 불에 구워 먹어버리겠다'라고 한 위협도 이곳을 떠나지 않을 때는 불로써 죽이겠다는 것인데, 역사적으로 수로가 철기문화와 천신 숭배 신앙을 가지고 이주해 온 부족임을 전제로 철 제련과 관련지어 생각할 때 강력한 힘으로 기존의 신앙 체계를 비롯하여 과거 낡은 것을 모두 태워 없애겠다는 의지의 상징적 표현이다. 이를 보면 당시 철기문화와 천신 숭배 신앙 체계를 가진 수로는 힘의 논리로 이 지역의 구간들과 주민들을 철저히 지배하기 위해서 기존의 문화와 신앙 체계까지도 바꾸어 버린 통치자였음을 추론할 수 있다. 이런 역사적 사실이 상징적 표현으로 이야기됨으로써 수로의 신성성이 드러나고, 수로 자

신이나 그 후손들은 이야기의 기능을 이용해서 통치자로서의 정통성을 확보해 나아간 것이다. 따라서 여섯 개 알도 거북이 낳은 알이 아니라, 혁거세가 그랬던 것처럼 태양의 상징으로 하늘에서 내려준 것이다.

이처럼 수로 이야기는 그 전개 양상이 겉으로는 혁거세 이야기와 비슷한 것 같지만, 실제로 내부 목격자들의 군왕을 맞는 태도는 상당히 차이가 있다. 그 차이는 수로 이야기의 전개 과정에서 혁거세와 달리 하늘의 명을 앞세워서 이곳에 왕이 되려고 하니, 자기를 위해 구간들과 주민들에게 거북 토템의 신단이 있던 봉우리를 파서 흙을 모아 새로운 제단을 쌓고, 신군神君을 맞이하는 의미로 <구지가>를 부르면서 발을 구르며 춤을 추라고 요구한 것이다. 수로 이야기의 형성 주체들이 수로의 출현을 이렇게 한 것은 수로 등극의 역사적 상황과 밀접한 관련이 있는데, 건국 신화는 건국의 역사적 사실에 신성성을 부여하여 통치의 정통성을 얻으려는 의도가 다분해서다. 신성성이란 이미 있었던 역사적 사실을 포괄적이며 규범적 의미를 갖도록 상징화한 것이므로 <구지가>의 거북은 이 지역의 남근 숭배 신앙을 배경으로 한 토템으로 구간들을 비롯한 주민들에게는 원시 신앙의 대상이었지만, 외부로부터 강력한 철기문화를 가지고 출현하여 이 지역을 지배하고 천신 숭배 신앙을 가진 수로 부족에게는 신앙 대상이 아니다. 따라서 가야국이 수로의 출현으로 읍락 국가에서 왕권 국가로 전환되고, 신앙 배경도 토템 신앙에서 천신 숭배 신앙으로 바뀌었다. 수로 이야기의 <구지가>는 바로 이러한 역사적 사실을 배경으로 이 지역 주민들에게 토템 동물인 거북을 부정否定하고 새로운 신앙 대상인 천신을 숭배하도록 위협한 노래다.

결론적으로 수로는 철기문화를 배경으로 출현한 것과 연계하여 자신의 강력한 힘으로 원시 신앙 체계를 없앨 것임을 구간들과 주민들을 시켜 노래하고 춤을 추게 했다. 따라서 '굴봉정촬토'는 봉우리를 파고 흙을 쌓으라는 것이니 구간들을 비롯한 주민들에게 거북 토템 신앙의 본거지인 구지봉 신단을 해체하고 새로운 신앙 대상이 되는 천신을 맞이할 제단을 쌓으라는 의미고, 이런 동작은 역사役事를 실제로 행할 수도 있고 이야기 세계 안에서는 상징적으로 할 수도 있는 것이다.

3.
밤에 찾아온 손님 [야래자夜來者] 이야기

우리 속담에 '아닌 밤중에 웬 홍두깨'라는 말은 뜻하지 않은 행운을 얻었을 때 쓰는 관용적 표현이다. 구전 음담淫談에 한밤중 여인이 잠자는 방에 들은 도둑이 주인에게 들키지 않으려고 옷을 홀딱 벗은 채 엉금엉금 기어 다니다가 도둑의 그 물건이 잠자는 여인의 얼굴을 스치는 바람에 잠을 깬 여인이 비몽사몽간에 이 말을 중얼거렸다고 하는데 사실 여부는 알 수 없다. 야래자夜來者는 도둑처럼 '밤에 몰래 찾아온 손님'이란 뜻으로 구전되는 야래자형 이야기 중에 대표적인 사례는 충남忠南 연기군燕岐郡 서면西面 쌍류리双流里 수리산의 비암사碑岩寺 이야기다.

〈수리산 비암사〉

"밤에 이물異物이 사람으로 변신해서 몰래 여자 집에 찾아와 통정通情을 하고 새벽이면 사라졌다. 마침내 그 여자가 임신하여 그 사실을 부모에게 말했다. 여자의 아버지는 야래자의 정체를 알려고 딸에게 바늘에 실을 꿰어 벗어놓은 옷에 달아 놓으라고 했다. 딸은 부모가 시키는 대로 하고, 다음날 사람들이 실을 따라가 보니 밤에 몰래 왔던 자가 바로 지렁이[용·뱀]였다. 이런 일이 있고 난 뒤에 여자는 해산했는데 낳은 아이가 자라서 훌륭한 사람이 되었다."

이물과의 교혼 유형은 『삼국유사』에도 나온다. 신라 탈해왕과 백제의 무왕武王 그리고 후백제 시조 견훤甄萱의 탄생 이야기에 전한다. 탈해왕은 용성국龍城國의 용왕이 여인과 교혼하여 태어났고, 무왕은 부여 궁남지宮南池에 밤이면 용이 찾아와 여자와 교혼해서 태어났으며, 견훤은 지렁이가 밤에 남자로 변신하고 여인에게 찾아와 교혼하여 태어났는데 모두 국왕 탄생담에 들어 있다. 그 외 탄생담으로는 창녕 조씨昌寧曺氏 족보에 전하는 시조 조계룡曺繼龍 이야기가 있다.

"신라 때 한림학사 이광옥의 딸인 예향禮香이 복질腹疾을 얻었는데 화왕산 용담龍潭에 가서 목욕하면 낫는다고 하여 그곳에서 목욕하다가 청룡靑龍의 아들 옥결玉玦이 허리를 감싸 안은 뒤에 계룡繼龍이라는 아들을 낳았다. 옆구리 밑에 '조曺' 자가 새겨져 있어 성姓을 조씨曺氏라 했다."

손진태孫晋泰의 『조선민담집』에는 <큰 지렁이한테서 낳은 최충崔

冲> 이야기가 전한다.

"밤이면 정체를 알 수 없는 존재가 어느 고을의 신관 사또 부인을 납치해 간다는 소식을 듣고, 새로 부임한 원이 부인에게 명주 실꾸리를 부인의 허리에 묶어 놓게 했다. 다음 날 찾아보니 큰 지렁이 옆에 부인이 누워 있는 것을 발견하게 되었다. 이 일로 부인이 임신하여 아이를 낳으니, 사또가 종을 시켜 그 아이를 버리라고 했다. 버려진 아이는 큰 지렁이를 보고 미소를 띠었다. 이때 자식 없는 노인을 만나서 그에게 부양된 뒤에 큰 인물이 되었는데 그가 바로 최충이다."

이외에도 최충과 유사한 이야기는 최치원崔致遠, 허적許積, 남이南怡 장군 같은 인물의 탄생담에도 전한다. 이뿐만 아니라, 이물과의 교혼은 일본의 <삼륜산三輪山>, 만주 지역의 <노라치>, 청清나라 <태조太祖> 그리고 베트남에도 전해진다고 하니 범 아시아적이다.

이물과의 교혼 구조로 된 이야기라고 해서 어느 것이나 <야래자> 유형은 아니다. 이를테면 <뱀 신랑>이라고도 하고, <구렁덩덩 신 선비>라고도 하는 이야기는 여자와 뱀이 혼인하는 이물과의 교혼 구조로 되어 있고, 결혼 후에 남자로 탈각脫殼하는 변신 화소가 있으며 이물이 뱀이란 점에서 <야래자> 유형에 속하는 것 같지만, 이를 <야래자> 변이형이라 하지 않는 것은 남자 주인공이 뱀의 형상으로 청혼하고 첫날밤에 남자로 변신하여 정체를 바로 드러내 이물과의 교혼과 변신 화소의 서사적 기능이 <야래자>에서 볼 수 있는 비범한 인물 탄생담과 다르기 때문이다.

앞에서 소개한 <야래자> 기본형은 변신 → 교혼 → 탐색 → 비범한 인물 탄생이라는 네 개의 서사 단락으로 되어 있는데 여기에 나오는 이물들의 공통점은 모두 남근을 상징한다. 다만 이물이 '절구공이'이거나 '인삼'인 경우는 비범한 인물의 탄생 단계가 없다. 이를테면 강원도 횡성에서 채록된 '절구공이' 이야기는 정체를 알게 된 뒤에 '절구공이'를 태우고 그 위에 붙어있는 자줏빛 구슬을 가져오게 했다거나, 금산에서 채록된 '인삼' 이야기는 변신한 인삼이 주인공에게 동삼[산삼]이 있는 곳을 알려 줘서 부자가 되게 했다. 두 이야기에 등장한 이물의 형상 역시 바로 남근을 상징하므로 <야래자>의 변이형이다.

〈야래자〉 변이형

변이형 가운데는 이물로 태어나거나 아예 탄생 화소가 없는 이야기도 있다. 이물로 태어난 경우로 경북 영덕에서 채록된 이야기는 야래자가 지렁이인 것을 알고 약을 먹고 지렁이 새끼를 쏟아버려 낙태시켰고, 경남 동래군 구포리에서 채록된 이야기는 야래자가 뱀인데 여러 양푼의 뱀 새끼를 낳았다. 이외에도 경기도 의정부에서 채록된 이야기는 수달과 인간의 반종半種 아들로 태어나 '오랑캐'라는 말이 여기서 생겨났다. 또 경북 상주에서 채록된 이야기는 남매를 낳아서 아들이 장수가 되었으나 죽어서는 지렁이가 되었고, 경남 김해에서 채록된 이야기는 지렁이의 화신인데 뒤에 외할아버지를 죽였다. 이런 변이형은 이물을 상서롭지 못한 존재로 인식한 결과다. 그런데 채록된 지역과 이물의 출현을 주의해서 살피면, 의정부에서 채록된 이야기는 이물이 '수달'이니 '오랑캐'니 하는 것으로 보아서 함경도 지방에서 채록된 바 있는 중국의 <노라치> 이야기의 유전流傳이고, 영남 지방에서 채록된 이야기에서 태어난 존재가 '뱀' 또는 '지렁이'인 것은 근대 이후의 일본 오키나와 지역 이야기가 유전된 것이다.

또 다른 변이형으로는 서사 단락의 후반부가 확장·복합된 이야기로 함북 회령이나 함남 지역에서 채록된 이야기들이다. 이 변이형은 이물과의 교혼으로 태어난 아들에게 '천자 터 차지'와 '천자 검 획득'이라는 임무가 제시되고, 이 과제를 수행한 주인공이나 그 자손 중 한 사람이 천자가 된다는 이야기다. '천자 터 차지'는 천자가 되기 위한 통과의례이고, '천자 검 획득'은 천자 검을 얻어서 천하를 평정한다는 내용이다. 이런 확장·복합형은 전승 지역이 함북 회령 또는 함남 지역인 점과 야래자의 정체가 수달 또는 개구리인 점을 고려할 때, 한국 고유의 <야래자> 유형이 아니라 만주 지역의 <노라치> 유형이다. 이와 유사한 사례로 길림성 용정시 삼합진 두

만강 유역에서 채록된 <오랑五囊캐령>이나, 경기도 의정부시에서 채록된 <오랑캐라는 말의 유래담>이 있는데 그중 <오랑캐령>을 소개하면 다음 같다.

"밤마다 정체를 알 수 없는 사나이가 처녀의 방에 들어와 자고 갔다. 처녀가 태기가 있자 부모가 명주실을 꿴 바늘을 꽂아 두라고 했다. 딸은 그렇게 하고서 다음 날에 찾아가 보니 늪 속에 수달이 누워있었다. 처녀는 만월이 되어 아들을 낳았는데 수달의 자식이라 하여 '노라치'라 부르고 수달은 노린내가 많이 나서 입과 네 발톱을 주머니로 싸맸다. 수달 부자父子가 드나들던 고개는 두만강 이북에 있는데 이를 '오랑캐령'이라 했다."

이처럼 다양한 변이 양상에도 불구하고 한국 고유의 <야래자> 기본형은 변신과 탐색 화소와 함께 이물과의 교혼, 그 결과로 태어난 비범한 인물의 탄생 등의 화소로 되어 있다. 한국 고유의 <야래자>는 대개 이물의 정체와 태어난 인물의 이야기에 초점화되어 있어 용, 뱀, 지렁이나, 지역성이 반영된 절구나 인삼 같은 사물인데 모두 남근 또는 남성을 상징적으로 나타낸다. 물론 변이형에 거북, 자라, 수달, 지네, 개구리, 조개, 금돼지 같은 동물 중에 조개를 제외하면 남근을 상징한다고 해도 한국 고유의 <야래자> 유형이 아니다.

야래자의 정체가 남근 또는 남성으로 상징되는 이물인 것은 원시 농업사회에서 생산을 주관하는 천신天神[태양]과는 달리 남근을 생산의 신으로 숭배한 데서 비롯되었다. 이렇게 신성시된 남근 상징 야래자가 바늘에 찔려 죽은 것은 한국 고유의 <야래자> 유형의 구조가 비범한 인물 탄생에 초점화되어 있고, 뱀이나 지렁이 같은 이물은 태어날 인물의 비범성을 드러내는 배경적 기능만 하기 때문이다. 야래자 유형에서 남근 상징인 용, 뱀, 지렁이 같은 이물이 한국인에게 긍정적으로 인식된 것은 남근 숭배 신앙에서 비롯된 것으로 북부지역 영웅 탄생담인 천부지모 형과는 다른 남부지역 영웅 탄생담인 이물교혼형이다.

한반도 남부에서 용, 뱀, 지렁이 같은 이물이 남근을 상징한다는 인식은 줄다리기 같은 민속놀이에서도 볼 수 있는데, 줄다리기의 줄이 남근을 상징하는 것은 놀이를 마친 뒤에 주민들이 마을 수호신 격인 당산나무에 줄을 칭칭 감아 두기 때문이다. 이때 줄은 남성을, 나무는 여성을 상징하고 나무에 칭칭 감겨 있는 모습은 생산과 풍요를 기원하는 남녀의 성적 결합을 의미한다. 이런 놀이를 남녀가 편을 갈라 행할 때 여성 쪽이 이겨야 풍년이 든다고 하는 것을 보면, '야래자'의 이야기가 단순히 영웅 탄생만이 아니라 풍년을 기원하는 민속행사로 유전되기도 했다. 풍년을 기원하는 민속놀이에도 반영된 <야래자>는 넓은 의미에서 이물과의 교혼을 원형 구조로 한 비범한 인물 탄생담이다. 이렇게 보면 한국 영웅 탄생은 두 유형이 있다고 할 수 있는데, 북방계 천부지모의 수직적 결합

구조와 남방계 이물교혼의 수평적 결합구조다. 고조선 시조 단군이 나 고구려 시조 주몽 같은 인물의 탄생이 전자에 속한다면, 신라의 탈해왕, 백제의 무왕, 후백제 시조 견훤 같은 인물의 탄생은 후자에 속한다.

4.
당산堂山 신神 이야기

당산 신 이야기는 민간신앙에 관한 내용이지만 대개 전설에 속한다. 여기서는 이야기의 사회 통제 기능에 주목하여 제의祭儀와 관련된 당산 신 이야기의 발생과 유지, 변화와 소멸의 과정을 통해서 이야기 향유층이 당산 신에 대해 어떻게 대응하는가를 살펴보자.

신에 대한 제의 관련된 이야기는 인간 행위의 모범적 형태를 고정하고 이를 반복하게 하지만, 제의가 각 과정을 거치면서도 공동체 구성원의 행위나 심리를 통제한다. 여기서 그 대상이 신화든 전설이든 또는 민담이든 간에 장르를 가리지 않고 다루려는 것은 장르별로 그 특징을 달리하기 때문이다. 신화는 자아의 탁월한 능력으로 세계와의 갈등을 극복하고 과거와 현재와 미래의 시간을 통합하여 공동체의 풍속을 고정하며, 행위의 모범적 형태를 설정하여 공동체 안에 있는 제도에 위엄과 중요성을 부여하는 규범적인 힘을 가지고 있어서 사람들은 이를 통해서 공동체를 통제하고 구성원이 자긍심을 가지게 한다. 전설은 자아가 세계의 질서에 도전하다가 좌절하는 인간의 행위를 이야기 소재로 하는데 여기에 등장하는 주인공은 인간의 운명적 삶을 보여주고 향유자들은 이를 통해서 자기 삶에 대해 깊이 통찰하게 한다. 민담은 주인공이 세계와의 대립에서 우연한 행운을 얻어 세계의 횡포를 극복하고 주인공이 승리하는 삶을 보여주는데 인간의 착한 성품은 자아가 대립하고 있는 세계와의 갈등을 해결하는 데 중요한 기능을 한다.

여기서는 건국 시조 신화를 비롯하여 당堂 신화로 거론되는 신앙적 전설을 중심으로 논의하겠지만, 신성성이 파괴되어서 당산 신 이야기라고 할 수 없는 민담도 다룬다. 이런 당산 신 이야기 자료는 당堂 신화神話에 관한 대표적 자료집인 표인주의 『공동체 신앙과 당 신화 연구』, [집문당, 1996]를 비롯해서 민속학 연구에 소개된 자료 그리고 필자가 조사한 자료를 활용했지만, 그 출처는 번잡함을 피하려고 일일이 밝히지 않았다.

제의 발생과 유지

제의 발생 과정에서 이야기는 어떻게 기능하고 있을까? 이에 관련된 대표적인 이야기는 주로 '신위神位 좌정坐定 경위담経緯談'이라고 하는 당 신화다. 어떤 존재를 마을 공동체 신앙의 대상인 당산 신으로 좌정해서 제의가 행해지는 사례는 다양하다. 마을에 좌정한 당산 신은 대개 마을에서 비명횡사한 청춘 남녀가 돌림병이나 흉년 같은 재앙의 원인을 제공하는 존재 또는 그 재앙을 면하게 해준 이인異人이나 동식물 같은 존재 그리고 마을이나 섬에 최초로 이주해 온 입향조入鄕祖 또는 입도조入島祖 같은 시조, 마지막으로 후사後嗣기 없어서 죽기 전 자기 재산을 마을에 내놓고 제사를 부탁한 부자富者 등인데, 이들이 마을의 집단 제의를 발생하게 한다. 마을의 집단 제의는 마을에 재앙이 생기든가 또는 어떤 존재의 도움으로 그런 재앙을 예방했든지 간에 '재앙이 된 사건'을 목격한 마을 사람들이 의논하여 마을의 안녕과 복락을 위해 제사를 지내자고 하거나, 마을의 재앙을 없애려면 제사를 지내야 한다는 타자의 제안으로 지내기도 하고, 대상이 된 당사자가 어느 주민의 꿈에 나타나 제사를 지내달라고 직접 요구하기도 한다.

마을에 재앙이 일어나서 주민들이 스스로 제사를 지내는 것은 제의의 효험을 이미 알고 있기 때문인데, 이런 제의에는 앞으로 또 닥칠지도 모르므로 마을의 재앙을 피하고 싶은 사람들의 간절한 소망이 반영되어 있다. 공주읍 교동의 <웅진 산제당>은 가난한 농부가 돈을 벌기 위해 마을의 고목을 베었다가 죽었다. 그 뒤 마을에 돌림병이 돌자, 사람들이 의논해서 베어진 고목을 위해 산제山祭를 지냈다. 공주 웅진동의 <금강 곰나루 사당>은 곰과 함께 살던 어부가 달아나자, 곰은 새끼를 강에 던지고 자신도 투신한 뒤로 금강의 나룻배가 전복되는 일이 많아서 주민들이 의논하여 금강 옆에 죽은 곰을 위해 제사를 지냈다. 함평군 함평읍 석정리 <석두마을의 용신제>는 서해 용신이 바다의 보배를 '농바위' 속에 감추어 두었다가 흉년에 조금씩 주민들에게 나누어주어 바다를 믿고 사는 사람들에게 기근을 면하게 해주니, 주민들은 해마다 그 용에게 감사하며 제사를 지냈다.

타자의 제안을 듣고 제사를 지내는 경우는 제안자에 대한 마을 사람들의 신뢰가 전제되어 있다. 이런 제안자들은 나이 많은 노인이거나 제의를 맡은 무당 그리고 마을에 우연히 들른 과객[선비], 스님, 도사, 풍수가로 주민들이 특이하게 여기는 자들이다. 마을 주민들은 이들의 비범한 능력을 믿거나, 초라한 행색을 하고 있어도 이를 따질 겨를이 없을 정도로 상황이 급박하면, 제안자의 말을 의심하지 않고 제안을 받아들여서 마을에 당산 신으로 좌정케 하고 제의를 지낸다. 강진군 병영면 <동성리 당산제>는 마을의 은행나무가 부러지자 병마절도사가 이를 주어다가 목침을 만들게 해서 베고 자다가 그날로 병이 들었다. 그러나 백약이 무효라 무당을 불러 물어서 은행나무 목침 때문임을 알고, 은행나무에 제사를 올려 병이 나으니 주민들은 그 뒤로 매년 정월 대보름이면 은행나무에 제사를 지냈다. 옥천군 옥천읍 성암 <새터 당산제>는 마을에 괴질이 돌자 초라한 행색의 선비가 이곳을 지나면서 마을의 재앙을 막으려면 돌탑을 마을 밖으로 옮기고 제사를 지내라고 하여 그렇게 했더니 괴질이 사라졌다.

신 또는 혼령이 어느 주민에게 직접 나타나거나 꿈을 통해서 제사 지내주기를 요구한 경우는 꿈에 요구한 것을 근거로 제의를 지내는데, "자신을 위해 제사를 지내주면 마을을 도와주겠다."라는 식으로 비현실적 존재가 꿈에 나타나 제사를 요구했다. 금산 복수면 용진리 <수리미 고개의 산신당>은 농부의 딸로 태어난 처녀가 많은 청혼을 거절하고 농부의 아들과 결혼했는데 첫날밤에 양반 자제들이 신랑을 죽이려고 했다. 신랑은 달아났지만, 신부는 남편이 죽었다고 여기고 자결했다. 뒤에 장독을 파는 장사꾼이 된 남편이 새 장가를 들었는데 낳는 아들마다 죽는 것이 첫 부인의 원한 때문임을 알았다. 그 장사꾼이 아내의 무덤엘 찾아가니 아내의 혼령이 나타나 산신당을 지어 달라고 했다. 이외에도 마을을 해코지하던 도깨비가 마을 사람들과 담판을 지어 자신들을 위해 제사를 지내 달라고 요구한 영광군 영광읍 <우평마을 당산제>를 비롯하여, 전쟁에 출전出戰을 한 번 못 하고 죽은 당나라 장수가 할머니 꿈에 나타나 자신을 매장해 주고 제사 지내주기를 요구한 영광군 낙월면 <안마도 당제>와 사도세자가 마을 주민의 꿈에 나타나 자신은 이곳 풍광 좋은 곳에 머물 것이니 그리 알라고 해서, 마을 사람들은 그의 초혼장招魂葬을 지내고 단壇을 모셔 제사를 지낸다는 무안군 운남면 동암리 원동암 <사도세자 당제>도 있다.

주민들 스스로 제의를 지냈다는 이야기는 제의의 효과를 주민들이 이미 알고 있으므로 마을의 제의 내력을 설명하는 데 그치지만, 타자의 제안으로 제의를 지내는 경우는 텍스트 내부의 주인공 화자가 대상에게 해결책을 말하는 단순 진술도 있고, 구체적으로 진술한 내용도 있다. 그리고 신 또는 혼령 같은 비현실적 존재가 직접 또는 꿈을 통해 사람들에게 나타나서 제사를 요구해서 지내는 이야기는 당산 신에 관한 다른 이야기보다 제의 발생 내력이 적극적이다. 이런 신위 좌정담은 단순히 제의의 유래만을 설명하지 않고, 뒷사람들이 이 제의를 지속할 수 있도록 제의를 지내는 신에 대한 자긍심도 심어 준다. 물론 이야기 향유자들은 시대가 지나면서 좌정한 신에 대한 인식이 변하면 자긍 의식의 약화로 제의 내력을 단순히 설명한 이야기도 있다.

'신위 좌정 경위'에 대한 이야기 중에는 좌정 유래를 설명하는 것만이 아니고, 제사를 지내준 주민들에게 신이 현몽하여 감사를 표하는 이야기도 있는데 이는 제의를 유지하는 기능을 한다. 완도군 약산면 <해동리의 당제>는 마을 입구에 있는 둥근 돌에서 사람의 피 같은 것이 흘러나오자, 사람들이 그 돌을 위해 신당을 짓고 신으로 모셨더니 마을의 신 씨 할아버지 꿈에 어떤 할머니가 나타나 나를 이렇게 잘 모셔 주어서 고맙다고 하고 제주도로 갔지만 제의는 계속해서 지낸다. 이런 이야기는 제의의 효험이 입증되어서 단순히 제의가 발생하게 된 내력을 설명하는 데 그치지 않고, 이야기 향유자들에게 제의에 대한 신뢰감을 주어서 제의를 유지하는데 훨씬 효과적이다. 이뿐만 아니라 시간이 지난 뒤에도 이 사람들이 제의를 쉽게 그만두지 못하게 하는 방어기제防禦機制 기능도 한다.

공주 <갑사의 당산제>는 갑사 장명등의 기름을 훔쳐다가 당산

나무 주변을 씻어내던 당산나무 신이 주민들에게 자신을 위해 당제를 지내 달라고 요구하고 그렇게 해주면 치유의 은혜를 베풀겠다고 조건을 제시하여 당제를 지낸 뒤에 약속대로 치유의 효험이 있어서 계속 지낸다. 부여 은산면 <은산 별신굿당>은 백제가 나당 연합군에 패한 뒤 마을에는 전염병이 돌았는데, 마을 노인의 꿈에 장수가 나타나서 군사들의 유골을 수습하여 안장하고 제사 지내주기를 부탁하여 그렇게 했는데 전염병이 그친 뒤에도 지속한다. 함평군 대동면 <아차동 미륵제>는 대밭에 미륵처럼 생긴 바위에서 밤이면 울음소리가 들리자, 마을 노인이 이 바위에다 기도하며 미륵 할머니의 우는 사연을 물으니, 그날 밤 꿈에 마을의 수호신인 미륵 할머니가 나타나 너희들이 나를 지금껏 푸대접했으나, 이제라도 아늑한 자리에 집을 지어 안치해 주면 마을의 재액災厄을 없애주겠다고 해서 다음날 노인의 말을 들은 주민들이 그렇게 하니 마을의 재액이 없어져서 그 뒤로 지속한다. 제의를 지내는 이유야 여러 가지지만, 당산의 신이 직접 요구하고 보상해 주고 있다는 주민들 믿음의 태도가 제의를 유지하는 중요한 이유다. 따라서 이런 유래담은 제의를 유지하게 하는 데 매우 효과적이다.

단순히 제의 유지를 위한 이야기가 아니라, 당산 신이 현실에 나타나 당사자를 적극적으로 도와준 이야기도 있는데 <정읍 당산제>가 그것이다. 해남 윤씨 집안의 선비 한 사람이 과거를 보러 가다가 오뉴월 염천에 중정노 어느 곳에서 쉬었다. 거기서 당산 신으로 모셔진 정자나무가 일본인한테 팔려 간다는 이야기를 듣고 선비가 마을에 밀린 빚을 갚아 주고 서울로 떠났다. 선비는 초립동으로 변신한 당산 신을 길에서 만나 함께 서울에 이르렀는데 밤에 글을 지으면 당산 신이 고쳐주기도 하였다. 그런데 과거에 낙방하자, 당산 신은 그 집안에서 선영先塋을 잘못 써 선영 신이 따라오지 않아서 다른 사람에게 지고 말았다고 했다. 그 뒤에 당산 신이 선영의 묫자리를 새로 일러 주어서 묘를 쓰고 다시 과거를 치러 합격했다. 이 이야기는 선비가 처음부터 당산 신에게 덕을 보려고 빚을 갚아 준 것이 아니지만, 당산 신은 그의 과거 보는 일을 끝까지 도와주었다. 선비가 과거에 낙방한 것은 선영 자리를 잘못 써서 선영 신이 동행하지 않은 탓이고, 당산 신이 선영의 자리를 고쳐 일러 준 다음 과거에 합격했다. 구술자는 선비의 과거 불합격이 당산 신의 탓이 아니고, 다음 과거에 합격한 것은 당산 신의 음덕陰德이라고 했다. 이것은 당산 신에 대한 구술자의 믿음이 지극함을 보여준 것인데 이런 이야기 구전은 마을의 당산제를 지속·유지하게 한다.

마을에서 6.25 전쟁을 겪으면서 당산제를 일시 중단하였다가 3년 후에 재개한 <보성의 당산제>는 마을 청년들이 이유도 없이 자꾸 죽었기 때문이었다. 그런데 제사를 지내는 동안 제물을 손으로 집어 먹은 어떤 이가 지골[노여움]을 맞아 그 자리에서 죽은 적이 있다. 또 제주祭主였던 어떤 사람은 당산 신에게 정성으로 제사를 지내고 부인과의 잠자리를 함께한 뒤에 아들을 보게 되었다. 그런데 구술자는 제주祭主의 아들이 기독교 전도사가 되고, 그도 기독교인이 되었다. 구술자의 생각에는 제주가 당산 신에게 정성을 바쳐야 하는데 처신이 잘못된 것 같다고 하여 제의가 유지되지 못할 것을 걱정했다. 전쟁 때문에 당산제가 중단되었었는데 마을에 재앙이 생겨서 다시 제사를 지낸 것이 당연하다고 여긴 구술자는 제주가 당산 신의 음덕을 입어 자식까지 낳았지만, 자녀가 기독교 전도사가 되어 당산 신을 모시지 않을 것을 예상하고, 언젠가는 이 때문에 그 집안에 문제가 될 것임을 암묵적으로 들어냈다. 그때까지 마을 제사가 없어진 것은 아니지만, 제주와 아들이 기독교인이 되었으므로 제의를 지속하는데 심각한 타격이 될 것을 염려했다. 따라서 이 제의를 유지하려는 사람들의 처지에서는 제주에 대한 경종이 되는 이야기가 당연히 필요하다.

당산제를 불결하게 지내면 큰일이 나는데 당산제를 잘못 지내서 젊은 소년이 아무런 이유도 없이 죽었다는 <남원 세전의 당산제>는 이런 관점에서 좀 더 적극적이다. 이것은 단순한 경종이 아니라, 이유도 없이 죽었다고 하여 위협적이어서 당산제를 유지하려는 주민들 의식이 강하게 드러나 있다. 이외에도 당산 신에게 함부로 해서 동티가 나 마을에 전염병이 돌거나 폐촌이 되었다는 이야기도 있고, 사람이 급살急煞을 맞기도 하며, 당산 신의 영험으로 당집의 유기그릇을 지키게 되었다는 이야기도 있고, 왜놈들이 쳐들어올 것이라거니 홍수가 날 것이라고 마을 사람들에게 미리 알려주어서 마을이 무사히 지냈다는 이야기도 있다. 당산 신의 영험이나 외경심을 드러내는 이야기는 이외에도 당산나무 가지를 주워다 불을 때고 경을 쳤다는 금기禁忌 또는 속신俗信의 배경이 된 이야기도 있는데 여기에는 모두 당산제가 유지되어야 한다는 구술자의 의도가 반영되어 있다.

이런 이야기는 마을 공동신앙이라고 할 수 있는 당 신화만 아니고, 사당祠堂이나 묘당廟堂을 유지·보존하려는 의도로 만들어진 이야기 가운데도 전한다. 앞에서 기술한 김수로왕의 묘당과 관련된 이야기는 『삼국유사』 「가락국기」 후반부에 있는데, 김수로왕 사후 신통력을 기술한 묘당 기사奇事 즉 충지忠至 영규英規의 탈묘향음사奪廟享淫祀 사건, 묘중의 금옥金玉을 훔치려는 도적을 징치懲治한 사건, 양전사量田使 조문선趙文善이 묘답을 축소하려다가 당한 횡액 사건, 고려 성종 10년(991) 능묘에 속한 전답을 관례에 따라 축소하려다가 당한 횡액 사건 등이다. 이것들은 당시 수로왕의 묘당이 오래 유지될 수 있도록 하려는 의도로 구술된 이야기들이다. 이런 이야기는 제의와 사당을 보존하는 기능을 수행하고 이를 오래도록 유지하려는 의도가 반영되어 있지만, 사람들의 이런 노력에도 불구하고 시대가 변하면 제의의 내용과 형식에도 변화가 따르기 마련이다.

제의 변화와 소멸

제의에 올리는 제물祭物의 내용이나 섬겨야 할 신에 대한 믿음은 시대에 따라 변하기 마련이다. 제의는 신과 인간과의 교섭을 위한 형식을 갖춘 절차다. 이런 절차뿐만 아니라 제물의 종류를 바꾸거나, 섬기던 신을 버리고 새로운 신을 섬기기도 하며, 신의 기능을 바꿔 유지하기도 한다. 일반 가정에서 지내는 조상 제사의 절차는 대개 유교 형식이지만, 제물의 진설陳設이 가정마다 약간씩 다른 것은 저마다의 형편이나 사정이 있어서 그리되는 것이지, 후손이 멋대로 정한 것이 아니다. 어느 집에서는 어떤 특정 음식이 제상에 절대 오를 수 없는 데 반해서, 어느 집 제상에는 어떤 음식이 반드시 오른다. 그래서 남의 집 제사에 '감 놓아라 배 놓아라.'라고 하는 간섭은 무례無禮다. 각 집안에 전하는 제사 이야기는 그 집의 제사를 왜 이렇게 지내는가를 설명해 주고 제사를 지속하는 근거를 마련해 주는 기능을 한다.

마을 공동체 제의에서 제물이나 절차를 참여한 이들의 마음대로 쉽게 바꿀 수 없는 것도 그 형식이 집 제사보다 더 엄격하고 이해利害 당사자가 마을 전체 주민들이기 때문이다. 제물이나 절차는 신을 위해 인간이 정성을 드러내는 한 방법이다. 특히 집안 제사에서 제물은 이를 통해 조상 신에게 정성을 드러내기 위해서 그해에 처음 난 것, 그중에서도 빛깔이나 모양 등이 보기 좋은 것들을 가려 미리 마련해 두었다가 제사 때 쓴다. 제물을 이처럼 소중하게 다루는 것은 제물 자체에 의미가 있어서가 아니라 그것을 마련하는 과정에서 인간이 신에게 정성을 드러내는 하나의 방식이기 때문이다. 마을 공동 제의에서도 제물의 값이 아무리 비싸도 그 값을 흥정하지 않고 구매하는 이유도 물건값을 흥정하는 행위가 신에 대한 예의가 아니라고 여기기 때문이다. 제의에서는 인간이 가장 소중히 여기는 제물을 통해서 신에 대한 정성을 나타낸다. 특히 인간의 생사를 좌우하는 신에 대한 제의에서는 개인적이건 집단적이건 간에 인간의 생명을 바쳐 자신들의 안녕을 기원하는 것이 바로 인신공희人身供犧다. 이런 형태의 제의가 신의 절대권을 믿는 사회에서는 어쩔 수 없이 행해졌다.

사람의 지혜가 발달하여 인간이 집단의 운명을 위해서 어떤 사람의 생명을 희생하는 일이 모순임을 자각하고, 생명에 대한 애착이 생기면서 인신공희에 대한 회의懷疑를 가지게 된다. 그렇지만 사람을 대신할 희생물로 대체하는 일이 인간의 합리적 사고만으로 가능하지 않은 것은 그것이 신앙 문제이기 때문이다. 시대가 바뀌어 신에 대한 절대 신앙이 약해져도, 인간의 의지로 대체한 제물에 대해 신의 흠향 여부를 인간이 확신할 수 없으므로 제물을 바꿈에 따른 불안감은 쉽사리 해소되지 않는다. 인간은 신에게 정성을 다해 제사를 지내서 신을 감동·감화시켜 복을 빈다. 따라서 제물을 멋대로 바꾸는 것은 신에 대한 불경不敬이고, 그로 말미암아 신의 노여움을 사서 재앙을 받게 될지 모른다는 불안감은 인간의 잠재의식에는 남아 있다. 이러한 불안 심리는 사람들이 신과 인간과의 관계를 부정하지 않는 한 쉽게 해소되지도 않는다.

현대과학의 합리적 사고와 유교나 기독교 같은 고급 종교의 사상적 영향을 받은 마을에서 당산 신을 미신으로 치부하여 당산제를 철폐하였다가도, 우연히 마을에 줄초상이라도 나면 주민들은 당산 신의 노여움 때문이라고 여기고 무당을 불러 마을굿을 하는 경우를 흔히 볼 수 있다. 이것을 보면 생명공학이 논의되는 현대사회에서조차도 전통 무속 신의 능력을 인정할 정도로 인간은 신 앞에서 무기력하다. 현대인도 신에 대한 예속적 관계를 벗어나지 못하는데, 하물며 신 중심의 전통사회에서 제의 자체는 물론이고 제의 절차나 제물을 사람들 마음대로 바꾸는 것은 제의가 아무리 비과학적이고 현대사회의 현실에 맞지 않더라도 쉬운 일이 아니다.

제의의 형식이나 제물을 결정하는 가장 확실한 방법은 인간 스스로 결정하지 않고 신의 계시에 따르는 것이다. 인간에게 베푼 신의 계시는 바로 이야기 형식으로 된 신의 진술로 드러난다. 신의 진술 곧 이야기 내부의 화자가 청자에게 직접 이야기하는 것이다. 사람들은 이야기를 통해서 신의 뜻을 알게 되고 지시대로 행동한다. 이야기는 구비전승 문학의 한 양식이지만, 그것을 사용하는 사람들의 생활 속에 특수한 삶의 자리를 차지한다. 특히 신들의 이야기는 그 사회를 결속시키고 규범과 습관에 의해서 지배되는 구조를 형성

하는 기능을 한다. 이야기 형식을 빌려서 나타난 신의 계시란 초자연적 지시가 아니라 당시 사회의 전통적인 윤리관·종교관·사회관을 강조하여 사회 구조의 안정을 강화하고 유지하려는 의도적인 행위다. 따라서 이야기는 사람들의 사회적 행위의 기반을 형성한다. 이를 잘 드러내는 이야기로 기독교 구약성서에 나오는 아브라함이 모리아 산에서 이삭을 번제燔祭로 드린 사례를 들 수 있다.

"하나님은 아브라함을 시험하려고 모리아 산에 가서 그의 사랑하는 독자 이삭을 번제의 제물로 바치라고 했다. 아브라함은 아침 일찍 두 사환과 아들 이삭을 데리고 번제에 쓸 나무를 가지고 떠났다. 번제 드릴 곳에 이르자, 아브라함은 사환들에게 나귀를 데리고 거기서 기다리게 하고, 이삭에게는 번제 나무를 지우고 자기는 불과 칼을 손에 들고 동행했다. 이삭이 '번제에 쓸 어린 양이 어디 있냐?'고 묻자, 아브라함은 '번제에 쓸 양은 하나님께서 친히 준비하실 것이다.' 하고 함께 제단으로 나아갔다. 아브라함은 그곳에 제단을 쌓고 나무를 벌여 놓은 뒤에 아들 이삭을 결박하여 제단 나무 위에 놓고 칼로 잡으려 할 그때, 여호와의 사자가 아브라함에게 '그 아이에게 손을 대지 말라. 아무 일도 그에게 하지 말라. 네가 독자인 네 아들이라도 나를 위해 아끼지 아니하였으니, 네가 하나님을 경외하는 줄을 아노라.'라고 했다. 번제에 쓸 제물은 하나님이 이미 마련해 두었다고 하여 아브라함이 눈을 들어 살펴보니 한 숫양의 뿔이 수풀에 걸려 있었다. 아브라함은 그 숫양을 가져다가 아들을 대신하여 번제로 드렸다."

이 내용이 기독교 신학에서는 여러 의미를 시사하겠지만, 특히 강조되는 것은 하나님에 대한 아브라함의 믿음과 순종이고, 이 사건으로 해서 아브라함은 '믿음의 조상'이 되었다. 이 이야기는 하나님이 원하는 것은 제물이 아니라 그것을 드리는 인간의 마음인 것을 알게 해주지만, 이야기의 관점에서는 인신공희가 어떻게 희생물 제의로 바뀌게 되었는지 그 내력을 말해준다. 고대 근동 지방에서 인신공희 제의는 흔한 풍습이었다. 이스라엘 백성들이 이를 일찍 그만두게 된 것은 아브라함의 이 사건 이후일 것이다.

근동 지방에서 어떤 제의에서 인신공희를 하였는지 구체적으로 잘 알 수 없지만, 성서에서 이스라엘의 야훼가 인신을 제물로 직접 요구한 것은 이뿐이다. 구약성서 「열왕기 하」, 「역대기 하」, 「에스겔」 등에도 이스라엘인들이 인신공희를 부정하는 기사가 보이는데, 이들이 이런 의식을 가지게 된 계기는 바로 아브라함의 모리아 산에서의 번제 사건에서 비롯되었을 것이다. 물론 「사사기」에 입다가 암몬족과 싸울 때 하나님께서 그 족속을 자기 손에 넘겨주면, 전쟁에서 평안히 돌아올 때 자기의 집 문에 누구든지 먼저 나와서 자기를 영접하는 자를 여호와께 번제물로 드릴 것을 약속한 구절이 있다. 그러니 이때까지 인신공희가 없었던 것은 아니지만, 하나님이 제물로 인신을 요구한 것이 아니고 입다가 하나님과 약속한 것이어서 할 수 없이 번제를 드린 것이니 상황이 다르다.

어찌 되었거나 이스라엘 민족이 신에게 행하던 인신공희 제의를 심리적 불안감 없이 바꾸고자 할 때, 가장 확실한 방법은 하나님이 다른 희생물로 대체하라고 직접 지시한 이야기다. 이렇게 하면 대체했을 때 생기는 신의 흠향 여부에 대한 불안 심리를 떨쳐 버릴 수 있다. 설령 하나님이 원하는 것은 제물이 아니라, 제물을 드리는 인간의 마음 즉 믿음과 순종이 더 중요하다는 인식이 아브라함의 머릿속에 있었다고 하더라도 그 스스로 희생물로 바꿀 수 없었던 것은 신의 명령에 복종해서겠지만, 흠향 여부에 대한 불안감 때문이다. 그런데 하나님이 그렇게 하라고 했으니 제물을 바꾸는 데 따른 의구심을 가질 필요가 없다. 신학적 관점에서는 이 기사가 하나님과 아브라함과의 사이에 실재한 사실 기록이고, 이를 통해 하나님에 대한 순종과 믿음이 어떠한 제물보다는 중요하다는 것을 일깨워 준다.

그러나 이야기 관점에서는 이 이야기의 사실 여부는 중요하지 않다. 특히 이야기는 그들이 속해 있는 사회의 어떤 현상을 설명하기 위해서 진술된 것이므로 그것을 만들어 낸 사회의 문화적 형태를 떠나서는 이해할 수 없다. 이야기가 보여주는 것은 과거에 발생했던 사실이 아니라, 현전하는 제의를 정당화하기 위해서 과거에 발생했다고 일컬어지는 사실을 말한 것뿐이다. 따라서 이야기는 현상을 합리화하는 사회적 기능을 하고 있어서 우리가 행하고 있는 일들에 대해서 우리가 왜 행하고, 유지해야 하는가를 설명해 준다. 이런 의미에서 아브라함의 번제 이야기는 당시 이스라엘 사회의 종교관·윤리관·인간관 등에 의해 마땅히 부정되어야 할 인신공희를 심리적으로 불안감이 없이 청산할 수 있게 해준다.

우리나라에도 인신공희를 내용으로 하는 이야기로 <심청의 인당수>, <지네 장터>, <덕물산 최영 사당 처녀 제물>과 <제주도 금녕 사굴 처녀 제물> 등이 있다. 그런데 이들 이야기는 아브라함의 이야기처럼 신이 직접 제물을 바꾸라고 한 내용은 없고, 다만 인신공희를 청산하게 된 사연만을 설명해 준다. <심청의 인당수>는 소설이나 판소리로 전하는 옛날이야기인데, 맹인 아버지의 개안을 위해 심청이 인당수 제물로 팔렸다가 옥황상제의 도움으로 환생했다는 이야기이고, <지네 장터>는 두꺼비가 자신을 돌봐주던 처녀가 지네 사당의 제물로 바쳐지는 것을 보고 처녀를 위해 싸우다가 지네와 함께 죽었다는 이야기이다. 이중환李重煥의 『택리지擇里志』에 전하는 <덕물산 최영 사당 처녀 제물>은 그 지방 토착민들이 사당에 와서 기도하고 그 옆에 침실 만들어 민간 처녀로 모시게 하여 백여 년 지속되었는데 지금은 아무런 영험도 일어나지 않는데도 무녀들이 영이靈異하다고 과장하고 있다는 이야기이고, 아키바 다카시[추엽 융秋葉 隆]의 『조선민속지』에 전하는 <제주도 금녕 사굴 처녀 제물>은 제주 목사가 자기 부하의 딸이 뱀의 제물이 되는 것을 보고 뱀을 죽여 버렸다는 이야기이다. 이런 이야기는 <심청>을 제외하고는 처녀를 바칠 대상 신神에 대한 영험이 사라졌거나 신 자체를 없애 버려서 제의를 지낼 필요가 없게 되어 인신공희도 자연스럽게 없어졌다.

그런데 신이 제물을 바꾸라고 한 이야기로 <해랑당>이 있다. 해랑당은 해랑을 풍어의 신으로 모시던 사당인데 최상수 『한국민간전설집』, [통문관, 1958]의 내용은 다음과 같다.

"한 어부는 과년한 딸과 함께 이곳에서 살고 있었다. 하루는 바닷가에 나간 딸이 그곳에서 일하고 있던 총각을 사모하였다. 그런데 그가 고기 잡으러 바다에 나갔다가 돌아오지 않자, 딸도 병들어 죽었다. 그녀가 죽은 뒤로는 어촌에 고기가 잡히지 않고 재앙이 이어졌다. 어느 날 어촌 사람의 꿈에 그녀가 나타나 '말하기를 나는 시집 한 번 못 가고 원혼이 되었으니 나를 위해 사당을 짓고 남자의 신腎을 나무로 만들어 걸어 주시오. 그러면 고기도 많이 잡힐 것이오.'라고 하고 사라졌다. 어촌 사람들은 이상하게 생각하고 꿈에 그녀가 말한 대로 해주었더니 과연 고기가 많이 잡혔다."

이 이야기는 풍어를 위해 목신木腎을 만들어 제물로 바친 <해랑당>이다. 필자가 방문해서 조사한 강원도 명주군 강동면 안인진 2리에 있는 해랑당은 동해의 절벽을 뒤로 하고 마을을 내려다보고 있는 곳에 있다. 그런데 이 <해랑당>은 풍어의 신 해랑이 영혼 혼례를 한 뒤에 목신을 더 이상 제물로 바치지 말라는 내용이다.

"옛날에 해랑이라는 기생이 고을 원님을 따라 이곳 벼랑 위에서 놀았다. 그네를 매고 뛰었는데, 그네의 줄을 놓쳐 그만 바다에 빠져 죽었다. 그런데 그 뒤로 마을 사람들이 바다에 나아가 고기를 잡으면 바다 밑에서 무엇이 고기를 가로채 가는 것 같았다. 이뿐만 아니라, 해마다 흉어로 고기가 잡히지 않았다. 그러던 어느 날 한 노인의 꿈에 해랑이 나타나 처녀의 몸으로 죽어 억울하다고 하면서 자신을 위해 제사를 지내 달라고 했다. 마을에서는 해랑을 위해 사당을 짓고 제사를 지내는데, 해랑이 처녀의 몸으로 죽었으니 남자의 성기를 상징하는 목신을 만들어서 제물로 바쳤다. 이로부터 엄청나게 고기를 많이 잡았으므로 마을에서는 해마다 음력 9월 9일과 정월 대보름에 풍어를 빌기 위해 해랑의 사당에 목신을 제물로 삼아 제사를 지냈다.

그런데 이 마을에는 언제 어떻게 죽었는지 알 수 없는 숫총각의 '숫 서낭'이 마을의 입구에 있었다. 마을 사람들은 처녀의 몸으로 죽은 해랑의 혼령을 위로하기 위해 두 혼령의 영혼 혼례를 치러 주었다. 그런 뒤에도 마을에서는 매년 하던 대로 목신을 제물로 올려 제사를 지냈는데 풍어는커녕 큰 재앙만 입었다. 마을 사람들은 그 까닭을 알지 못했으나, 어느 날 한 노인의 꿈에 해랑이 나타나서

'나를 혼인시켜 놓고 또 다른 남자를 들여보내다니.' 하며 몹시 노여워했다. 이후로부터는 목신을 제물로 바치는 일을 그만두고 두 남녀를 모시는 제사만 지냈다. 당시에 해랑의 사당에는 '해랑지신위海娘之神位'와 '김대부지신위金大夫之神位'가 있었다."

이와 유사한 이야기가 장주근의 『한국의 향토 신앙』, [을유문화사, 1986]과 김태곤의 『한국 민간신앙 연구』, [집문당, 1994]에도 전하는데, 김태곤의 해랑당 이야기는 목신 제물을 없앤 내력이 다르다. 그 부분만 소개하면 다음 같다.

"지금으로부터 60여 년 전에 이천오李千五라는 사람이 이 마을의 이장이었다. 그의 부인에게 해랑 신이 덮치는 바람에 미쳐서 밤낮으로 해랑당에 오르내리며, '내가 시집을 갈 터이니, 김대부신金大夫神과 결혼하게 해 달라.'고 하였다. 동민洞民이 믿지 않자, 이장 부인의 병세는 악화하여 사경死境에 이르렀다. 그래서 하는 수 없이 동네 노인들과 상의한 끝에 위패를 하나 더 만들고, '김대부지신위'라고 써서 해랑 신과 결혼하는 제를 지내니 이장 부인의 병이 나았다. 해랑 신이 결혼하자, 마을 사람들은 남근을 바칠 수가 없게 되었는데 그 사연은 이렇다. 그로부터 얼마 뒤에 울진에서 온 큰 후릿배[揮罹船; 후리질하여 고기 잡는 배] 어업자가 고기를 많이 잡아서 해랑당에 소를 잡아 제를 지내면서 목신을 제물로 제사를 지냈다. 그런데 그 사람이 제를 마치고 산에서 내려오다가 고꾸라져 피를 쏟고 즉사해 버렸다. 사람들은 남편[김대부신金大夫神]이 있는 해랑 신을 간음하게 한 죄로 신벌神罰을 맞은 것이라고 했다. 이런 일이 있은 뒤로는 목신을 바칠 수가 없게 되어 현재는 목신 제물 없이 제사를 지낸다."

이처럼 해랑 신에게 제사를 지낸 내용은 조금씩 다르지만, 필자가 채록한 이야기에는 강릉 부사가 당시 기생인 해랑을 데리고 놀다가 사고로 벼랑에서 떨어져 죽은 뒤에 노인의 꿈에 해랑이 나타나 제를 지내달라고 해서 지냈는데 처녀로 죽었으니 목신을 제물로 바쳤다고 했다. 그런데 이런 목신 제물을 바치던 제의에서 이를 행하지 않은 것은 해랑 혼령과 마을의 숫 서낭 혼령의 영혼 혼례를 지낸 뒤다. 이는 풍어와 관련된 남근 숭배 신앙에 대해 의심이 들면서 만들어진 이야기일 것이다. 당시 주민들이 자신에게 불어닥친 흉어라는 재앙을 극복하는 방법으로 해랑 신을 위해 제사를 지냈다. 해랑이 처녀의 몸으로 죽었으니 해랑 신에게 제물로 목신을 바치는 것이 당연했다. 그렇지만 제물로 바쳐 오던 목신을 해랑 신이 숫 서낭과 영혼 혼례를 치렀으므로 필요 없게 된 것도 이야기를 통해서 사람들이 그렇게 인식하게 된 것이다.

제의에서 제물의 변화는 집단의 종교적·문화적 배경의 소산이라고 할 수 있지만, 이야기를 통해서 이루어진다는 점에서 이야기의 기능을 재평가하게 된다. 남근 숭배 신앙을 바탕으로 한 목신 제물의 효험에 대해 주민들이 의심하고, 유교 윤리상에 문제가 된다고 하더라도 사람들 스스로 판단하여 일방적으로 그만둘 수 없는 것은 그동안 섬겨온 신의 노여움에 대한 불안 심리 때문이다. 따라서 그때까지 행해지던 제의의 형식을 당시 사람들의 의식에 상응하는 제의로 바꾸려면 신의 요구에 따라서 바꾸었다고 해야 심리적 불안감에서 자연스럽게 벗어날 수 있다. 따라서 사람들은 신의 요구가 있었다는 이야기를 통해서 기존의 제의 방식을 바꾼다. 이를 위해서 사람들은 우선 해랑 신이 숫 서낭과 영혼 혼례를 하도록 주선하고, 그런 다음에 노인과 같은 마을의 신망이 두터운 존재를 중재자로 내세워 신과 교섭이 있었던 것처럼 이야기로 꾸민다.

처음에는 풍어의 신이었던 해랑 신이 세월이 흐른 뒤에 정절貞節의 신으로 바뀌어 모신 사례가 있는데, 삼척군 원덕읍 갈남2리에 신남마을에 있는 해랑당이 그것이다. 이 <해랑당> 내용은 다음과 같다.

"지금으로부터 400여 년 전 이 마을에 사랑하여 결혼을 약속한 처녀와 총각이 있었다. 하루는 처녀가 총각에게 마을의 북쪽 1킬로 떨어진 바위섬에 돌김을 뜯으러 가려고 배로 데리고 가달라고 부탁하여 그렇게 해주었다. 총각이 다시 그곳으로 처녀를 데리러 가려고 할 때는 풍랑이 심해 갈 수가 없었다. 처녀는 그 바위에서 죽어 그곳을 '애바위'라고 했다. 이런 일이 있은 뒤로 마을엔 흉어로 사람들의 생계가 곤란해졌다. 그러던 어느 날 그 처녀가 총각의 꿈에 나타나 신神 나무로 받드는 향香나무에 자기의 영혼을 모셔 달라고 하여 위령제를 지내주었다. 마을 사람들이 정성을 다해 제사를 지냈는데도 고기는 잡히지 않고 고기 잡으러 나간 젊은이들만 죽어 나갔다. 그러자 한 어부가 술에 만취하여 이곳에 와서 '내가 너를 이곳에 받들어 모시고 정성 들여 위령하는 뜻으로 제사를 지냈건만, 고기가 잘 잡히기는커녕 사고만 생기니 너의 존재는 소용이 없다.'라고 욕을 하고 신성하게 여긴 나무에다 오줌을 누고 내려왔다. 다음날 그 어부가 고기를 잡으러 나갔는데 만선을 해서 돌아와 곰곰이 생각해 보니 자신이 만선을 한 것은 처녀의 영혼을 모신 곳에 오줌을 눈 것뿐이었다. 그래서 이 영혼은 처녀이므로 진수성찬보다는 남자의 성기를 원한다고 생각하고, 다음부터는 간단한 제물과 함께 목신을 만들어 올려 제사를 지내어 남달리 고기를 많이 잡았다. 다른 사람들도 다투어 그리하다가 마을에서 의논하여 공동으로 정월 대보름과 시월 첫 오일午日에 제를 지냈다."

이 <해랑당>은 앞에 소개한 이야기와 다르게 해랑이 스스로 요구한 것이 아니라 처녀를 위해 지낸 위령제가 효험이 없자, 화가 난 어느 주민이 술기운에 거기다 오줌을 누었는데 그 뒤에 많은 고기가 잡혔다. 그러자 주민들은 처녀가 다른 제물보다 남성의 성기를 더 원한다고 생각하고 매년 두 차례 목신을 만들어 위령제를 올리는 '풍어의 신'이 된 것이다. 이랬던 해랑이가 세월이 지나 영혼 혼례를 치른 뒤에 해랑의 요구로 남근 재물을 없앴다는데 이 당집의 신위神位는 '풍어豊漁의 신'에서 어느 사이에 '정절貞節의 신'으로 바뀌어 있었다.

이는 해랑이 '풍어의 신'으로서보다는 '정절의 신'으로서 위상이 마을에서 더 절실했기 때문일 것이다. 해랑이 '풍어의 신'으로서 역할을 다했으면 없앨 만도 한데 마을 주민들의 필요에 따라서 이를 '정절의 신'으로서 바꾸어 당산 신으로 모시고 있다. 이처럼 대상 신을 위한 제의의 절차나 위상은 그들의 종교관·윤리관 등과 어긋나지 않고 그 집단을 유지하고 결속시킨다고 인식되면 거기에 맞춰 유지된다.

주민들이 섬기던 신을 바꾸도록 요구받은 대표적인 이야기가 수로왕 출현에 관한 것이다. 수로왕의 탄강·등극 이야기는 가야국 건국을 전후한 시기에 북방에서 철기문화와 천신 숭배 신앙을 가지고 내려온 이주민의 한 부족장인 수로가 구간들의 지배 아래 있던 김해 지역의 읍락 국가를 새로 장악한 역사적 사실을 이 이야기 형성 주체들이 그 출자出自를 천신계天神系로 하여 하늘에서 내려온 것으로 바꾸어 천명임을 강조함으로써 수로왕 세력의 지배 논리를 정당화했다. 따라서 이 이야기는 선주민의 신앙 대상이었던 거북 숭배 신앙을 버리고 이보다는 한 차원 높은 천신 숭배 신앙으로 바꾸게 하여 새로운 지배 논리를 제시함으로써 수로왕 세력이 통치권을 확보하려는 의도에서 만들어졌다. 토착 주민들의 신앙 대상이었던 거북 토템은 철기문화와 천신 숭배 신앙을 배경으로 한 수로왕 세력에게는 신앙의 대상이 아니고, 토착 주민들에게만 주술 능력을 인정받는 주술 동물로 인식되는 신앙 대상이었으므로 이 시기는 일종의 문화적·신앙적 전환기를 맞은 셈이다.

주민들이 기존 신앙의 대상을 포함한 제의의 방식을 바꾸기란 결코 쉬운 일이 아니다. 당시 부족 집단의 신앙 체계로 자리 잡았을 것으로 생각되는 남근 숭배 신앙을 배경으로 한 거북 토템을 천신 숭배 신앙으로 바꾼 것은 단순히 새로운 통치권이 등장하고 인지가 발달하여 기존 신앙 대상에 대한 믿음이 의심된다고 하더라도 하루아침에 이를 바꾸기란 쉽지 않다. 이런 때 그보다 더 강력한 신앙 대상이 그들에게 나타나서 복화술 같은 기이한 방법으로 기존의 대상을 없애라거나 제의의 방식을 바꾸라고 말한다면 이를 계기로 제의의 대상이나 절차가 바뀌게 된다. <가락국기>는 바로 신이 직접 자신을 새로운 신으로 맞으라고 복화술로 명령한 이야기다. 천상에서 들린 환청 '황천이 나에게 명하기를 이곳에 와서 나라를 새롭게 하여 임금이 되라 해서 이곳에 일부러 내려왔으므로 너희들은 마땅히 봉우리에서 흙을 파면서 노래를 부르고 발을 구르며 춤을 추라'고 한 것이다. 하나님의 사사使者가 아브라함에게 이삭에게 손대지 말고 제물을 사신이 마련해 놓은 양으로 바꾸라고 한 논리와 같다.

제의는 변화만이 아니라 시대가 변하고 새로운 사상과 이념이 유입되면 신에 대한 사람들의 인식도 달라져 결국은 소멸하기도 한다. 따라서 그동안 당산의 신으로 제사를 지냈지만, 신의 영험이 드러나지 않으면 주민들은 자신들의 신앙 대상이 된 당산 신의 영험성을 의심하게 되고 제의에 관한 관심도 떨어지다가 결국 신위 좌정 경위담의 진실성을 의심하게 되어 당산 신의 신성성이 무너져서 소멸하게 된다. 일례로 지역에 따라서 '신 바가치', '제석 오가리', '세존단지' 등으로 불리는 '조상단지'는 남아선호사상의 신앙 대상이고 산신産神의 기원이 되기도 했다. 그런데 어느 집에서 내리 딸만 낳자 이 단지를 내동댕이쳐 버렸지만, 불길한 일이 일어나지 않았으므로 이런 물건의 신성성은 심각하게 훼손되고 믿음도 사라지게 되었다. 이는 신의 영험성이 부정된 결과로 일어난 행위다. 이 사건이 이야기로 구전되면 이 신에 대한 믿음 자체가 부정된다.

마을에서 공동으로 행하는 제의도 마찬가지이다. 기우제나 당산제의 경우에 주민들의 여러 차례 제사를 지냈음에도 불구하고 비가 내리지 않거나 재앙이 계속되면, 처음에는 자기들의 제의가 불경不敬했다거나 정성精誠이 부족해서 신이 흠향하지 않은 것으로 생각하고 다시 제를 올린다. 그러나 이렇게 성의를 다했음에도 불구하고 효험이 없으면 사정은 달라진다. 이 효험 없음이 이야기로 구전되어 신의 영험성을 사람들이 의심하거나 부정하면 끝내는 제의가 없어진다. 마을신앙의 대상인 당산 신과 관련된 이야기 중에 당산 신이 부정적으로 인식되고 제의도 없어진 사례가 있는데 이런 이야기는 '당 신화'라고 하기보다 민담의 범주에 속한다.

신안군의 <당산 신의 보복>은 당산나무를 베면 화를 당한다고 믿어서 조심을 하고 실수로 나무를 베면 굿을 하고 그랬는데, 시대가 달라져 사람들이 바뀌고 풍속이 바뀌면서 한두 번 나무를 베도 탈도 없어서 큰 나무를 제외하고는 모두 베어 버리고 당에 제사도 안 지냈다. 이 이야기는 당산 신에 대한 주민들의 인식 변화를 잘 보여준다. 시대와 사람 그리고 풍속이 변하면서 잘못 건들면 동티가 난다던 당산나무를 베고도 아무런 탈이 없었다는 이야기가 구전됨으로써 주민들에게는 당산 신에 대한 외경심이나 신성성이 없어지니 당산제堂山祭도 자연스럽게 사라졌다.

이처럼 우연이든 의도적이든 간에 당산堂山을 해쳤음에도 불구하고 '동티 없음'의 경험이 누적되거나, 유교의 합리주의나 기독교 절대자의 능력에 대한 믿음이 없이는 주민들 스스로 당산제를 없애기는 쉽지 않다. 설령 유교의 영향으로 현실적 인식이 확장되고 기독교 절대자의 능력에 힘입어 당산제가 비과학적이고 불합리하며 우상숭배라고 생각하면서도 사람들이 바로 버리지 못하는 것은 주민들의 핏속에 흘러온 전통 신앙에 대한 깊은 잠재의식 때문이다. 마치 자기 집에 오래 묵혀두었지만 재산 가치도 없는 옛 서적들이나, 낡고 오래되어 사용할 수 없는 성경이 쌓여 있어도 이것을 함부로 버리지 못하고 저절로 없어지기를 바라는 심리처럼 주민들은 마을의 당집도 대개 의도적으로 외면하면서 저절로 사라지기를 은근히 바라는 경우가 흔하다. 이렇게 볼 때 주민들의 당산 신에 대한 뿌리 깊은 인식을 바꾸는 데는 합리적 사고로 강요하기보다는 민간에 자연스럽게 구전되는 이야기를 통해서 인식을 변화시키는 것이 부작용도 덜하고 훨씬 효과적일 수도 있다.

당산 신과 관련된 이야기 중에 당 신화라고 하기에는 이미 신에 대한 신성성이 상실되어 흥미 위주로 구전되어, 앞에서 소개했던 제의 관련 이야기에 나오는 당산 신처럼 경이로운 존재가 아니라 골계滑稽의 대상으로 희화화되기도 한다. 이야기 구술자들의 이런 인식 전환에 영향을 끼친 요인으로는 조선 사회 유교의 괴력난신怪力亂神에 대한 부정적 인식과 일제의 침략이나 6.25 전쟁 같은 인재人災와 홍수나 지진 같은 자연재해로 인한 현실적인 고통 그리고 기독교 신앙의 영향 등을 들 수 있지만 당산 신과 관련된 이야기의 영향도 크다.

원래 당산 신은 인격신 같은 존재로 여성 신으로 인식되는 경우가 있는데 여성이라는 인식 때문에 희롱의 대상이 되기도 한다. 신안군의 <진리당의 유래>는 옹기그릇을 실은 배가 어느 섬에 정박하고 장사를 하는데 한 총각이 당산 마당의 늘어진 소나무 아래서 솔잎으로 피리를 멋들어지게 불자, 당산 신이 총각에게 반해서 그를 남겨두고 가게 했다는 이야기다. 여기서 총각을 붙들어 두었다는 것은 당산 신이 자신의 성적 충동을 드러낸 것으로 인격신임을 의미한다. 이처럼 당산 신이 여성인 점을 이용한, 성과 관련된 이야기들이 상당수 있다.

여주군의 <대관령 과부 서낭>도 솜 장수와 문창호지 장수 등 친구 셋이 장사하러 다니다가 하루는 당집에 들어가 자면서 문창호지 장수는 문을 바르고, 솜 장수는 이불을 깔았으나 다른 한 사람은 줄 것이 없어서 자신의 그것을 내보이며 선물할 생각을 하였다. 그런데 서낭이 과부여서 그의 선물을 제일 반가워했다는 이야기다. 서낭신은 본래 마을의 안녕만 아니라 풍요를 주관하므로 남자가 자기 물건을 선물하듯 내보이자, 서낭신도 그것을 제일 좋아했다는 것은 당산 신이 마을의 풍요와 관련되어 온 잔재殘滓지만, 이야기 속에 서낭신은 상당히 희화화되어 있다는 점이 주목된다. 신성시되던 당산 신이 이처럼 흥미 위주의 골계 대상으로 바뀐 것은 당산 신을 대하는 향유자들의 인식이 바뀌었기 때문이다.

고흥군의 <당 귀신 이야기>는 당산 신이 여성이면서 훨씬 더 인격화되어 있음을 보여준다. 선조 때 장만이란 사람이 벼슬에 떨어진 뒤에 거지가 되어 다니다가 경상도 외숙에게 가는 길에 산 중에서 여자를 만났다. 그 여자의 하는 말이 경상도 어느 좌수가 내 옷을 뺏어 자기 딸에게 입혔으므로 그것을 찾으러 간다며 사라졌다. 그는 외숙 집에 도착해서 그가 겪은 사연을 말하고 좌수에게 가 보니 딸이 거의 죽게 되었다. 그는 좌수에게 옷을 챙겨서 태워 주라고 하여 딸을 살린 뒤에 후한 대접을 받았다. 돌아오는 길에 그 여자를 만났는데 바로 당 귀신이었다. 그 당 귀신은 천자가 만주에서 사는데 그곳에 간다면서 조선을 칠 거라고 알려주고, 너는 앞으로 정승이 될 터이니 그때 임금에게 항복하는 것이 좋다고 주장하라고 하였다. 이와 비슷한 이야기로 하동군의 <최명길과 당 귀신>도 문경새재 '할미당'의 당산 신이 안동 좌수의 집으로 비단을 찾으러 간 이야기다. 그 내용은 조선조 병자호란 때 당집에 걸려 있던 옷과 비단을 가져간 좌수의 집에 당산 신이 찾아가 딸을 죽음으로 위협하여 되찾아온 이야기다.

이런 이야기에는 당산 신에 대한 신통력도 일부 드러나지만, 그 신통력이란 것이 자신의 소유물을 거두어 간 사람에게 위협을 가하고 중도에서 만난 사람을 이용해서 자기 뜻을 전하게 하여 잃었던 물건을 되찾아온다거나 예언하는 정도다. 그래서 향유자들에게는 당산 신이 한낱 인격신으로 인식되어 당산 신으로서의 경이로운 능력이 인간을 왜소화하거나 좌절시키지도 않는다. 오히려 상호 대립적 상태에서 사람이 당산 신보다 우위에 있는 민담으로 바뀐다. 따라서 이런 이야기는 당산 신의 영험을 통한 신성성을 유지하기 위해 구술된 앞의 이야기들과는 상반되어 당산 신의 영험성도 부정되고 외경심도 사라진다. 따라서 이야기 향유자들의 이런 인식은 당산 신 제의 철폐에 따른 심리적 불안이나 갈등을 없애 주기도 한다.

당산 신의 영험성이 좀 더 적극적으로 부정된 이야기로는 신안군의 <당堂 자리가 명당>이 있다. 이것은 당 자리가 명당이어서 어떤 이가 그곳에 묘를 쓰려고 당에다가 쓰레기 같은 더러운 것들을 버렸다. 결국 당 할머니를 쫓아내고 그곳에 묘를 쓰고 자식이 번창했다는 이야기다. 옛날 당산 신을 극진히 모시던 때 같았으면 상상도 못 할 행위로 더러운 것을 당 자리에다 버린 사람은 이미 동티가 나서 재앙을 단단히 받았다는 이야기로 되어 있어야 한다. 그러나 여기서는 당 할머니를 쫓아내고 당 자리에 묘를 써서 자식이 번창했다는 것은 이 이야기 향유자들에게는 이미 당산 신의 효험이나 영험에 대한 믿음이 사라진 지 오래고 당집 자리가 명당이란 신비성만 남아 있다.

이처럼 당산 신의 영험에 대한 부정적인 이야기는 주민들이 당집을 없애고 당제堂祭를 거둔 것에 대한 심리적 불안을 없애준다. 그리고 이런 이야기가 이웃 마을에 전파되면서 다른 지역 주민들의 당산 신에 대한 인식의 변화에도 영향을 주게 된다. 횡성군의 <당신堂神을 물리친 원님>은 당산 신에게 매년 돼지를 잡아서 제사를 지내는 마을에 부임한 원님이 당산 신을 박대하니 당산 신이 그의 아들의 목숨으로 위협했다. 그래도 원님은 자식의 목숨은 제명이라고 하면서 오히려 마을 사람들을 시켜 당산나무를 태워버리니 구렁이가 그 안에서 타 죽었다는 이야기다. 이것은 조선조 유교 이념 아래 마을신앙과 같은 전통 신앙을 미신으로 인식한 나머지 만들어진 이야기다.

밀양군의 <낭산의 목신과 간담 큰 사람>도 비슷하다. 당산나무가 관청을 덮어 흉가가 되자 이를 베어낸 노인의 꿈에 당산 신이 나타나서 아들의 목숨으로 위협했다. 그래도 노인은 자식의 목숨은 제명이라면서 도끼를 가지고 당산나무 뿌리를 뽑으려고 했다. 그러니 노인의 꿈에 당산 신이 나타나 첫 아이의 죽음은 명이 그것밖에 안 되어 그리된 것이라고 말하고, 남은 아들은 큰 인물이 될 것이라 하여 과거에 급제해서 잘 살았다는 이야기다.

두 이야기가 모두 당산 신이 오히려 인간에게 패배한 전형적인 민담이다. 이런 이야기는 조선조 유교의 합리적 사고방식 아래 당산 신이 미신으로 인식되어 타파의 대상이 되면서 만들어진 것인데 이런 이야기의 구전은 당산 신에 대한 제사를 그만두게 한다. 민간신앙에서 당산 신에 대한 부정적 태도가 지나쳐 골계의 대상이 된 <산신을 협박한 군수>는 창원군에 사는 최원길이란 자가 팔자를 고쳐 보겠다고 산신제를 지내고 산삼을 캐러 다녔으나 허사였다. 그러자 군수에게 가서 산신에게 명령하여 산삼을 찾을 수 있게 해 달라고 졸랐다. 군수가 산신당에 가서 그의 소원을 받아들여 산삼을 캐게 해줄 것을 명하고, 만약 이 명을 거역할 때는 관할 밖으로 떠나야 할 것이라고 했다. 그러자 산신이 현몽하여 산삼을 캐게 해줄 테니 이곳을 떠나라고 하지 말라고 부탁했다는 이야기다.

여기에 등장하는 당산 신은 바로 산신이지만 주민들의 신앙 대상이란 점에서는 다를 것이 없다. 더욱이 심마니들에게 있어서는 지금까지도 신앙의 대상인 산신이 이 이야기에서는 신이한 능력의 잔재가 남아 있긴 하지만 골계의 대상으로 바뀌고 말았다. 민간신앙의 신들은 대개 기능 신이므로 그 능력에 대해 사람들이 회의적이거나 부정적으로 인식하게 되면 신에 대한 신앙심이 약해지고 거기에 따라서 신격도 떨어진다. 따라서 이런 이야기는 향유자들의 산신에 대한 신앙심이 약화 되어 제의가 사라지지만, 심마니들은 아직도 이를 신성하게 여긴다.

지금까지 제의 관련 이야기의 기능적 측면을 살폈다. 이야기란 제의만이 아니라 인간의 일상생활을 조정하고 통제하는 다양한 기능을 수행하는데 이를 이야기의 교훈적 기능이라고 하여 뭉뚱그렸지만, 이를 좀 더 세분하면 이야기의 다양한 기능을 살필 수 있다. 이야기는 하위 양식에 따라서 다양한 기능을 수행하지만, 이야기의 사회 통제 기능을 고려할 때 제의 관련 이야기는 구술과정에서 제의의 발생과 유지, 변화와 소멸에 영향을 준다. 이런 이야기가 있으므로 해서 사람들은 신을 좌정·유지하고, 한편으로 변화·소멸하면서 신한테 받을지도 모르는 재앙이라는 심리적 불안감에서 벗어난다.

이처럼 이야기는 향유자들의 자기 합리화를 위한 기능을 수행한다. 향유자들의 심리적 갈등이 개인적이든 집단적이든 간에 이야기는 이를 자연스럽게 해결한다. 제의란 인간이 신에게 자신의 운명을 전화위복轉禍爲福하게 하는 의례儀禮이므로 어떻게 하는 것이 신을 기쁘게 하는 것인지를 설명해야 한다. 설령 인지의 발달과 경험으로 신의 영험성이 없다는 것을 알더라도 초월적 존재와 관련되어 있어서 함부로 없애지 못한다. 사람들의 이런 심리적 갈등을 제의 관련 이야기는 자연스럽게 해결해 주며, 사회를 결속시키고 규범과 습관에 의해서 지배되는 구조를 형성하여 사회를 안정시키는 역할을 하므로 공리적公利的 기능이 크다. 이야기는 사회적 행동의 기반을 기술하는 하나의 방식이고, 사회의 특정 계급이 이용하는 언어적 장치다. 이러한 언어적 장치가 제의 관련 당 신화 경우에는 사람들이 신의 존재를 인정하는 이원적 세계관을 가지고 있는 한 계속해서 이야기의 역할은 발휘될 것이다.

5.
백제百濟 멸망 이야기

백제가 멸망할 때 도읍지 부여는 충청남도 남부에 위치하여 동쪽은 논산과 공주군, 서쪽은 서천군, 남쪽은 금강을 사이에 둔 전라북도 익산군, 북쪽은 청양군에 접해 있다. 부여의 옛 이름은 소부리 또는 사비라고 하는데 소부리는 서울이라는 의미이고, 사비는 새벽이라는 고유어라고 한다. 그 외에 남부여南扶餘, 반월半月, 여주餘州, 부풍扶風 등의 명칭도 있다.

백제는 26대 성왕聖王 26(548)년에 도읍을 웅진熊津[지금의 공주]에서 부여로 옮기고 국명을 남부여라고 했다. 백제가 웅진에서 부여로 천도한 이유는 고구려가 침략할 때는 웅진이 지형적으로 막혀 있어 피난지避難地로서는 적합했지만, 국력을 어느 정도 회복한 뒤에는 나라를 키워나가기에 협소했던 반면에, 부여는 남서쪽이 비옥한 평야이고 밖으로 열려 있어서 인접 국가와의 교통의 요지로 적합했다. 백제의 부여 천도는 고구려의 남방 정책에 의한 일방적인 위축이 아니라 백제 나름의 중흥을 위한 것이었다. 백제는 이곳으로 천도한 후에 6대 126년간을 지내고 31대 의자왕 20(660)년에

나·당 연합군에게 패망했다. 지리적 여건과 백제의 마지막 도읍이라는 역사적 배경을 가지고 있는 부여는 백제 멸망과 백제인의 저항에 관련된 이야기가 많이 전한다. 그래서 백제의 역사적 상황을 전제로 한 백제 유민의 저항 의지가 반영된 이야기가 얼마나 구전되었는지 살펴보는 일도 흥미롭다.

백제 멸망과 관련된 이야기는 의자왕의 실정, 소정방과 조룡대, 패배한 백제 장수의 위령제와 백제 유민의 저항 등의 이야기로 나누어 볼 수 있는데, 공동체와 관련된 역사 이야기는 대개 집단의식의 표상으로 이를 통해 백제 유민의 공동체 의식을 살펴볼 수 있고 이런 이야기를 흔히 역사 전설이라고 한다.

의자왕義慈王의 실정失政

역사 기록에 의하면 의자왕은 무왕의 맏아들로서 영웅다운 천품에 담력과 결단력이 있고, 부모에게 효도하고 형제에게 우애하여 '해동海東 증자曾子'로 불렸다. 그러나 말년에는 신라와의 전쟁에서 연승連勝하자, 자만에 빠져 술과 여자를 좋아하고 실정을 거듭하여 나라를 망쳤다고 한다. 이런 역사 기록을 얼마만큼 신뢰해야 할지 모를 일이지만, 의자왕에 관해 상당히 부정적으로 기술되었고 구전된 이야기도 비슷하다. 의자왕 15(655)년에 신라 김춘추金春秋가 당나라에 원병援兵을 청하는 등 국방에 힘을 쏟을 때 의자왕은 멀쩡한 태자궁을 고치고, 망해루를 대궐 남쪽에 세우는 등 사치만을 일삼은 이야기 중 대표적인 것이 부여읍 현북리의 <희녀대>다. 희녀대는 사비성 밖 반월성 부근 '희녀 고개'에 있는데, 현북리 옛 이름이 '희여티'여서 여기서 유래된 이야기다. "희녀대에는 전국에서 뽑혀온 처녀들로 가득 차 있었고, 의자왕은 폭정과 실정을 일삼아서 백제가 망할 때 이 여자들도 희생되었다. 그 뒤로 백제에는 고운 얼굴의 여인들이 없어졌다."

<희녀대>는 백제의 멸망이 의자왕의 호사스러운 생활 때문임을 암시한다. 역사적 사실 여부를 떠나서 백제의 궁궐에 삼천궁녀가 있었다는 이야기도 의자왕이 호사스러운 생활을 했음을 반영한다. 아마도 백제가 멸망했다는 역사적 사실 때문인지 백제 유민들은 백제가 망한 이유가 통치자인 의자왕에게 있다고 생각하지만, 전쟁에서 승리한 신라인들이 침탈의 정당성을 드러내려고 만든 이야기가 백제 유민들에게 구전된 것일 수도 있다.

의자왕의 실정은 사치스러운 생활에서만이 아니다. 천명의 순리를 거스르고 인재를 제멋대로 등용했다는 데에도 나타난다. 홍수興首나 성충成忠 같은 충신들이 귀양을 갔거나 억울하게 죽었다. 의자왕 17(657)년에는 서자庶子 41명을 좌평佐平으로 삼고 식읍食邑을 주었다. 이런 역사적 사실을 배경으로 한 이야기가 바로 규암면의 <천정대天政台와 임금 바위 신하 바위>다.

"천정대는 임금이 정승 될 사람의 이름을 석함에 넣어 놓으면 도장이 찍혀 나오는 곳이다. 정승이 된 사람은 임금을 모시고, 까치냇가의 '임금 바위 신하 바위'에 가서 국운을 하늘에 기원한다. 흥수와 성충이 직간直諫하자, 의자왕은 이들을 갈아치우려고 다른 사람의 이름을 넣었는데 도장이 찍혀 나오지 않아서 성충이 정승을 계속했다."

성충에 관한 이야기는 충남 아산의 <복부성 남매>도 있는데, 부여지역에서 채록된 <오뉘 힘내기> 유형으로 성충은 <오뉘 힘내기>에 등장하는 오빠의 후예로 설정되어 있다. 이런 이야기는 흥수와 성충이 민중에게 얼마나 희망이었는가를 짐작하게 해주는데 충신을 외면하고 천명을 거슬린 의자왕이 백제를 망하게 했다는 인식이 반영되어 있다. 따라서 백제 의자왕이 충신들을 유폐시키고 자기 마음대로 정승을 임명하는 실정失政을 일삼아서 마침내 백제가 멸망했다는 것이다. 이렇게 실정을 일삼은 의자왕이었으니, 백제가 망할 징후가 부여에 나타나지 않을 리 없다. 기록에 의하면 의자왕 19(659)년에 역사적 사실이라고 믿기 어려운 갖가지 불길한 징조들이 나타나는데 충남 서산의 <안흥목과 불가사리>도 그 하나다.

"남편을 전쟁에 내보내고 관복을 바느질하는 품삯으로 사비성에서 살아가는 여인이 있었다. 하루는 주문받은 관복을 바느질하고 있는데 딱정벌레가 가슴을 찌르고 사라졌다. 며칠 후 주먹만 해진 딱정벌레가 여인의 바늘을 먹고 있었다. 그 뒤에 방안의 쇠붙이는 물론이고 밖에 있는 쇠붙이까지 먹어 치운 딱정벌레는 몸집이 황소만 해져 사비성에 있는 쇠붙이까지 모조리 먹어 없앴지만, 도성의 수비 군사들은 이를 어쩌지 못했다. 나·당 연합군이 밀려오자 딱정벌레는 서쪽을 향해 가다가 안흥에 이르러서 신진도로 헤엄쳐 가다가 신진도 물살에 뒤집혀 죽었다."

이 이야기에서 남편이 전쟁에 나간 여인의 가슴에 딱정벌레가 가슴을 찌르고 사라진 것은 전쟁에 나가 죽은 병사의 혼과 수절하는 여인의 한이 어우러져 있음을 상징하고, 딱정벌레가 사비성의 쇠를 모조리 먹은 것은 백제에 무기를 만들 쇠가 없어졌음을 암시한다. 여기다가 도성을 수비하는 군사들마저 무능해서 이런 위기 상황에서 속수무책이니 백제의 멸망은 당연하다는 의미다. 백제가 이런 상황이다 보니 백성들은 의자왕을 싫어할 수밖에 없다. 나·당 연합군이 쳐들어와도 의자왕이 싫어서 참전하지 않다가 국운의 존망을 생각하고 어쩔 수 없이 전쟁에 나서는 왕자와 장수들에 관한 이야기가 있는데, 부여 임천면의 <성흥산성과 7왕자>와 은산면의 <삼괴정의 세 장수>가 그것이다. <성흥산성과 7왕자>를 먼저 보자.

"성흥산성의 성주城主 윤충允忠과 일곱 왕자가 신라와 대야성 싸움에서 공을 세운 성주 윤충과 그 밑에서 무예를 닦던 일곱 왕자가 항전抗戰했다. 성주 윤충은 왕자들을 왜국, 신라, 고구려, 당나라 등에 사신으로 보내 그들을 설득하고 있었는데, 의자왕이 윤충을 불러서 사비성에 갔다가 모함받아 죽었다. 성에 남아 있던 왕자들은 왜국에 간 왕자 풍豊이 돌아오기를 기다리다가 계백階伯이 전쟁에서 패한 뒤에 참전했다. 풍은 왜국이 도와 줄 것이라고 잘못 판단하고 후일을 도모할 생각으로 혼자 살아남았다. 그를 제외한 여섯 왕자는 싸우다가 모두 죽었다."

이 이야기에서는 의자왕과 풍 왕자의 어리석음과 국운을 생각하고 참전했다가 죽은 왕자들의 의지를 엿볼 수 있다. <삼괴정의 세 장수>도 윤충의 항쟁담이다.

"윤충과 세 장수는 왕에게 충간忠諫하다가 옥에 갇혔다. 그날 밤 탈옥해서 은산恩山에 은거하며 국난을 대비했다. 상갈相葛이 세 장수를 불렀으나 의자왕의 군인이 되기 싫다며 거절했다. 그 뒤에 웅진熊津의 방령方領 진연眞燕이 부르니 의자왕을 제거한 뒤에 적과 싸우자고 했다. 진연이 죽은 뒤에 윤충과 세 장수는 사비성을 치는 당나라 군사와 싸우다가, 백제가 망한 뒤에는 각각 흩어져 항거했다. 이들 중 임존성任存城에서 항거하던 장수는 흑치상지黑齒常之의 배신으로 패하고, 주유성周留城에서 항거하던 장수는 도침道琛, 복신福信, 풍

왕자의 권력 다툼으로 패했다. 세 장수 모두 마지막으로 삼괴리에서 적과 싸우다가 죽었다. 이들이 죽은 곳에는 뒤에 세 그루의 느티나무가 자랐다."

두 이야기를 보면 성주인 윤충이 세 장수와 함께 탈옥해서 싸우다가 죽었다는 것인지, 의자왕에게 불려 가서 감옥에서 죽었다는 것인지 모호하지만, 구술자들은 이런 것을 문제 삼지 않는다. 오직 윤충이 백제의 국난을 위해 싸우려다가 제대로 힘도 써 보지 못한 채 의자왕의 어리석음 때문에 죽은 것이 문제일 뿐이고, 지도자들의 권력 싸움과 동료의 배신으로 장수들이 전쟁에서 패하게 된 것만 안타까울 따름이다. 역사 기록에는 의자왕이 항복한 뒤에도 무왕武王의 조카 귀실鬼室과 복신은 도침과 함께 군사를 일으켜 임존성에 모였다. 그러나 복신은 도침과 사이가 벌어져서 그를 죽이고, 또 풍은 복신과 사이가 벌어져서 그를 죽였다. 이런 역사적 사실이 이야기의 배경이 되었겠지만, 이야기 구술자들에게는 역사적 사실의 진위眞僞도 문제가 되지 않는다. 지배층의 권력 투쟁으로 나·당 연합군과의 항쟁에서 이들이 실패하고 죽게 된 것만이 문제가 될 뿐이다. 『삼국사기』 「열전」 제4에 있는 흑치상지 경우도 그렇다.

"흑치상지는 백제 서부西部 사람인데 달솔達率로 풍달군장風達郡將을 겸직하였으나, 소정방이 사비성을 함락하자 소속 부하를 데리고 항복했다. 소정방의 무도함을 본 흑치상지는 부하 장수 여남은 명을 데리고 임존성으로 도망쳐서 복신을 도왔다. 그러다가 유인궤劉仁軌에게 항복하고, 당나라가 임존성을 공격할 때 공을 세웠다. 그는 당나라에 들어가서 좌령군원외장군左領軍員外将軍으로 양주자사徉州刺史가 되었고, 돌궐과 싸움에서 공을 세웠으나 주흥周興 무리의 참소로 죽었다."

사관史官은 논평에서 흑치상지가 사람을 후히 대접한다고 하고, 사람들이 그의 억울함을 슬퍼했다고 기술하여 그에 대해 긍정적 태도를 보여주지만, <삼괴정의 세 장수>에서는 그가 당나라를 도와 백제의 마지막으로 항거했던 임존성이 함락되게 한 배신자라고 하여 구술자에게는 용납되지 못했다.

이상의 이야기에는 백제의 멸망과 재건의 실패가 모두 의자왕의 실정과 왕권 내부의 갈등 그리고 동료의 배신 등에서 비롯된 것이라는 백제 유민의 집단의식이 표상되어 있다. 그러면서도 막상 의자왕을 비롯한 관료와 백성들이 당나라로 잡혀간다는 소식을 접하자, 의기투합하여 모인 곳이 부여 양화면에 있는 원당산怨唐山 또는 사당산射唐山으로 불리는 곳이다. 이 산은 이름 그대로 '당唐을 원망한다.', 또는 '당을 향해 화살을 쏜다.'라는 의미다. 지명 관련된 이런 이야기는 앞에서 보여준 의자왕 그리고 지배계급에 대한 원망과 함께 당나라에 대한 적개심도 드러나 있어 부여 주민들의 집단의식에는 양면성이 있음을 보여준다.

소정방蘇定方과 조룡대釣龍臺

소정방과 관련된 백제 이야기는 <석련지石蓮池와 백제탑百濟塔>, <조룡대>, <맹괭이 방죽>, <군장동>, <문동교> 등이 있다. <석련지와 백제탑>을 보자.

"백제를 망하게 한 소정방이 '당이 백제를 평정한 비명碑銘[대당평제국비명大唐平濟國碑銘]'이란 글자를 석련지에 새기려 하자 석공이 거절하고, 그가 다시 백제탑에 새기려 하자 탑 앞에서 죽었다."

이는 석공石工의 백제 혼을 구술한 것인데 실제로 백제탑 초층初層 4면에는 소정방의 비명이 새겨져 있다. 석공은 자기의 작품에 침략자의 이름을 새겨 더럽힐 수 없어서 죽음으로 항거하였지만, 대립하고 있는 세계가 이를 용납하지 않았다. 이야기에서 보여준 석공과 소정방의 대립을 역사적으로 보면 백제인들이 패배자이므로 이런 수모를 어쩔 수 없어서 수용했을 것이다. 그렇지만 석공의 비장한 죽음을 이야기했다는 것은 역사적 패배로 인한 백제인의 치욕을 민중이 받아들일 수 없다는 공동체 의식의 표상이다. 이뿐만 아니라 이야기 향유층은 이를 통해 어느 정도의 정신적 위안을 받기도 한다.

<조룡대>는 주지하다시피 소정방이 당나라 군사를 이끌고 와서 조룡대에 이르렀을 때 돌풍이 일어나 더 이상 진격하지 못하다가 백마를 미끼로 이용해서 용을 낚은 뒤에 진격했다는 이야기다. 그 사연이 여러 유형으로 구술된 <조룡대>는 크게 세 가지로 나누어 볼 수 있는데 변이 형태를 중심으로 제시하면 다음과 같다.

<1>

"의자왕이 밤이면 백마강에서 용이 되어 놀았다. 소정방이 조룡대 부근에서 돌풍을 만나 진격을 못했다. 의자왕의 애첩이 백마강의 자온대에서 숯불을 피워 지친 의자왕을 맞이하였다. 이것을 엿본 소정방이 애첩을 위협해서 비밀을 알아냈다. 백마를 미끼로 용을 낚으니 용은 용정의 사근다리에 떨어졌다."

<2>

"무왕과 구가는 죽은 뒤에 용이 되어 백마강의 부소산 아래와 조룡대 부근에서 각각 살았다. 소정방이 사비성을 공격하자 무왕은 안개를 뿌려 진격을 저지했으나, 구가는 당나라의 군사를 환영했다. 소정방이 점쟁이를 위협해서 비밀을 알아내고 백마를 미끼로 써서 용을 낚았다. 공교롭게도 구가가 걸려들어 공주 구리내 쪽에 떨어졌지만, 안개는 걷히지 않았다. 그래서 소정방이 점쟁이를 죽

였다. 무왕의 화신인 용은 도사로 변해 조룡대에서 낚시하며 밤에 목욕하는 당나라의 군사를 수장水葬했다. 당나라 장수들도 이를 두려워했는데 나·당 연합군이 망할 때까지 지속되었다."

<3>

"백마강의 용은 수비대장인 천일 장군天一將君 부부의 화신이다. 그는 당나라 군사가 쳐들어오자 돌풍을 일으키며 저항했다. 당나라 군사들이 백마를 미끼로 이용해서 용을 낚았으나, 풍우風雨가 그치지 않았다. 그래서 이유를 알아보니 천일 장군의 짝인 암용이 저항하고 있어서 그런 것이었다. 이번에는 소금과 독약을 넣으니, 용이 사람으로 변신해서 규암면 범바위 쪽으로 도망가다가 붙들려 죽었다. 그 후에 백제는 망했다."

이야기의 핵심적 변이 화소는 두 가지다. 하나는 백마강의 '용의 정체'가 의자왕의 화신이라고 하거나, 의자왕의 아버지이자 수호신인 무왕과 반역죄로 죽은 구가의 화신이라고도 하고, 백제 수비대장 천일 장군 부부의 화신이라고도 했다. 다른 하나는 안개나 돌풍의 원인과 백마를 미끼로 사용하는 '비밀 알아내기'다. 그 비밀을 어느 노인이 스스로 와서 알려주었다고 하고, 소정방의 부인이 된 의자왕의 딸이 아버지에게 물어서 알려주었다고도 하며, 의자왕의 애첩을 또는 짐쟁이를 잡이다가 위협해서 알아냈다고도 했다. 이러한 변이는 <조룡대>를 통해서 구술자들의 집단의식이 반영된 결과다.

그 비밀이 노인, 점쟁이, 딸, 애첩 등에 의해서 알려졌지만, 용의 화신이 의자왕인 경우는 백마를 쓴 미끼에 걸려 용정 사근다리에 떨어져서 시신屍身의 역한 냄새가 진동했다. 이는 의자왕이 주색에 빠져 실정한 것을 말한다. 비밀 제보자인 점쟁이, 노인, 딸, 애첩 등은 이를 통해 의자왕의 실정과 타락을 의도적으로 드러내려는 것으로 구술자의 심리가 의자왕에 대해 부정적이었음을 짐작하게 한다.

용의 화신이 무왕과 구가인 경우는 구가가 낚여 구리내에 떨어졌고, 무왕은 본래 용의 아들이자 호국護國의 인물이어서 백마의 미끼에 걸려들지도 않았다. 무왕이 용의 아들인 것은 '서동' 설화로 알려진 <마래 방죽> 또는 <궁남지>를 통해서도 알 수 있다. "무왕은 홀로 된 어머니가 궁 남쪽에 집을 짓고 사는데 못[마래방죽 또는 궁남지]에 있는 용이 찾아와 정을 통하고 태어났다." 무왕이 호국 인물인 것은 충화면 <천등산 다섯 장수>에서도 알 수 있다. "밤에 불빛이 비치는 천등산에 가서 말없이 독서하거나 무예를 닦고 있는 다섯 장수에게 하늘이 무왕을 도와 백제를 지키라고 하여 대야성 전투에서 공을 세웠다. 백제가 망한 뒤에도 이 산에서 무예 닦는 소리가 들렸다."라고 했다. 백제 왕실의 역신逆臣인 구가는 미끼에 걸려들어서 떨어진 곳이 의자왕이 용정 사근다리에 떨어진 것처럼 구리내라고 한 것은 구술자에게 그가 부정적으로 인식되었기 때문이다. 이처럼 호국의 인물인 무왕과 반역의 인물인 구가를 두고, 소정방이 낚은 인물이 구가의 화신이라고 한 것은 반역한 인물에 대한 구술자의 철저한 응징이다. 반면에 호국 인물인 무왕이 도사로 변신하여 '조룡대'에서 낚시하면서 당나라 군사들을 수장했다는 것은 백제 유민들의 정신적 승리감을 드러낸다. 다른 한편으로는 용을 잡았어도 안개가 걷히지 않자, 점쟁이를 죽였는데 구술자는 이를 통해 소정방이 잔인한 인물임도 드러냈다.

용의 화신이 수호대장 천일 장군 부부로 설정된 경우는 백마강의 용이 의자왕과 같은 인물이 아니라 백제의 장군 부부라고 했다. 무왕처럼 백제 유민의 정신적 승리를 위한 천일 장군 부부의 활약상이 보이지 않지만, 의자왕이나 구가처럼 죽은 뒤에 용정 사근다리나 구리내에 떨어져 썩은 냄새를 풍기지도 않았다. 그 대신 소정방은 천일 장군의 짝인 암용을 잡기 위해 소금과 독약을 강물에 넣었다고 했는데, 이는 구술자가 소정방의 잔인함과 악랄함을 고발하여 당나라에 대한 적개심을 드러내는 집단의식이다.

세 이야기의 차이점은 구술자들의 국가관에서 비롯된다. <1>은 백제의 멸망이 의자왕의 실정 때문임을 암시하면서 그의 시신이 썩은 냄새가 진동한다는 것은 의자왕에 대한 백제 유민들의 시각이 얼마나 부정적이었는지를 드러낸다. <2>는 호국지신인 무왕이 끝까지 당나라 군사를 괴롭혔다는 것으로 백제 유민들의 정신적 승리에 이야기의 초점이 맞춰져 있다. <3>은 백제 침략에 있어서 소정방이 천일 장군의 짝인 암용을 잡기 위해 백마강에 소금과 독약을 넣었다는 것으로 그의 잔인성을 통해 당나라에 대한 백제 유민들의 적개심을 불러일으켰다.

소정방에게 '비밀 알려주기'에서는 백제 유민의 또 다른 의식을 볼 수 있다. 전해지는 이야기에 따르면 소정방은 몹시 조심스러운 사람이어서 조그마한 이변만 있어도 군사를 움직이지 않았다는데 임천면의 <문동교>가 이점을 잘 보여준다. "꿈에 오성산신五聖山神을 자처하는 노인이 나타나 '돌아가는 것이 사는 길이다.'라고 말하자, 다음 날 각별하게 조심하면서 진격하다가 우연히 금빛 송아지를 보고 좇다가 어린이를 만났다. 어젯밤 꿈을 생각하고 돌아간 뒤에 어린이를 만난 곳에다 다리를 놓아주었다."라는 내용이다. 소정방은 이처럼 매우 조심스러운 사람이었다.

이런 사람이 조룡대의 돌풍과 풍우風雨 그리고 안개 같은 이변을 만났으니 그 비밀을 알지 않고는 그냥 진격할 리 없다. <조룡대> 여러 편의 이야기에는 앞에서 지적한 대로 비밀을 제공한 자가 다양하다. 스스로 와서 알려준 노인을 비롯하여 의자왕의 딸, 애첩, 점쟁이 등이지만 점쟁이가 일반적이다. 그런데 스스로 와서 알려주었다고 한 구술자는 의자왕이 마땅히 죽어야 할 사람이라고 생각했거나, 그의 폭정으로 희생당해서 원한을 가진 자이겠지만, 그것이 아니라면 신라 사람의 관점을 가진 자일 것이다. 석성면의 <군장동>에서도 할머니가 정보를 알려준다. "신라의 군사가 탄현을 넘어 황산벌로 진격해 오는데, 검은 옷을 입은 할머니가 나타나 신라군에게 앞일을 알려주고 전쟁을 독려하면서 군장동에서 3일을 쉬라."고 했다. 할머니는 '조룡대'의 비밀을 스스로 알려준 노인의 태도와 비슷한 인물이다. 비밀을 알려준 인물이 의자왕의 딸이니 애첩이니 하는 것도 의자왕의 실정으로 그에 대한 부정적인 시각에서 비롯된 것이다.

그런데 소정방의 위협을 받아 의자왕이 숨은 곳을 알려준 점쟁이 이민광의 이야기는 좀 특이하다. 점쟁이가 위협을 받고 비밀을 알려준 부여읍의 <뺑뺑이 방죽>은 백제의 유민들이 어떤 집단의식을 가지고 있었는가를 잘 보여준다.

"이민광은 의자왕 때 이름난 점쟁이인데 처음엔 거짓말로 알려주다가 계룡산 치마바위 아래 숨어 있는 의자왕을 소정방의 위협 때문에 결국은 알려주었다. 그러자 사람들이 그 집에 돌을 던져 기와를 깼다. 또 그 집에 걸인이 찾아왔으나 이민광이 박절하게 보내자, 집에 물이 고여 독사가 들끓더니 뱀한테 물려 죽었다."

여기에는 의자왕이 비록 나라를 망친 장본인이라 할지라도 적에게 알려준 배신자를 용서하지 못하는 백제 유민들의 집단의식을 보여준다. 이 점은 의자왕이 당나라로 잡혀가자, 사람들이 의기투합하여 원당산[사당산]에 모였다는 이야기와 같은 맥락의 유민 의식이라고 할 수 있다.

위령제와 여인들의 항거

위령제를 기술하기에 앞서 백제가 나·당 연합군에게 패했는데 패배한 장수들에 대한 백제 유민들은 어떠한 의식을 보였을까? 먼저 역사적 실존 인물인 계백에 관한 충화면의 <표뜸과 계백 장군>을 보자.

"계백의 부친은 신라와의 전쟁에서 다리를 다치고 집에 돌아와 화살촉 만드는 일을 하다가 계백이 태어나기 전에 죽었다. 계백은 태어나자 호랑이가 데려다 5살이 될 때까지 기르더니 그의 어머니에게 돌려주었다. 계백은 자라서 무예 시험에 합격하고 윤충 밑에 있으면서 호랑이의 도움으로 많은 전공을 세웠다. 계백이 죽자 호랑이는 석 달 사흘을 울었다."

이 외에도 흔히 이몽학 이야기에 나오는 '홍수 때 물 건너기' 삽화에서 주인공이 이몽학이 아니라 계백이 그랬다고 하는 이야기도 있다. 이런 이야기는 계백이 전쟁에서는 비록 졌지만, 신이성神異性 또는 신통력神通力이 있는 존재였음을 드러낸다. 이야기에 초월적 능력이 언급된 것은 계백의 패배가 그의 능력 부족이 아니라 집권세력의 실정에 있음을 간접적으로 드러내려는 의도다. 이런 의식은 충화면의 <말티와 무쇠 말>과 구룡면의 <망진산의 말 무덤>에도 나타나는데 이 두 편의 이야기는 일반적으로 잘 알려진 <말 무덤>이 백제 장수와 엮여서 변이된 것이다. <말티와 무쇠 말>은 다음과 같다.

"40이 넘도록 자식이 없는 대장장이 부부가 20년을 기도하여 아들을 얻었는데 말이 밤마다 울고 사라졌다. 5년 뒤에 아이는 그 말을 타고 산에 갔다가 새벽에 돌아왔다. 15세가 되어 출전했으나 말만 돌아와 산으로 올라갔다. 산에 올라가 보니 그 말은 죽고 무덤에는 무쇠 말이 솟아 있었다."

무쇠 말을 타는 비범함 장수가 출전해서 패배했다는 것은 능력 있는 계백 장군이 패배했다는 것과 마찬가지다. 이 이야기에서 패배 과정은 구술되지 않았지만, 구술자는 이런 주인공들의 죽음을 능력 부족 때문이라고 여기지 않는다. 계백이 죽자 호랑이가 석 달 사흘을 울었다거나, 15세 소년이 출전했으나 말만 돌아와 죽은 말 무덤에는 무쇠 말이 솟았다는 것이 바로 이것을 의미한다. <망진산의 말 무덤>도 비슷하다.

"힘센 장수가 사비성의 무관 시험에 합격하여 왕이 말을 하사했다. 말을 타고 가다가 뒤에서 오는 화살과 경주를 하였다. 장수는 말이 진 줄 알고 목을 베자, 화살이 날아와서 자기의 잘못을 반성하고 말 무덤을 만들어 준 뒤 백제의 명장이 되었다."

<말무덤>의 일반적 유형은 장수가 자기의 실수를 인정하고 자결한다. 그런데 <망진산의 말 무덤>은 자기의 잘못을 거울삼아 뒤에 명장이 되었다고 뒤집어 놓았다. 이런 변이는 백제 유민들의 역사적 상황 속에서 빚어진 소망 의식의 역설적 표현이라고 할 수 있다. 백제 유민들의 이런 소망 의식을 살필 수 있는 다른 이야기가 홍산면 삽티의 <농바위>다.

"농바위는 옷을 넣어 두는 장롱처럼 생긴 바위로 장수가 쓸 갑옷과 투구가 들어 있었다. 어느 날 장수가 이것을 꺼내 입고서 무예를 연습하였는데 지금도 그의 발자국이 남아 있다. 그런데 사람들이 이 바위를 깨려고 하면 뇌성벽력이 일어났다."

이 이야기의 변이형은 언젠가 그것을 꺼내 입고 세상에 나가 일할 사람이 나타날 것이라 했다. 어느 날 장수가 나타나서 그것을 꺼내 입고 무예를 연습했는데 지금도 발자국이 남아 있다고 해서 향유자들에게 미래의 소망 의식이 없다는 것이 아니다. 왜냐하면 사람들이 바위를 깨려고 하면 뇌성벽력이 일어났다고 하여 그것을 훼손하지 못하도록 금기시禁忌視한 것을 보면, 언젠가는 그런 장수가 다시 나타날 것이라고 하는 신념을 구술자가 신앙처럼 확신하고 있기 때문이다.

이런 소망 의식은 패배한 백제 장수들을 위한 위령제를 지내는 것과도 그 맥을 함께 한다. 백제의 장수들은 신통한 능력이 있었음에도 집권 세력의 실정失政과 타락으로 패배했기 때문에 백제의 유민들은 그들의 죽음을 더욱 안타깝게 여기고, 그들이 자기들의 집단 수호자로서 지속적인 역할을 해줄 것이라는 믿음을 가지고 있다. 이런 의지는 죽은 장수들을 위한 '위령제'에도 잘 나타나는데 <은산 별신굿>이 대표적이다.

"백제가 망한 후 마을에 전염병이 돌았다. 90세 된 마을 노인의 꿈에 장수가 나타나 죽은 부하들의 유골을 거두어 안장해 달라고 부탁했다. 마을 사람들이 그대로 해주자 꿈에 다시 나타나 사례하였다. 그 뒤 마을에는 전염병이 없어지니, 마을에서는 이들을 위해 제사를 지낼 별신당을 짓고 오늘날까지 지속하고 있다."

이 제의가 유지된 것은 이에 대한 향유자들의 믿음 때문이다. 이야기에 의한 제의는 한 가정에 한정되어 나타나기도 하는데 임천면의 <문단 바위>가 그것이다.

"보물이 들어 있다는 '문단 바위'에서 사람이 급살急煞을 당하는 재앙이 자주 일어났다. 고리대금업을 하는 상尙 노인의 꿈에 목금지

木金之라는 백제 장수가 '문단 바위' 앞에서 자기 부하의 넋을 위로하는 제사를 지내 달라고 부탁하고 3년 뒤에 다시 오겠다고 했다. 3년을 제사 지내자 약속대로 나타나 대록大麓으로 가서 취암산 검은 바위 앞에서도 똑같이 제사를 지내주면 가문에 별이 날 것이라는 예언을 하고 돌아갔다. 백제 장수가 시킨 대로 하니 그 후손인 상진尙震이 정승에 올랐다."

전쟁에서 진 장수가 자신과 부하들의 유골을 거두어 제사를 지내 달라고 하고, 그 보은으로 자손이 정승이 되게 해주겠다는 이야기가 조선 초기의 인물 상진 정승 탄생담으로 바뀌었다. 백제 장수에 대한 구술자의 태도 역시 어떠했는가를 잘 보여주는 이야기로 임천면의 <유 장군 사당>도 있다.

"유 장군과 그의 부하 3만은 백제가 항복하자 자결하니 사람들이 사당을 세워 제사하였다. 어느 벼슬아치가 말을 탄 채 그 앞을 지나다가 낙마하였다. 화가 난 그는 사당의 목상을 내팽개쳤다. 그의 꿈에 유 장군이 나타나 원상대로 해 놓으라 했다. 그가 이를 거절하니 큰아들이 죽었다. 그래도 거절하자 둘째 아들이 죽었다. 그는 하는 수 없이 귀신의 말대로 했다."

유교가 확산이 된 시대에 사대부들의 미신 타파와 민중들의 속신적俗信的 태도와의 사이에서 일어난 갈등을 이 이야기가 여실히 보여준다. 우연의 일치일지 모를 사건을 사람들은 유 장군의 신비성으로 인식하고 있어 유 장군은 이런 이야기를 통해서 신앙의 대상이 되었다.

역사 기록으로는 백제 의자왕이 항복한 뒤에도 백제 장수들의 항거는 복신, 도침, 풍 등을 중심으로 나·당 연합군을 상대로 3년여 동안 지속되다가 내부의 갈등으로 임존성과 주류성이 함락되면서 백제가 완전히 망했다고 했다. 백제 유민들의 항거는 이런 역사적 인물 외에도 백제 여인들에 의해 여기저기서 행해졌다. 이와 관련된 증거물이 이야기와 함께 남아 있는데 이야기의 주된 향유 계층인 민중들의 집단의식을 여기서도 살필 수 있다.

여인들이 나·당 연합군에 항거한 이야기는 부여뿐만 아니라 인근지역에서도 많이 나타나는데 주로 『충남 전설집』에 수록되어 있다. 부여에 <각시바위>, <가음산 궁녀바위>, <낙화암과 삼천궁녀>, <마가산 선녀>, <연화지의 두 도령>, 당진에 <영웅바위의 한>, 청양에 <장수바위>, <고란초>, 서산에 <은행나무와 사장암>, 금산에 <창평의 중바위>, 대덕에 <새여울 두 처녀의 우정> 등이다. 이 이야기들의 내용을 요약하면 다음과 같다.

<각시바위>는 장수의 며느리가 남편이 전사한 뒤에 백제군의 뒤치다꺼리를 하며 전쟁을 독려하다가 죽어 각시바위가 되었다. <가음산 궁녀바위>는 궁녀들이 당나라 군사에게 술을 먹인 뒤에 백제

군사에게 그들을 치도록 했으나 실패하자 죽어서 가음산 궁녀바위가 되었다. <낙화암과 삼천궁녀>는 당나라 군사들이 사비성을 함락하자, 궁녀들이 백마강에 투신했다. <마가산 선녀>는 아들이 전쟁에서 죽자 고부姑婦가 단장하고 나·당 연합군에 접근하여 장수를 살해하고 죽어서 마가산의 선녀가 되었다. <연화지의 두 도령>은 청혼자가 전쟁에서 죽은 뒤에 당나라의 어느 장수가 목술이의 딸 연이를 겁탈하려고 하자 그 장수와 함께 빠져 죽었다는 등의 이야기다.

이 중에 대표적인 이야기는 나·당 연합군이 부소산으로 올라와서 궁궐에 불을 지르고 부수니 거기에 있던 삼천궁녀들이 지금 고란사 절이 있는 곳으로 도망가 반월성 끝머리에 있는 바위에서 백마강으로 뛰어내렸다는 <낙화암과 삼천궁녀>다. 백제 말기 나라의 형편을 고려할 때 이 이야기는 과장되었다고 주장하는 사람도 있지만, <희녀대>처럼 의자왕이 국정은 외면한 채 여색에 빠져서 나라가 망하게 되었다는 것을 암시하는 내용이다. 의자왕이 여색에 빠진 것을 과장하여 백제의 멸망이 의자왕의 호색 때문이라고 한 것은 지나친 감이 있지만, 백제가 멸망했다는 역사적 사실을 부인할 수는 없다. 원인을 의자왕의 실정 때문이라고 구술한 것은 신라 중심의 역사관을 가진 사람들의 의도적으로 과장한 데서 비롯되었을 수도 있지만, 그렇다고 일본인들의 조작이라고도 하여 <낙화암과 삼천궁녀>를 허무맹랑한 이야기로 보는 태도 역시 바람직하지 않다. 관점을 달리하여 '삼천'이라는 숫자보다 백제 여인들의 항거라는 점에 맞추면 그 의미가 달라지기 때문이다. 이렇게 이해하고 보면 희생자들을 위한 위령慰靈굿 같은 새로운 문화 상품을 만들 수 있다. 부여지역에 전승되는 <각시바위>, <가음산 궁녀바위>, <마가산 선녀> 등도 백제 유민의 망국亡國 한恨에 대한 정신적 위안과 함께 나·당에 대한 항거 의식은 백제인의 혼으로 자리 잡고 있어 새로운 위령굿이나 해원굿을 만들 수도 있다. 이런 이야기는 임란壬亂을 배경으로 한 여인들의 열절담烈節談으로 계승되지만, 백제 지역에 구전되는 이야기와 달리 증거물이 있고 주인공이 역사적 실존 인물이란 점이 다를 뿐이다.

6.
꿈이 좌절된 장수 이야기

꿈이 좌절된 장수란 비범한 능력을 지닌 인물이 자신이 지향하는 의지대로 살다가 마지막에 예상치 못한 세계의 횡포로 꿈이 좌절되어 삶을 불행하게 마감한 인물을 말한다. 역사적으로 보면 꿈이 좌절된 장수는 헤아릴 수 없이 많지만, 여기서는 민란의 주모자로 지목된 이몽학李夢鶴과 의병장으로 활약한 김덕령金德齡 그리고 관군의 장수로 활약한 임경업林慶業 장수의 구전 이야기를 대상으로 한다. 이들에 관한 이야기에는 탄생에서의 <태몽>, 수학기의 <홍수 건너기>, 수련기의 <치마대>와 <오뉘 힘내기> 등의 삽화가 공통으로 나타나는데, 이런 삽화들이 인물에 따라서 구술자에게 어떻게 수용되었는가를 살펴보려고 한다. 이들이 역사적 인물임에도 불구하고 구술된 내용은 구술자들이 어떤 세계관을 가졌는가에 따라서 인물의 사실史實과는 다른 모습으로 구술하고 있어 이를 통해 좌절한 장수들의 삶에 대한 구술자들의 인식을 살필 수 있다. 먼저 이몽학에 관한 이야기부터 보자.

민란의 주모자 이몽학李夢鶴

『실록實錄』이나 『보감寶鑑』 같은 관찬官撰 사서史書나, 『대동야승大東野乘』이나 『연려실기술燃藜室記述』 같은 야사野史에 기록된 이몽학의 삶은 민란民亂을 중심으로 기록되었을 뿐, 출생 신분이나 가계 그리고 성장에 관한 기록은 보이지 않는다. 다만 김시양金時讓의 『자해필담紫海筆談』에 "이몽학이 서울의 서얼 출신으로 방자하고 건방져서 아비에게 쫓겨나 호남, 호서 지역을 돌아다니다가 반란을 주도한 한현韓絇의 선봉장이 되었다."라고 하여 그의 출생 신분과 함께 민란의 선봉장이 된 사연이 기술되어 있다. 이몽학의 민란에 대한 기록은 『난중잡록亂中雜録』, 『갑신만록甲辰漫録』 등에 나오는데 "관리들의 수탈로 곤궁해진 백성들은 난이 일어났다는 소문을 듣고 따르는 자가 수일이 못 되어 만여 명이 되었다."라고 하거나, "반군이 지나면 밭을 매던 자는 호미를 들고, 행상하는 자는 작대기를 들고 즐겨 따랐으며, 선비와 서민들은 산중으로 도망하여 숨었으니, 인심이 무너져 대항하는 자가 없었다."라고 했다. 이런 기록은 당시 민란의 기세가 꽤 대단하였음을 짐작하게 해준다.

이몽학의 죽음에 관해서는 『선조실록宣祖實錄』에 "그의 머리를 한양에서 효수했다."라고 하고, 야사에서는 "몽학을 따르던 부하 특히 김경창金慶昌, 임억령林億命, 태근太斤 등 세 사람이 이몽학의 장막으로 들어가 자고 있던 그의 머리를 베어 관군에 바쳤다."라고 하였다. 또 이몽학을 처벌할 때 "반란에 연루되었던 이산해李山海나 이덕형李德馨 등은 선조宣祖가 처벌하지 않고, 민란 주동자의 친인척에게도 연좌법을 적용하지 않았는데, 이몽학의 집만은 부숴서 못을 만들고 거주지였던 홍산현鴻山縣을 혁파하였다."라고 하였다.

이몽학에 관한 이야기는 탄생기의 <태몽>, 수학기의 <홍수 건너기>, 수련기의 <치마대>, 활동기의 <오뉘 힘내기> 등이 있다. <태몽>에 관한 이몽학의 이야기는 다른 이야기 속에 2건의 삽화로 전한다.

"부친의 꿈에 몽학이 태어날 때 하늘에서 북을 치고 내려왔는데, 누나는 태어날 때 북을 치고 올라갔다가 다시 내려왔으므로 누나의 재주가 더 좋았다."

"어머니가 꿈에 학을 보았기 때문에 이름을 꿈 몽夢자 학 학鶴자라고 하고, 비홍산飛鴻山 정기를 타고 태어났다."

이몽학의 탄생, 가계, 신분에 관한 구체적인 기록이 없어서 자세한 내용은 알 수 없지만, <태몽>과 관련해서는 구술자가 아버지 꿈에 이몽학이 태어날 때 하늘에서 북을 치고 내려왔는데, 누나는 태어날 때 북을 치고 올라갔다가 다시 내려왔다. 그래서 누나의 재주가 더 좋다고 하고, 어머니 꿈에는 학이 보여서 이름을 꿈 몽夢자, 학 학鶴자로 했고, 비홍산의 정기를 받아 태어났다고 했다. 구술자는 이몽학의 태몽을 구술하면서 누나 재주가 더 좋다고 했지만, 그 역시 비범한 인물임을 드러내고 있어 민란을 주동할 만한 인물임을 짐작하게 한다. 특히 그가 지배계급의 횡포에 반기를 들고 민중을 동원하여 민란을 일으켜서 세계 개조의 꿈을 펼친 민중의 영웅으로 살았다고 생각한 구술자는 어머니의 꿈에 그가 비홍산 정기를 받아 태어났다고 하여 이를 통해 그의 탄생을 긍정적으로 구술했다. 수학기의 <홍수 건너기>는 여러 편이 구전되지만, 일반적인 내용은 다음과 같다.

"이몽학이 홍산鴻山에서 살면서 남면南面으로 멀리 글 배우러 다녔다. 비가 많이 오면 다니는 길이 침수가 되어 이십 리를 돌아서 가야 하므로 일찍 가야 하는데, 침수 때문에 머뭇거리다가 날이 저물어서야 서당에 도착했다. 선생이 몰래 숨어서 보니 밀짚 한 주먹을 바짝 주먹에다 쥐고서 물 위로 건너다녔다. 선생은 몽학이 보통 사람이 아니므로 나중에 역적으로 몰리면 자신도 죽을 듯싶어 숨어 버렸다. 몽학은 어제 물 건넌 것이 선생에게 발각되었다고 생각하고 거사擧事를 서둘러 하기로 결심하였다. 거사하여 홍성에 이르렀을 때 홍성 현감의 기만술에 놀란 부하들은 그날 밤으로 홍성을 점령하자고 했으나, 몽학은 부하에게 걱정하지 말고 쉬라고 하였다. 불안해진 부하들은 자고 있던 몽학을 살해하고 자수하였다. 원래 제왕이 될 자질이 없는 몽학은 거사에 성공하지 못하고 죽었다."
[부여군 장암면, 조병구 남 59]

어린 몽학의 범상치 않은 능력을 목격한 서당 선생은 자신이 역적으로 몰릴 것을 두려워하여 숨어 버렸다거나 이몽학을 다른 선생에게 보냈다고 한 것은 그가 선천적으로 재주가 있었지만, 민중 속에서 태어난 영웅은 역적이 될 것이라는 민중들의 선험적先驗的 인식 때문이다. 또 구술자는 선생이 보낸 곳에 가서도 이몽학이 '무사놀이'만 했다고 하여 지식을 습득해야 할 수학기에 제대로 학습을 못 해서 정상적인 지적 성장을 기대할 수 없었고, 본래 제왕이 될 자질이 없는 사람이라서 성공하지 못하고 죽었다고 하여 민란의 실패가 이몽학이 제대로 학습하지 못했다거나 제왕의 자질이 부족해서라고 했다.

이몽학의 <홍수 건너기>에서 서당 선생이 의식적으로 그를 피한 것은 <아기 장수>처럼 내부 목격자의 선험적 인식 때문이라고 할 수 있다. 아기 장수의 부모는 아이가 방 안을 날아다니고 겨드랑이에 비늘이 돋친 것을 보고 역적이 될 것을 두려워하여 돌로 눌러 죽인 행위가 홍수를 건너는 이몽학의 비범성을 보고서 선생이 역적으로 몰릴 것을 두려워하여 가르치는 것을 포기하고 숨었다거나 다른 선생에게 보낸 것과 같아지다. 서당 선생의 이런 행위에 대해 구술자가 도덕적으로 어떤 비판도 하지 않은 것은 구술자 역시 민중의 저항과 좌절에 대한 선험적 인식 때문인데, <아기 장수>에서 부모가 아이를 죽인 행위를 두고 구술자가 도덕적으로 비판하지 않은 태도와 다르지 않다. 다만 <아기 장수>에서 부모는 아기를 죽임으로써 아기 장수가 분열된 세계를 화합하는 시도도 못 해 보고 죽었지만, 이몽학의 <홍수 건너기>에서 서당 선생은 그를 회피한 정도의 소극적 태도를 보여서 이몽학이 세계 개조의 꿈을 시도하였지만, 세계의 횡포 앞에서 결국 부하들의 손에 허무하게 죽었다.

<아기 장수>에서는 익명의 아이가 비범한 능력을 지니고 태어났으나, 세계가 그를 용납할 수 없는 현실적 상황 때문에 아이로 죽게 되지만, 이몽학 같은 민란 주모자의 이야기에서는 선험적 인식과 함께 저항을 통해 민중의 현실 개조의 원망願望이 어느 정도 반영되어 있다. 따라서 이몽학의 삶은 <아기 장수>처럼 비극적으로 죽게 된 민중의 영웅상이면서도 비록 실패하여 좌절되었지만, 민중의 고통을 극복하려는 구원救援의 영웅상이어서 구원자로서의 영웅에 대한 소망이 역설적으로 구술되었다고 할 수 있다. 그런데 수련기의 <치마대> 내용을 보면 그에 대해 상당히 부정적이다.

"그는 궁술을 수련하면서 타고 다니는 말과 자기가 쏜 화살 중에 어느 것이 더 빠른가를 시험했다. 자기가 탄 말이 먼저 도착하여 아래에 서 있었는데도 어리석어서 말이 올라가지 않고 서 있었다고

하여 말의 목을 쳤다." [부여 충화면, 손유신 남 76]

이몽학은 궁술을 수련하면서 타고 다니던 말과 자기가 쏜 화살 중에 어느 것이 더 빠른가를 시합했다. 자기 말이 먼저 도착하여 아래에 서 있었는데도 올라가지 않고 서 있었다고 하여 말의 목을 쳤다. 이 이야기에는 증거물에 대한 언급이 없이 그가 어리석어서 그런 짓을 한 것으로 구술하고 그를 부정적 시각으로 바라보았는데 일반적인 <치마대>는 탁월한 능력을 지닌 장수가 싸움터에 나갔다가 싸워 보지 못하고 돌아오다, 타고 다니던 말과 자신이 쏜 화살과 빠르기 시합했는데 말이 늦은 줄 알고 죽였다. 그런데 화살이 뒤늦게 도달하여 말을 죽인 것이 자신의 실수임을 알고, 후회하거나 자신도 죽었다는 이야기로 그 증거물로 말 무덤이나 장군 무덤 아니면 장군의 발자국으로 남아 있다.

그래서 일반적인 <치마대>에서도 장수의 비극이 예기치 못한 실수 때문이지만, 비범한 능력을 지닌 장수가 세계에 용납되지 못했다는 역사성도 함께 보여준다. 세계에 용납되지 못한 장수가 자신이 타고 다니던 말의 능력을 시험하는 실수로 말과 자신을 죽음으로 몰아감으로써 영웅이 용납되지 못하는 세상을 고발하여 이런 장수의 죽음을 슬퍼하면서도 새로운 장수가 출현하여 세계에 용납되기를 바라는 민중의 역설적 소망이 증거물로 남아 있다. 이를테면 장수가 타고 다닌 말은 아기 장수가 죽은 뒤에 나타난 용마와도 연결되고, 역사적 인물[백제 멸망 전의 인물인 흑치상지, 후백제 시조 견훤, 고려 말의 장수 최영, 조선 건국 시조 이성계, 세조 13년 이시애李施愛 난을 토벌한 오자치 등]이 등장하는 <치마대>에도 타고 다닌 말이 용마임을 식별할 줄도 모르고, 실수나 저지르는 성격적 결함으로 주인공이 불행하게 되었다는 이야기가 있지만, 증거물을 제시하여 세계에 용납되지 못한 역사성도 보여준다. 그런데 이몽학의 <치마대> 구술자는 증거물을 제시하지 않고 단순히 어리석어서 그런 짓을 했다는 점만 강조한 것은 그가 민란을 일으킨 주인공이란 인식 때문이다.

이몽학의 활동기 <오뉘 힘내기>는 여러 편이 전하는데 모두 민란을 도모하던 활동기를 배경으로 하고 있다.

"이몽학이 머리가 좋아 훌륭한 인물이라고 여긴 누나는 그를 이대로 두어서는 위험한 인물이 될 것으로 여겨 그와 목숨을 걸고 성 쌓기 내기를 하였다. 어머니는 순수해서 이몽학이 위험한 인물이라는 것을 모르는 채 성 쌓는 것을 보니 딸이 이기게 생겨서 아침을 먹고 쌓으라고 딸에게 권했다. 누나는 어머니의 말을 진실로 들었든지 아니면 어머니의 뜻을 알았든지 간에 밥을 먹고 있었는데 그 동안에 동생은 성을 완성했다. 목숨을 걸고서 내기를 하였으니 누나가 할 수 없이 죽었는데 지금도 오뉘 바위, 남매 바위라고 부른다." [부여군 홍산면, 이석재 남 66]

이몽학의 <오뉘 힘내기>는 그가 성년이 되어 민란을 도모하기 전 시기를 배경으로 한다. 일반적인 <오뉘 힘내기>는 전국적으로 분포되어 있고, 이몽학이나 김덕령 같은 역사적 인물 외에도 견훤이나 정여립 같은 인물의 이야기에도 나온다. "옛날 어느 집에 홀어머니가 힘이 장사인 아들과 딸을 데리고 살았다. 남매는 한집에서 살 수가 없어서 목숨을 건 내기를 하였다. 아들은 굽 달린 나무 신을 신고 한양 다녀오고, 딸은 앞치마로 돌을 날라 성을 쌓는 것이었다. 딸이 이기게 생기자, 어머니는 아들을 살릴 욕심 때문에 팥죽을 쑤어 딸에게 먹게 하였다. 딸이 팥죽을 먹는 사이에 아들이 돌아와 딸은 내기에서 졌으므로 죽었다. 지금도 딸이 쌓다가 그만둔 성이 남아 있다."

일반적 <오뉘 힘내기>의 핵심은 장사인 남매가 같은 세상에 공존할 수 없으므로 '힘내기'를 했고, 어머니의 부당한 개입으로 누이가 죽었다. 이에 대해 연구자들은 남매의 내기와 아들의 승리를 '양웅불립兩雄不立'과 '남아선호男兒選好 사상思想' 때문이라고 하거나, 남매의 내기 경쟁을 세력 간의 화합和合이 불가능한 폐쇄된 상황에서 질서秩序 부재不在를 표출한 것이라고도 한다. 또 어머니는 홀어머니인데 여신女神의 상징으로 그 권위를 사람에게 넘겨주어야 하는 상황에서 대권을 계승한 자가 영웅이 되고 시련을 거쳐서 승리해야만 하는데 바로 그 시련이 <오뉘 힘내기>라고 하거나, 누이의 능력이 절대적 우위에 있었지만 자기의 죽음으로 한 남자 장수의 출현을 도왔으므로 지모신地母神의 상징이라고도 한다.

이몽학의 <오뉘 힘내기>에서 구술자는 그가 욕심이 많아서 민란을 일으켜 집과 조상의 묘가 무너지는 화를 당했다고 하면서도 당시 관官에 대해 부정적이거나 비판적인 태도는 보이지 않는다. 다만 한 집에 장사가 둘이면 하나가 죽어야 한다는 양웅불립의 인식은 보이지만, 몽학이 왕이 될 기상이 아니라고 하여 이몽학의 성격을 부정적으로 구술하기도 한다. 이몽학이 민란을 일으키기 전에 그가 스스로 힘을 과시하는 "이몽학이 장사라서 새끼 서른 발[명주 한 필]을 꽁무니에 달고 뛰면 쭉 뻗친다." [부여군 홍산면, 최갑순 남 75] 같은 삽화가 없지 않지만, 김덕령처럼 혈기만 믿고 자기를 과신한 '힘내기' 삽화는 보이지 않는다.

그 대신에 이몽학의 <오뉘 힘내기>에는 누나의 역할이 확대되어 있는데, 남매 중에 누나의 재주가 훌륭하다거나, 앞일[관상]을 잘 보아 재주가 낫다고 하고, 심지어 태몽 삽화를 끌어와 아버지의 꿈에 몽학이 날 때는 하늘에서 북을 치고 내려오고, 누나는 북을 치고 올라갔다 내려왔기 때문에 누나의 재주가 낫다고 하여 누나의 능력이 우위에 있다고 했다. 이런 능력 있는 누나가 보기에는 이몽학이 민란을 일으킬 위험한 인물이어서 동생이 일을 저질러 집안이 멸족될 것을 염려해서 이를 막으려고 '힘내기'를 하자고 제안했다고 하여 견제자로서 역할을 했다. 구술자는 또 '힘내기'에서 누나의 재주가 더 뛰어나 누나가 이기게 되어 있고 이기더라도 동생을 죽이지 않았을 것인데, 어머니가 개입하니 누나는 그 의도를 알면서도 효를 실천하느라고 어머니의 요구에 순종했다는 식으로 진술하여, 누나에 대해 재주 있고 형제애와 효심이 깊은 인물이어서 죽으면서도 동생에게 때를 기다리라고 충고하여 동생을 보호하는 조력자 내지는 모성적 애정을 드러냈다.

'힘내기' 시합에서 어머니 개입은 동생의 역모를 견제하려는 누나의 의도를 아랑곳하지 않고 단순히 아들을 선호하여, 아들을 살리는 것이 옳다고 여겨서 그를 살릴 욕심 때문이었다. '성 쌓기' 시합에서는 팥죽을 쑤어서 딸에게 먹게 했다고 하고, '밥 짓기' 시합에서는 어머니가 배가 아프다면서 딸에게 밥을 못 푸게 하거나, 차려 놓은 상에서 젓가락을 숨겨서 딸이 지도록 했다. 그 어떤 경우에도 구술자는 누나가 어머니의 뜻을 알고 효를 하느라고 힘내기 시합에서 졌다고 하여 누나의 처신을 긍정했고, 어머니의 개입으로 누나가 동생에게 져서 억울하게 죽은 것을 안타깝게 여겼다. 그러나 어머니의 불공정 개입에 대해 구술자는 어떠한 비판도 하지 않고 오히려 아들을 살리는 것이 옳다거나, 사람의 욕심이 딸보다는 아들을 살려야겠다는 어머니의 처신이 옳다고 구술했다. 이런 태도는 오늘날 같으면 어림도 없겠지만, 구술자가 어머니의 태도를 긍정한 것은 남아선호 의식意識에 근거한 결과다.

이몽학에 대해서 구술자는 "자신이 하려는 일에 방해가 되므로"라고 하고, 자신의 야망 실현을 위해서 누나를 죽이려 했다고 하고,

어머니의 부정한 개입과 함께 이몽학이 누나를 죽인 매정함 때문인지 "누나를 죽이고 민란을 일으켰으나 홍주에 가서 죽었다."거나, "이몽학이 하고 다닌 것은 지저분한 일이 많았다."라고 하고, 심지어 거사에 실패하고 부하들의 배신으로 죽은 그의 죽음에 대해서도 누나의 충고를 무시하고 거사를 일으켜서 때를 기다리지 않은 조급한 성격 때문이라 구술하여 그의 태도를 부정적으로 인식했다. 물론 이몽학 이야기를 구술한 사람 중에는 "완력이나 있고, 천기나 볼 줄 알면 한번 나서보는 건디."처럼 [부여군 홍산면, 최갑순 남 75] 조정 관리를 부정하고 이몽학의 민란에 대해 긍정하는 구술자가 없지 않다. 그래서인지 구술자는 그를 부정적으로 인식하면서도 민란 주모자를 드러내 놓고 두둔할 수 없는 사회여서 이몽학의 이야기를 부정적으로 구술했지만, 그에 대한 언급 자체가 민중을 구원할 영웅으로 인식했기 때문이라고 역설적으로 평가하기도 한다.

의병장 김덕령金德齡

김덕령 생애를 『김충장공유사金忠壯公遺事』에서 보면, 선조1(1567)년에 광주光州 석저촌에서 태어났는데 모친의 꿈에 무등산 호랑이 두 마리가 내려와 방으로 들어오는 것을 보고 임신했다. 해산하는 날에는 호랑이가 문밖에서 지키다가 갔다. 2대에 걸쳐 한미했던 집안의 둘째로 태어난 그는 주위의 기대를 모았다. 8세에 종조부從祖

父인 사촌沙村 김윤제金允悌에게 배워서 17세에 향시鄕試에 합격하고, 20세에는 형 덕홍德弘과 매부 김응회金応会와 함께 우계牛溪 성혼成渾한테서 배웠으며, 부친이 일찍 돌아가시자 홀로 된 모친을 지성껏 모셔서 효자로 소문났다. 25세가 되던 선조 25(1592)년에 임란이 일어나자, 형과 함께 의병을 일으켜 전주까지 갔다가 모친을 봉양하라는 형의 권유로 귀향하였다. 형이 금산錦山 전투에서 죽은 뒤 고향에서 어머니만을 지성으로 모셨다. 26세에 어머니가 돌아가시자 상중喪中 죄인罪人이라고 하여 기병起兵 권유를 거절하였다. 그 뒤 담양潭陽 부사府使 이경린李景麟, 장성長城 현감縣監 이귀李貴의 천거와 관찰사觀察使 이정암李廷馣 등의 요구로 백일 초상을 마치고 상복을 입은 채 기병하였다. 기병 후에 권율權慄로부터 초승장超乘将을, 세자 광해군光海君한테서 익후장군翼虎将軍을 받고, 선조 27(1594)년에 선전관宣傳官에 제수되었고, 그의 의병은 조정으로부터 충용군忠勇軍 칭호를 받았다. 김덕령은 호남 도내의 많은 장사를 얻어 조정의 기대가 컸으나, 군량과 병기의 부족과 왜와 화해하려는 조정의 전략 때문에 제대로 싸울 수가 없어 사기가 날로 저하되었다. 그러던 중 거제도에 은거한 적을 소탕하라는 명을 받고 선봉장이 되어 간 그는 수전水戦에 대한 경험 부족으로 패퇴하고 말아 사기가 더욱 저하되었다. 여기에다가 그가 군법을 엄히 한 중에 윤근수尹根寿의 미움을 받아 국문당하기도 하였다. 30세(1597년)에 이몽학의 난이 일어나자 권율의 명으로 난을 평정하러 갔다가 몽하이 피살되었다는 수식을 듣고서 회군하던 중에 자신이 이 난에 연루되었다는 반란군 측의 문건이 발견되어 권율에게 고향으로 돌아가겠다 하였으나 허락을 얻지 못하고 진주晉州로 돌아가 옥에 갇혔다. 다른 연루자들은 얼마 지나지 않아 누명을 벗었으나, 그는 신원伸冤되지 못한 자들을 풀어주던 때 비로소 풀려났다.

김덕령에 관해 채록된 이야기에는 탄생과 관련된 <명당>, 성장기의 <오뉘 힘내기>, 수련기 <치마대> 그리고 죽을 때 보여준 <아기 장수> 등 네 가지 삽화가 있다.

<명당> 삽화는 여러 형태의 이야기가 구전되었는데, 중국의 명사가 잡아 놓은 자리를 부모가 훔쳐 조부의 묘를 썼다거나, 조부 묘를 쓰는데 학이 날아가 버려 문관이 아닌 장수가 날 자리였다고도 하고, 묏자리를 훔쳐 쓰고 쑥떡 물[또는 뻘건 물]이 무등산 중턱에서 흘러내리는 태몽을 꾸었다는 등이다. 김덕령의 탄생 배경은 중국 명사가 잡은 자리를 훔쳐 썼다는 '명당'과 관련해서 구술된 이야기가 가장 많은데 이야기에 따라 그 기능이 달라지지만, 잘 알려진 내용은 다음과 같다.

"중국에서 온 명사가 주막을 하는 김덕령의 부친 집에 와 유숙하면서 명당을 찾기 위해 달걀을 주문하였다. 덕령의 부친은 처음에는 곤 것을 주어 능력을 시험하고, 두 번째에는 성한 것을 주고서

명사들의 뒤를 밟았다. 달걀 때문에 명사들이 찾은 명당자리를 알게 된 김덕령의 부친은 중국 명사들이 돌아간 틈을 이용하여 조부의 묘를 썼다. 얼마 뒤에 중국의 명사들이 와서 보고 남의 묫자리에 조부 묘를 썼으니 충신밖에 못 나고 묘의 규격도 틀렸다고 지적해 주었다. 이런 말을 들은 덕령의 부친은 필요 없다고 하였다." [전남 장성 황룡면, 김원중 남 66세]

이 외에도 "중국 사람이면 큰 인물이 될 자리에 조상 묘를 쓰고 무등산 정기를 받아 태어났다." 또는 "날개가 있는 신비한 양반으로 태어났다."라고 하여 긍정적으로 진술된 것도 있지만, 대개 "남의 명당을 훔쳐서 잘못 썼기 때문에 첫째는 딸을 나고 둘째에 아들을 낳았다." "남의 명당에다 묘를 썼지만 별것 없을 것이다." "남의 명당을 훔쳐 썼기 때문에 덕령이 끝에 가서 힘을 못 쓰고 출세를 못 하였다." "중국의 예부 상서가 돌아와서 묘좌墓座가 잘못되었다고 하고 일부러 좌향을 틀어지게 놓아 삼정승도 못나고, 천기도 못 보며, 효행은 좋지만 성공하지 못한 김덕령을 낳았다."라고 하여 묘를 훔쳐 쓴 것을 부정적으로 인식하고 이를 김덕령 미래의 운명과 연결했다

이처럼 김덕령의 명당 관련 탄생 삽화는 부모가 주막살이[여막살이, 남의집살이, 신털이장수]를 하는 미천한 집안이면서도 남이 찾아 놓은 명당을 훔쳐 자기 조상 묘를 썼다고 했다. 이것으로만 보

면 그의 부모 신분은 비록 미천했지만, 후손 중에서 영웅 같은 인물 출현이 두렵다기보다 오히려 이를 남보다 더 적극적으로 바랐다. 김덕령의 탄생과 관련된 조상 묫자리 삽화는 대개 남의 명당을 훔쳐 썼다는 것을 비롯하여 묘의 좌향을 잘못 잡았다거나, 그 묫자리가 중국인이 들어가야 할 자리라고 하는 데도 고집을 부렸다고도 하고, 묘 속의 석회암을 들어내고 썼다고도 하며, 묘를 파다가 학이 날아갔다고 하여, 김덕령 부모의 부도덕과 지나친 욕심 그리고 금기나 당위의 파기를 들어서 김덕령 말년의 잘못된 것이 여기서 비롯된 것이라 구술했다. 그러나 훔치기는 했어도 명당에 초점이 맞추어져서 신비한 양반[장수]으로 김덕령이 태어났다고 구술한 것도 없지 않고, 구술자의 구술 능력과 주인공에 대한 태도 여하에 따라서 탄생 관련 명당 삽화는 그것으로 끝나기도 하고, 또 성장기 오뉘 힘내기 삽화와 연계되어서 누나가 먼저 태어나 재주가 더 많게 된 사연이나, 김덕령 말년에 불행하게 된 사연과 함께 구술되어 구술자마다 김덕령에 대한 인식이 다르다.

수련기 <치마대>도 내용은 짧지만 여러 편이 채록되어 있다.

"누나와 힘내기한 뒤에 누나를 죽이고, 무등산에서 용마를 잡아 빠르기를 시합했는데 용마가 늦은 줄 알고 죽였다." [화순군 이서면, 하응찬 남 63]

"김덕령은 용력勇力이 있고 빠르다." [화순군 화순읍, 조기현 남 50, 북면, 장하조 남 80]

"누나와 힘내기하고 누나를 죽인 뒤에 용마를 얻어 시합했는데, 죽은 누나가 독수리로 변신하여 활을 잡고 있었는데, 김덕령은 화살이 지나간 것으로 알고 용마를 죽였다." [화순군 이서면, 김동학 남 70]

김덕령의 <치마대>는 독립적으로 구술된 이야기라기보다 대개 <오뉘 힘내기>의 삽화로 구술되어 그가 재주 많은 누나와 용마를 죽여서 그의 말년이 잘못되었다고 했다. 이런 구술자 중에는 김덕령이 용마와 빠르기 시합을 한 것에 대해 이해를 못 하겠다는 듯이 "일이 안 되려고 그랬던가 몰라도"라는 의문을 제기하는 구술자도 있다. 화순군 김동학이 제보한 이야기는 "불행하게 죽은 누나의 원혼이 독수리로 변신해서 활을 잡은 누나의 행위가 결과적으로는 말을 죽이게 했다."라고 하여 이를 누나가 동생에게 복수한 것으로 이해한 것도 있지만, 이야기 문맥으로 보아서 누나는 용마를 살려 동생을 도우려는 의도에서 그렇게 한 것이어서 구술자는 화살이 이미 지나간 것으로 안 동생이 용마를 죽이는 실수를 범하고 말았다고 했다. 이뿐만 아니라 구술자는 "김덕령이 충신이지만, 출세를 못 하고, 영웅 노릇을 해도 때를 못 만나면 그렇게 된다."라고 구술하여 김덕령이 용마를 죽인 것은 시운時運이 맞지 않아서이고, 결국 출세하지 못하고 불행히 죽게 된 것이라고 했다. 결론적으로 <치마대>의 일반형이, 용납되지 못한 세계에 대해 비판적 역사성을 드러낸 데 반해서, 김덕령의 <치마대>는 이몽학의 이야기와도 다르게 구술자가 시운時運 탓으로 돌려 김덕령을 부정적으로 보지 않으려는 성향을 보였다.

수련기 김덕령의 <오뉘 힘내기>는 여러 편이 채록될 정도로 다른 역사적 인물에 비하면 상대적으로 이야기 수가 많은 편이다. 이야기 내용은 누나가 변장하고 씨름판에 가서 김덕령의 기고만장을 꺾은 씨름 이야기 뒤에 연결된 것이 일반적이다. 김덕령의 누나는 씨름 시합에서도 그렇고, 정작 '힘내기'에서도 마찬가지로 김덕령의 자만심을 경계하기 위한 행위로 조력자로서 역할을 하고 있다.

"김덕령이 씨름판에서 항상 이겨 자랑하고 다니니까 누나가 남장하고 씨름판에 나가 이겼다. 씨름에서 진 동생이 죽어 버리겠다고 하자, 누나가 '나 위에 아무도 없다.'라고 하고 다니면 안 된다고 충고하였다. 그러자 동생이 목숨 건 내기를 청하였는데, 누나는 '도포를 짓고' 자신은 '무등산 세 바퀴 돌기'였다. 누나는 도포를 지으면서 동생이 지면 그 성질에 자살할 것을 염려하여 옷고름을 달지 않은 채 기다리고 있었다. 동생이 돌아와 이겼다고 하고 누나를 죽였다." [화순군 이서면, 하응찬 남 63]

김덕령의 <오뉘 힘내기> 이야기를 단락별로 정리하면, 1) 씨름판에서 누나가 남장하고 나가 동생을 이겼다. 2) 동생은 씨름판에서 진 것을 분하게 여기고 죽으려 하다가 누나와 '힘내기'를 시합했다. 3) 누나는 동생이 지면 죽을 것이라 예상하고 고의로 졌다. 4) 동생은 무등산을 돌고 와서 누나가 졌다고 하여 누나를 죽였다.

첫 단락 '씨름 시합'에서 누나의 행위에 대해 양웅불립이란 말대로 두 장수가 '힘내기'를 했다는 구술자의 이야기도 있어서 일률적으로 말할 수는 없지만, 대개 김덕령의 자만심을 억제하여 그를 시기하는 사람들을 없게 하려는 누나의 보호 본능이 드러난다. 그리고 이 단락은 남매가 목숨을 건 '힘내기'를 하게 된 원인을 제시하는 기능도 한다.

둘째 단락에서 동생은 '씨름 시합'에서 진 뒤에 '힘내기'를 시합한다. 이야기에 따라서는 누나가 제안하거나 동생이 제안한 경우가 있는데, 누나가 제안한 경우는 동생의 기운을 억제하려는 누나의 보호 본능이 반영된 것이다. 동생이 제안한 경우는 씨름에서 진 것을 분풀이하기 위해 제안한 것이라 양웅불립의 의미가 반영되어 있지만, 그를 보호하기 위해서 누나가 요구하는 경우가 대부분이다. '힘내기'의 종류는 대개 누나는 '베를 짜서 옷 짓기[밥 짓기, 탑 쌓기 등]'를 하고, 동생은 식전에 '무등산을 세 번 돌기[나무배기, 억새로 무등산 잇기 등]'를 한다.

셋째 단락에서는 어머니가 등장한 이야기가 한 편이 있고, 아주 특이하게 아버지가 등장하는 것도 한 편이 있다. 부모가 등장한 경우는 시간을 끌기 위해 딸과 실랑이하거나 딸을 심부름 보내는 것으로 되어 있는데, 일반 <오뉘 힘내기>에 등장하는 어머니처럼 '시간 끌기' 기능을 한다. 여기서도 구술자는 "아들이 더 중요하니까"라고 하여 남아선호 의식을 드러낸다. 그러나 대부분의 이야기는 부모 등장이 없이 누나만 등장하는데, 이때 누나는 동생을 보호하기 위해서 동생의 자만심을 억제하려고 '힘내기'를 제안하고, 마지막에는 스스로 죽음을 선택하여 동생의 충실한 조력자가 된다. 구술자가 "누나는 재주가 많은데 동생을 생각하느라고."라든가, "여자가 형제애가 많아서."라는 등 우애심을 강조하지만, 누나를 죽인 동생에 대해서도 부정적 시각으로 보지 않고, 누나가 어쩔 수 없이 죽은 것이라 했다. 누나가 동생의 힘 자랑을 억누른 것은 이몽학처럼 역모로 집안이 망할 것이 염려해서가 아니라, 동생의 재주가 일찍 세상에 드러나서 출세하는 데 지장이 있을까 염려해서라고 하여 조금 다르다. 그렇지만 동생의 보호자로서 모성적 역할은 비슷하다.

넷째 단락에서 동생은 시합의 승패 결과에 따라서 누나를 죽인다. 누나는 동생을 보호하기 위해 제안한 내기고 결과에 따라서 동생이 누나를 죽이지만, 이 때문에 구술자는 김덕령을 부정적으로 인식하지 않는다. 이는 김덕령이 체제 부정적인 인물이 아니라, 민족적 영웅으로 모함에 걸려 역모의 누명을 쓰고 죽었다가 뒤에 충신으로 신원이 되었으므로 그를 비판적으로 봐야 할 이유가 없어서다. 그래서인지 김덕령이 누나를 죽였다는 것을 도저히 용납하지 못하겠다는 구술자는 이 부분을 구술하는 동안에 상당히 당혹감을 감추지 못하는 태도를 보인다. 누나는 김덕령을 위해 보호자 또는 조력자 역할을 했는데, 충신인 김덕령이 그런 일을 결코 할 인물이 아니라고 여기고, "김덕령이 영웅인데 누나를 죽일 이치가 있겠는가?"라는 식으로 자신이 구술했던 내용을 부정하기도 하며, "누나를 죽인 뒤 뉘우치고 의병을 나갔다."라는 식으로 구술한다. 이런 구술자는 누나를 죽인 일로 김덕령의 인격이 부정적으로 인식되는 것을 바라지 않는다.

<아기 장수>는 특이하게도 김덕령의 죽음 장면에서 보인다. 구술자가 그의 억울한 죽음을 안타깝게 여기고 <아기 장수>와 연계한 것으로 생각된다. 죽음 부분의 내용이 일반적인 <아기 장수> 형태와 유사지만, 사용되는 도구나 방법은 매우 다양하다. 예를 들어 불, 칼, 매 등 여러 도구가 등장하고, 그를 죽이려고 해도 죽지 않는데 '만고萬古 충신忠臣 김덕령金德齡'이라는 현판 글씨를 요구한 뒤에 죽이는 방법을 알려주어, "어깨 밑에서 비늘 세 개를 떼어 내고, 삼녀 묵은 절구대로 세 번 때려라." "볼기짝에 콩잎만 한 잎 셋을 떼어 내고 그 셋을 가지고 세 번 때려라.", "다리 밑에 비늘 세 개 있는데 그 밑을 개릿대[?]로 세게 때려라.", "겨드랑이 밑에 비늘을 떼어 내고 호루래기[?]로 때려라.", "장단지 비늘을 떼어 내고 회초리로 세 번 때려라.", "복숭아뼈 옆 비늘을 복숭아나무 가지로 쳐라.", "정

강이 있는 곳의 비늘 밑을 삼대[마 줄기]로 세 번 때려라.", "오금지 편에 손바닥만 한 비늘 여덟 개를 잡아떼고 썩은 절음팽이[절음대]로 열십자 긋고 세 번 때려라.", "발바닥 장심의 비늘을 벗기고 복숭아 가지로 세 번 때려라." 등 이야기마다 비늘이 숨겨진 신체의 위치와 때리라는 도구가 다양하다. 이는 구술자마다 김덕령의 죽음을 억울하게 여기서다.

김덕령의 기록에는 임진왜란 중에 어머니를 모시고 살다가 어머니가 돌아가시자 세상에 뜻이 없어서 참전하지 않았다고 했는데, 구전된 이야기에서는 미천한 김덕령의 부모가 남이 찾아 놓은 명당에 조부의 묘를 쓰고 태어나서인지, 출중한 능력을 지녔으면서도 아버지의 상중喪中이어서 또는 어머니가 참전參戰을 반대해서라고 하여 국난을 외면했다. 구전된 이야기 중에는 상중에 한 번 왜적과 대적해서 요술로 적을 좇은 적이 있었으므로 충과 효의 문제로 갈등하다가 결국 나라에서 그를 필요로 하므로 의병에 나섰다. 그렇지만 제대로 능력도 발휘하지 못하고 오히려 이몽학의 역모에 가담했다는 모함만 받아 옥에 갇히게 되었다. 그의 일생은 국난을 당한 국가의 장래를 위해 벌인 투쟁이 전부였지만, 시기와 모함에 걸려서 뜻을 펴지도 못한 채 좌절한 그의 죽음 장면이 일반적인 <아기장수>와는 다르다. '아기 장수'의 죽음이 주인공 부모의 선험적 태도에 의한 비극적 사회상이 반영된 아이러니라면, 김덕령의 죽음은 출중한 인물이 시기와 모함에 의한 역사적 사실의 비극적 사회상이 반영된 아이러니다.

김덕령의 죽음이 <아기 장수>에 나오는 '죽음' 화소와 유사한 것은 주인공의 숭고한 삶이 세계의 횡포로 좌절되는 상황을 구술자들이 쉽게 용납하지 못해서다. '아기 장수'의 죽음은 대립한 세계가 부모 또는 나라이지만, 김덕령의 죽음은 대립한 세계가 공功을 다투던 당시 동료 장수를 비롯한 비열한 지배계층과 무능력한 왕이다. 김덕령이 충忠을 위해 불효를 감수한 처지에서 역모의 가담이라는 모함에 의한 그의 죽음은 비범한 능력을 지닌 그에게 용납될 수 없으니 아무나 쉽게 죽일 수 있는 인물이 아니라고 생각한 구술자는 김덕령의 죽음을 쉽게 용납할 수 없었으므로 비늘로 덮인 급소를 모르고서는 그를 결코 죽일 수 없다고 했다. 이는 그의 영웅으로서 삶을 긍정하는 구술자의 심리에도 부합된다.

김덕령은 충忠을 위해 불효를 저지른 처지에서 역모라는 불충의 누명을 썼으니, 이를 벗기 위해 '만고 충신 김덕령'이라는 현판을 달아 달라고 요구하고서 스스로 죽음을 선택했다. 그렇지만 이런 그의 죽음은 단순한 죽음이 아니라 자신이 추구했던 충신으로서 삶 자체이며, 재생再生을 위한 입사식과 같은 상징성을 지닌다. 반면에 김덕령을 공격한 대상들의 처지에서 그에게 '만고 충신'이라고 명명해 주면 자신들의 행위를 스스로 부정하는 결과가 되므로 그를 죽인 뒤에 그의 요구를 들어주지 않았다. 이는 충신으로서의 그의 부활을 용납하지 않겠다는 의도다. '아기장수'는 부모가 돌이나 곡식으로 눌러 죽여 아예 부활 모티브가 없는 것도 있지만, 일차 위기에서 바위 속에 잠적했다가 부활 직전에 어머니의 비밀 누설로 인해 '억새'로 바위를 갈라 아이를 죽임으로써 부활의 열망마저 좌절된다. 그렇지만 김덕령은 사후에 명명된 '만고 충신 김덕령'이라는 현판의 글씨를 지우려고 하면 할수록 글씨가 더욱 뚜렷하게 나타났다거나, 죽은 김덕령이 다시 살아났다고 하여 그가 후세에 길이 충신으로 칭송된다. 이것이 바로 부활이고 영원한 삶이며 김덕령 이야기의 구술자 추구하는 이야기 논리다.

김덕령의 억울한 죽음은 탄생 삽화에서 보여준 잘못 쓴 명당에서 이미 운명지어진 것이라는 식으로 구술하면서도, 구술자들은 '아기 장수' 죽음이라는 화소를 빌려와 김덕령의 비극적 죽음을 부정한다. 이몽학과 김덕령 두 장수의 죽음에 대한 구술자의 태도가 다른 점은 그들의 삶의 태도에 대한 구술자의 세계관 차이에서 비롯된 것이다. 이를테면 영남에서 의병 활동을 한 신돌석도 이몽학처럼 부하에게 죽임을 당했지만, 구술자는 이런 죽음 때문에 그를 부정하지 않는다. 이것을 보면, 김덕령이 국난에 싸운 민족적 영웅이란 인식 때문인지 주인공의 삶을 이해하는 태도가 미천한 신분으로 태어나 자신의 지향 의지를 실천하다가 끝내는 좌절한 민중적 영웅인 이몽학과는 다르다.

관군의 장수 임경업林慶業

임경업의 사실史実 기록은 선조宣祖 27(1594)년 형조 판서 공혜공恭惠公 임정林整의 8대손으로 그의 부친은 황篁이다. 8형제 중에 넷째 아들로 태어난 임경업은 한미한 가세家勢로 유년기幼年期에 고생하였다. 「임충민공실기林忠愍公實記」에 의하면 6세 때 벌써 동네 아이들과 전쟁놀이하고, 17세에는 활쏘기와 말타기 연습을 하여 무예가 출중하였다. 25세에 동생 사업嗣業과 함께 과거에 급제하였고, 29세에는 첨지중추부사僉知中樞府使가 되으며, 31세에는 이괄李适의 난 평정에 공을 세워 가선대부嘉善大夫가 되었다. 33세에 낙안樂安 군수郡守가 되고, 43세에 의주義州 부윤府尹에 재임되어 백마산성을 수비하였다. 그는 호군胡軍의 침입을 알면서도 중과부적으로 적과 접전하지 않고 공격을 지연하다가 귀환하는 적들을 압록강에서 살해하였다. 45세에 청나라가 명나라 도독부都督府가 있던 가도椵島를 공격하려고 조선에 병력을 요청하자, 임경업이 우두머리가 되어 출전하였으나 삼전도三田渡의 치욕과 청나라에 대한 적개심으로 명나라와 내통하여 명나라 군사의 전멸을 면하게 해주었다. 47세에 청나라가 금주위錦州衛를 공격할 때 재출전하였는데 신헐申歇을 명나라에 밀파하여 거짓으로 싸우고 청나라 배를 파손하여 피해를 주었다. 49세에 신헐 밀파의 일이 반로가 나서 청으로 압송되는 도중에 탈출하여 회암사에 은신하였다가 명나라로 망명, 황종皇宗 예裔의 박하로 들어가 청나라를 공격하였으나 뜻을 이루지 못했다. 52세에 청나라에 붙잡혀 북경으로 압송되었다. 그는 호장胡將의 회유에도 굴하지 아니하고 18개월 동안 버티던 중에 청나라가 중국의 대륙을 통일하고 대사면을 하면서 풀려나 귀국 도중에 심기원沈器遠의 역모사건에 연루되었다는 김자점金自点의 모함에 걸려 53세(1646년)로 죽었다. 사후 52년 만인 숙종 23(1697)년에 신원伸冤되었다.

임경업이 이물과 인연, 부모 적덕 등으로 <명당>을 점지받거나 <태몽>과 관련된 탄생 삽화는 다양하게 구술되었다. 그러나 <아기 장수>는 <오뉘 힘내기>의 누나가 등장하고 동생이 죽은 뒤에 '용마'가 등장하여 두 삽화가 뒤섞여 있고, <아기 장수>와 <치마대>의 주인공이 임 장군이지만 임경업 본인이 아니다. 또 다른 <아기 장수>는 성장기 '병정놀이' 삽화에서 대립한 인물의 가해자로 나온다.

임경업 탄생은 1) 부모가 조상 묘를 지키다가 묘 옆에서 동품을 하고 경업을 낳았다. 2) 아버지가 변신한 암구렁이 또는 용녀 같은 이물異物과의 인연으로 명당을 소개받아 묘를 쓰고 임경업을 낳았다. 3) 적덕하고 명당을 얻거나 우연히 찾아온 이인이 명당을 점지해 주어 묘를 쓰고 임경업을 낳았다. 4) 임경업 모친이 꿈을 꾸는데 시렁에 앉은 학이 품에 안기고서 태어났다고 하는 등 네 가지 형태가 있다.

1) "경업의 조부 묘를 누군가 자꾸 파헤치므로 이를 부부가 지키다가 묘 옆에서 동품하고 낳았다." [충주시 문화동, 구술자? 70세 남]

2) "조부가 이물(처녀, 용녀로 변신하고 승천을 준비하는 암구렁이)과 인연을 맺은 뒤에 재물의 은혜를 입고, 이물을 위해 덕德을 베푼 뒤에 이물이 지적해 준 데 묘를 쓰라는 말대로 했는데, 땅속에서 닭 우는 소리가 들려 파 보니 달걀이 깨져 있어서 명장이 나더라도 성공하지 못한다." [전규대 채록 자료 83]

"가난한 임 도령이 노쇠한 어머니 약을 구하러 갔다가 남한산성 부근에서 처녀로 변신한 이물(용녀)을 만나 인연을 맺고, 아무 해 대검산에서 만나자고 하여 약속한 날에 그 장소에 가 보니, 세 살 먹은 아이를 업은 하인이 아이를 주면서 용녀가 오지 못한 사연을 말하고 떠났다." [충주 미덕중학교 유희찬 교사]

"산중에서 2천 년 묵은 암구렁이가 변신해서 임경업의 부친을 만나 내가 당신의 아들을 낳겠다고 했다." [제주도 제주시 노형동 양형회 남 56]

3) "임경업의 조부가 옥사장獄司長으로 있을 때 일천 명의 도적이

있었는데 그중 백 명에게 주먹밥을 제공하고 옥에 구멍을 파서 탈옥시켜주었다. 탈옥한 도적들이 뒤에 조부를 모셔가 묫자리를 정해 주면서 남몰래 올라가지 말라고 하였다. 그러나 새벽이 되어 궁금해서 몰래 올라가 보니 학 날개가 부러져 있었다. 도적의 대장이 학의 날개가 부러져 종손을 얻기 어렵다고 하고 다른 곳을 정해 주겠다고 해도, 조부는 내 복이 그뿐이니 그대로 거기에 쓰겠다고 하고 뒤에 경업을 낳았다." [강원도 속초시 양양군 서면 김효신 남 72세]

"임경업의 부친이 원주 감영 옥사장獄舍長일 때 당시 살인 혐의를 받고 있던 원치록이란 여인을 살려 보냈다. 몇 년 후에 중이 되어 다시 찾아온 여인은 장군이 날 자리를 구해주면서 관에 거적을 씌우고 속을 들여다보지 말라고 했다. 그러나 한밤중에 칼싸움하는 소리에 속을 들여다보니 무사가 대적 중이었는데 곁눈질하던 무사가 죽었다. 그 뒤 조부의 묘를 썼으나 시신이 자꾸 파헤쳐져 부친이 지키고 있었다. 그런데 무사 셋이 나타나 이장하려고 하여 부친이 무사에게 용서를 비니 김자점 조상의 묘 옆으로 정해 주었다. 부인은 이후로 태기가 있어 임경업을 낳았다." [원주군 문화공보원, 이기만]

"어떤 중이 임 장군 부친을 찾아와 달걀 하나를 동냥하라고 해서 주니, 중은 묏자리를 찾아 준다며 달걀을 가지고 산을 헤매다가 현재 임 장군 조부가 묻힌 곳에 이르러 달걀을 묻은 후 '금계포란金鷄抱卵' 염불을 외고 사라졌다. 달걀을 묻은 곳에 병아리가 나와 그곳에 조부의 묘를 쓰고 임 장군이 태어났다." [충주시 임정환]

"임 장군 조부인지 증조부인지 몰라도 나무하러 갔는데, 삿갓 쓴 대사가 와서 묫자리 하나를 가리키며 아들 4형제를 둘 자리인데 그중에 장군 하나를 둘 것이라고 하였다. 우리가 가난하지만 장군 자식 하나 둬 보자고 하고 거기에 묘를 쓰고 경업을 얻었다." [강원도 원성군 부른면 손곡리, 임순생 어머니]

4) "임경업 어머니[조모]가 꿈에 학 한 마리가 시렁에 앉아 있다가 품에 안기었다. 아버지[조부]가 날개 양쪽을 두면 안 된다고 날개 한쪽을 자르고 쑥으로 뜸질했으므로 임경업은 후손이 없다." [강원도 원성군 부른면 손곡리, 임순생 어머니]

네 형태로 구전된 이야기 중 1)에서 임경업의 부모가 조상의 묘를 지키다가 거기서 동품하고 임경업을 낳았다고 한 것은 임경업의 출생을 비하하여 임경업이 비극적인 죽음을 맞은 이유가 부모의 부노덕한 행위 때문임을 구술자가 의식하고 한 이야기다. 2)에서 부친이 이물과의 비정상적인 인연을 맺고 가르쳐준 묫자리에 조상 묘를 쓰고 임경업을 낳았다는 것은 신화적 영웅담에서 볼 수 있는 탄생 삽화로 구술자가 임경업을 신화적 영웅으로 인식해서다. 그리고 3)에서 적덕의 결과로 명당을 점지받아 묘를 쓰고 임경업을 낳았다는 것은 구술자가 풍수지리에 의지해서 영웅소설에 등장하는 귀족적 영웅으로 인식해서고, 마지막으로 4) 모친이 학을 품은 태몽을 꾼 뒤에 임경업을 낳았다는 것은 민중적 영웅담에서 볼 수 있는 탄생 화소로 구술자가 임경업을 민중의 영웅으로 인식해서다.

그런데 적덕으로 명당을 점지받았거나, 평소에 잘 대해 주었던 중 또는 우연히 지나가는 이인이 명당을 점지해 주었다고 하여, 임경업의 부모가 풍수지리에 기초한 장수의 출현을 바랐다는 것은 당시에 그의 집안이 비록 미천한 신분으로 가난한 옥사장이었지만, 언젠가는 장군 자식 하나 두겠다는 신념으로 후손한테서 영웅이 출현하기를 간절히 바라는 부모의 태도로 민중의 집안에서 장수가 출현하는 것을 두려워하여 '아기 장수'를 죽인 부모의 태도와는 세상을 바라보는 점이 대조적이다.

그의 탄생 삽화에서 귀족적 영웅의 일면을 볼 수 있는 것은 구비전승되는 임경업의 활동상이 역사적 사실과는 다르게 창작적 영웅의 활약상처럼 지나치게 과장된 것과 무관하지 않다. 이뿐만이 아니라 김자점의 모함으로 그가 억울하게 죽어 자신의 의지를 실현하지 못하고 좌절했다가, 죽은 지 얼마 안 되어 바로 복권된 점도 그의 일생이 성공한 귀족적 영웅들에게서 볼 수 있는 탄생 삽화의 근거가 된다. 다만 임경업에 관한 탄생에서 묘를 쓰는데 속을 들여다보지 말라는 금기를 파기한 일과 그리고 꿈속에서 본 학의 날개 한쪽을 잘라 버린 일 등은 그의 비극적인 죽음과 무관하지 않다. 이 일로 말미암아 임경업이 천기를 못 본다거나, 후손이 없다거나, 남의 모함을 받아 불행하게 죽게 되는 운명을 가진 인물로 구술되어 민족적 영웅이 좌절하게 된 이유가 되기도 한다. 이러한 임경업의 탄생담은 구술사가 그를 귀족적 영웅 또는 민족적 영웅으로 인식하고 있음을 알 수 있다.

좌절한 장수의 공통 삽화인 <오뉘 힘내기>는 채록된 자료가 보이지 않고, 주인공이 임 장군으로 나오는 <아기 장수>와 <오뉘 힘내기>가 섞여 있다.

"임 장군이 태어나 일곱 살 때 밤이면 강 위의 층벽層壁에서 턱걸이를 하는 것을 누나가 봐 버렸는데, 큰일 나겠다고 하여 발뒤꿈치와 어깨를 파고, 나라에서는 이를 알고 없애 버렸다. 이 애가 없어지고 일주일 후에 용마가 나타났으나 주인을 만나지 못해 죽었다." [봉화군 명호면의 정화난 남 65/ 정세원 남 63]

이 이야기는 두 명의 구술자가 함께 봉화군 명호면 백룡담의 지명과 관련해서 구술한 것인데, 주인공 임 장군이 일곱 살 때 밤이면 강 위의 층벽에서 턱걸이하는 것을 목격한 사람은 어머니가 아닌 누나로, 큰일 나겠다고 하여 발뒤꿈치와 어깨를 파고 나라에서는 이를 알고 없애 버렸다. 이 아이가 없어지고 일주일 뒤에 용마가 나타났다고 했으니 <이기장수>와 <오뉘 힘내기>의 내용이 뒤섞여 있고, 주인공 임 장군도 임경업이 아니라 그의 휘하에 있던 장수다.

앞의 <아기 장수>를 구술한 정세원 제보자가 "임 장군이 일곱 살에 죽었다."라고 한 뒤에 "또 다른 이야기가 있다."라고 하면서 <임 장군과 백룡담 용마>를 구술했는데, 이는 <치마대>로 실패한 장수 역시 임경업이 아닌 임 장군이다.

"임 장군이 용마를 타고 다니다가 활을 쏘아 용마와 시합을 했다. 목적지에 가서 보니 화살이 없어서 용마가 느려 못 쓰겠다고 하고 죽이니 화살이 날아왔다. 이곳을 '옷갑재'라고 하는데 갑옷이 묻혀 있다." [봉화군 명호면 정세원 남 63]

구술자는 이야기를 마치고 나서, "좌우간 이 사람[임 장군]이 나기는 났는데 성공을 못 하고 죽었다."라고 하고, 주인공의 실수를 인정하면서도 <치마대>의 일반형처럼 주인공이 세계의 외면으로 자기 능력도 발휘하지 못하고 죽었다는 것을 입증한 '옷갑재' 증거물을 제시하여 미래의 영웅 도래를 바라는 마음을 반영하였다. 그런데 '아기 장수'가 임경업에 의해 죽임을 당한 다른 이야기가 있다.

"임경업이 어릴 때 병정놀이하는데 박 씨 과부 아들이 있었다. 그는 임경업보다 뛰어난 인물이었는데, 그의 어머니가 억지로 머리를 빗기는 바람에 약속된 시간에 늦었다. 임경업이 그 아이의 목을 쳐 죽게 되자, 아이는 어느 곳을 지정하여 묻어 달라고 하면서 콩과 팥을 세 말씩 함께 묻되, 백일이 되기 전에는 발설하지 말라고 했다. 경업은 아이가 죽은 뒤에 꿈자리가 뒤숭숭하여 과부에게 찾아가 아이 묻힌 곳을 알려 달라고 하여 파 보니, 그날이 98일째 되는 날로 군사 수백 명이 그대로 쓰러져 버렸다." [충주시 풍동 임연식]

구술자는 이야기 결말에서 "이틀만 더 있었으면 모두 나와서 임경업을 죽이고 원수를 갚았을 것인데, 임경업은 이 일로 원주에서 떠났다. 임경업이 그런 훌륭한 사람을 죽인 것은 힘이 장사지만 천기를 보지 못했기 때문이다."라고 하여 임경업이 훌륭한 인물을 죽인 실수를 지적했다. 임경업이 약속된 시간에 늦은 아이의 목을 쳐 죽인 '병정놀이' 이야기는 여러 편이 채록되었지만, <아기 장수>와 엮어서 임경업이 가해자로 구술된 이야기는 이것뿐이다. 임경업은 세계의 횡포로 희생된 주인공이 아니라, 주인공을 없앤 가해자로 등장한다.

이런 사례는 아기 장수인 둥구리를 죽인 대조영과, 아기 장수인 우투리를 죽인 이성계의 이야기에도 있는데, 대조영과 이성계는 각각 발해와 조선의 건국 시조이므로 자신의 건국에 방해가 된다고 여겨서 '아기 장수'를 죽인 것과는 대조적으로 임경업이 자기보다 더 능력 있는 아이여서 죽였다고 하여 임경업의 능력을 비하했다. 임경업이 '아기 장수'와 대립한 세계로 등장함으로써 본래 <아기 장수>가 지닌 의미 즉 민중들의 저항과 좌절을 통해 체득한 '장수 아들은 역적이 되고, 비범한 자가 세상사에 용납되지 못한다.'라는 역사적 체험의 두려움과 그 때문에 미래의 새로운 역사 창조의 좌절을 민중에게 안겨준 <아기 장수>의 가해자로 임경업이 등장한 점은 특이하다.

'병정놀이' 삽화에서 보여준 임경업의 엄격성은 오히려 매정한 성격의 부정적 의미로 인식되고 이 때문에 천기를 보지 못하게 되었다. 이 외에도 임경업이 천기를 못 보게 된 사연은 '삼초대에서 공부할 때 천기를 보려고 새벽에 마당에 나와 서 있는데 어머니가 부지깽이로 종아리를 사흘이나 쳐서'/ '대사가 달걀 세 개를 향리 팔봉 중턱에 묻고 3일 뒤 닭 울기를 기다렸으나 실패해서'/ '무서운 장사이지만 무식해서'/ '임경업이 자고 있는데 여우가 여자아이로 둔갑해서 입을 맞추자, 선생이 뒤로 자빠져야지 엎어지면 지리 박사밖에 안 된다고 했는데, 여우가 빠르고 날래어 엎어져서' / 등으로 다양하지만, 이런 사례들은 임경업이 좌절된 삶을 살게 된 이유를 설명할 뿐, 무지한 행위로 지적되지는 않는다. 그런데 앞에 소개한 이야기는 아주 특이하게도 임경업이 영웅으로 받들어지고 있는 충주에서 채록된 것이어서 임경업이 왜 '아기 장수'의 가해자로 등장하여 부정적인 인물로 설정되었는지는 이해되지 않지만, 임경업의 삶이 비극적 좌절을 전제로 구술된 이야기 과정에서 나온 것으로 추측될 뿐이다.

이상 세 인물 이야기에서 이몽학은 비홍산의 정기를 받아서 태어나 비범한 능력을 지녔음에도 "양반이 아니면 써 주지 않는다."라는 구술자의 의식에서 볼 수 있듯이, 미천한 신분이라 세상에 용납되지 못하고 좌절을 겪었다. 그의 민란 주도가 국가에 대한 반역 행위여서 부정적으로 인식되고 수학·성장기와 민란의 수행 과정에서 보여준 행위나 능력이 비범성보다는 성격 결함으로 지적되어 민란의 실패 원인으로 여기는 구술자는 이몽학의 죽음을 개인적 비극으로 인식하지만, 다른 한편으로 그의 민란이 민중을 위한 구원의 행위로 긍정적으로 인식하고 진지하고 야심적인 태도로 이야기하는 구술자는 민중 영웅의 좌절을 아쉽게 여겨서 그에 대한 구술자들의 인식이 이중적임을 알 수 있다.

김덕령과 임경업은 사실 기록으로 보면 경제적으로 한미하긴 했어도 제시된 이야기처럼 주막살이(여막살이)를 했다거나 옥사장 같은 천직賤職을 하지 않았는데도 구전된 이야기에는 이 두 사람이 마치 천민 출신처럼 되어 있다. 그렇다고 신화적 영웅처럼 태어나자마자 고난을 겪는 것과 다르고, 창작적 영웅처럼 아무런 갈등이 없다가 우연히 밖으로부터 닥쳐온 불행으로 갈등이 시작되는 것도 아니어서 미천한 신분이 고난의 원인은 아니다. 김덕령과 임경업은 외적의 침입이라는 국가적 위기 상황에서 그들의 출중한 능력이 세상에 드러났고, 특히 김덕령은 충·효의 윤리적 선택을 두고 갈등하지만, 두 사람 모두 국가에 대한 충忠을 실천하여 국난을 구하는 능력을 발휘하는 민족적 영웅으로서 인생 전반부에서는 성공을 거둔다. 그렇지만 인생 후반부에서는 간신배들의 모함에 걸려서 자신들의 비범한 능력으로도 어찌하지 못하고 좌절된 점을 구술자들이 안타까워했다.

구술된 이야기로 보면 두 사람의 삶이 이미 탄생 과정에서 운명지어졌음을 알 수 있는데, 김덕령과 임경업은 비록 민족적 영웅으로서의 일대기를 보여주어 두 사람의 행동이 <유충렬전> 같은 중세 창작적 영웅상에서 볼 수 있는 충·효 윤리를 실천하지만, 좌절된 삶이라는 한계도 보여주었다. 따라서 이들의 삶은 민중적 영웅이 아닌 민족적 영웅으로서 국난을 당했을 때 왜倭와 청淸과 투쟁하여 민족을 구해 낼 위대한 인물이었지만, 지배계급의 시기와 모함 그리고 국왕의 무능으로 그들의 삶이 좌절된 것을 구술자들이 용납하지 못하고 있음도 드러났다. 두 인물은 민족적 영웅으로 충·효라는 중세 윤리 의식과 운명론에 바탕을 두고 지배계급의 부도덕과 국왕의 무능력을 비판한 내용이 이야기의 중심이어서 이들의 좌절된 삶은 이몽학 같은 민중적 영웅 이야기와 다르게 민족의 앞날을 위해 출중한 능력을 지닌 영웅 출현을 고대하는 심리를 드러냈다.

7.
자식을 희생한 효행 이야기

가족 구성원 사이에 자연스럽게 형성된 삶의 기본질서 효孝·자慈·제悌 삼륜三倫은 유가儒家가 조선조에 정착되면서 이념화되었지만, 문헌에 전하는 효에 관한 이야기 중에 신라 시대를 배경으로 해서 전하는 것이 있는 것을 보면, 유교를 국시國是로 삼은 조선시대에 효 이념이 정착된 것이 아니고 이보다 훨씬 먼저 가족 간의 당연한 윤리였다는 생각이 든다. 신라를 배경으로 한 효행 이야기로 『삼국사기』 「열전」 제8에 <효녀孝女 지은知恩>과 <설씨녀薛氏女>가 전해지고, 『삼국유사』 「효선孝善」 제9에는 <손순遜順 매아埋兒>가 있다.

<효녀 지은>은 "신라 한기부漢岐部 사람으로 나이가 32세가 되도록 시집을 가지 않고, 홀로 된 어머니를 모시면서 혼정신성昏定晨省을 다하고 품팔이와 구걸로 봉양하다가 자기 몸을 부잣집에 쌀 열 석에 종으로 팔아서 어머니를 봉양했다. 어머니는 밥을 먹으면서 전에 먹던 음식은 달았는데 지금 음식은 맛이 있지만, 마음은 편치 않다고 하니 지은이가 사실대로 말하고 함께 울었다."

<설씨녀>는 "신라 율리栗里에 사는 설씨녀가 진평왕眞平王 때 그

녀의 아버지가 군에 편입되어 늙은 나이에 수守자리를 살러 가게 되었다. 아버지를 위해서 대신 갈 사람을 찾으니 사량부沙梁部 사람 가실嘉実이 자원했다. 설씨녀는 그가 돌아오면 혼인하기로 약속했지만, 가실은 수자리 살 대체자가 오지 않아서 고향에 돌아가지 못했다. 아버지는 설씨녀를 다른 사람에게 시집보내려고 했으나, 그녀는 신의를 저버리지 않고 기다렸다가 마침내 가실과 혼인하여 아버지에 대한 효행과 약혼자에 대한 신의를 지켰다."

효녀 지은은 생활이 어려워져 어머니를 봉양할 수 없게 되니 자기 몸을 팔아 어머니를 봉양했다는 이야기고, 설씨녀는 수자리를 살러 가야 하는 늙은 아버지를 대신할 사람을 찾았는데 가실이 대신 가겠다고 자원하니 이를 고맙게 여긴 설씨녀는 혼인을 약속하고 끝까지 신의를 지켜 효와 신의를 실천했다는 이야기다. 이는 효란 자녀가 부모를 위한 자기희생임을 밝힌 것이다.

그런데 자기희생이 아니라 자기 자녀를 희생하여 효를 실천한 이야기가 바로 <손순 매아>와 <식장산> 그리고 <동자삼>인데, 이런 일이 실제로 일어났다면 끔찍한 이야기가 되었을 것이다.

〈손순 매아遜順 埋兒〉, 〈식장산食藏山〉, 〈동자삼童子蔘〉

<손순遜順 매아埋兒>와 <식장산食藏山>은 어머니 봉양을 위해서

부부가 의논하여 아이를 땅에 묻으려고 한 이야기이고, <동자삼童子蔘>은 부모의 치병을 위해 지나가던 중의 말을 듣고 아이를 삶으려고 솥에 넣었다는 이야기다. <손순 매아>는 『삼국유사』에 전하는 이야기인데 그 내용은 다음과 같다.

"손순이 신라 흥덕왕興德王 때 모량리牟梁里 사람으로 아버지가 돌아가신 뒤에 처와 함께 어머니를 모셨다. 손순의 아이가 매양 어머니의 밥을 빼앗아 먹으므로 이를 딱하게 여긴 손순은 처에게 '아이는 다시 얻을 수 있으나 어머니는 다시 구하기 어려운데 아이가 어머니 밥을 빼앗아 먹으니 그 주리심이 심할 것이다. 우선 아이를 파묻고[매아埋児] 어머니를 배부르게 하자.'라고 하고, 아이를 업고 취산醉山 북쪽에 가서 땅을 파다가 갑자기 석종石鐘을 얻었다. 아이를 묻는 대신 석종을 집에 가지고 와서 부부가 나무에 매달아 놓고 쳐보니 그 소리가 아름다웠다. 종소리를 들은 왕이 그 내막을 알고 '옛적에 곽거郭巨가 아들을 묻으매 하늘이 금 가마솥을 주었는데, 이제는 손순이 아이를 묻으매 석종이 솟았으니 전날의 효자와 지금의 효자를 천지가 다 함께 살핀 것이다.'하고 후사했다."

<식장산食藏山>은 손진태의 『조선설화집』, [민속원, 2009]에 <매자埋子 전설傳說>로 수록되어 있고, 식장산은 옥천과 대전 경계선에 있다.

"옛날에 효자 효부가 어린 자식을 키우면서 노모를 돌보며 살았다. 부부는 매일 노모를 위해서 갖은 노력을 다해 맛있는 먹을거리를 구해다 봉양했다. 그렇지만 어린아이가 좀 더 자라자 어머니께 해드린 음식을 먹어 치우는 것이었다. 아이 때문에 어머니를 굶주리게 할 수 없다고 생각한 부부는 의논하여 아이를 산에 묻기로 했다. 산에 올라가 한 곳을 파는데 이상한 그릇이 하나 나왔다. 남편은 그릇을 꺼낸 뒤에도 계속해서 흙을 파고 있었는데 아이를 데리고 있던 아내는 갑자기 아이가 불쌍해서 묻을 수 없으니, 어머니께서 식사하는 동안에 아이를 데리고 밖에 나가 있으면 아이를 죽이지 않아도 될 것이라고 했다. 남편도 그렇게 생각하고 세 사람은 그릇을 가지고 집으로 돌아왔다. 가져온 그릇을 깨끗이 닦아서 사용하는데 이상한 일이 생겼다. 그릇에 무얼 조금 채워 두면 금방 가득 찼다. 부부는 하늘이 노모 봉양을 위해 우리에게 베풀어 주신 것이라 여기고 기뻐했다. 그릇에서 나온 음식으로 어머니를 봉양하고 어머니께서 돌아가시면 다시 그곳에 그릇을 묻어 두자고 약속했다. 부부는 그 그릇으로 어머니를 잘 봉양하고 어머니께서 돌아가시자 약속한 대로 그릇을 그 자리에 다시 묻었다. 그 후 어떤 이가 그릇 묻은 자리를 찾으려고 애를 썼지만 도저히 찾을 수 없었다. 이런 일이 있었으므로 이 산을 식장산食藏山이라고 부른다."

두 이야기가 비슷한 내용이지만, 두 번째 이야기에는 '석종' 대신

'화수분' 화소가 나오는데, 어려운 생활 속에서도 노모 봉양을 위해 정성을 다한 것을 강조한 효행담이다. 그렇지만 자녀를 희생해서라도 노모를 편히 봉양하겠다는 궁여지책은 참으로 어리석은 마음이다. 평소 함께 식사하던 손주가 갑자기 나타나지 않았을 때 노모의 마음은 전혀 헤아리지 못했으니, 이는 진정한 효를 실천한 것이 아니고 오히려 불효를 저지른 것이다. 이는 앞에 <효녀 지은>의 이야기 중에 "전에 먹던 음식은 달았는데 지금 음식은 맛이 있지만, 마음은 편치 않다."라고 노모의 말에서 확인할 수 있다. 효란 물질로 부모를 봉양하는 것이 중요하지 않고, 부모의 마음을 편하게 해드리는 것임을 망각한 처신이다.

<동자삼童子蔘>은 손진태의 『조선설화집』에는 <효자와 동삼>으로, 심의린의 『조선동화대집』, [민속원, 2009]에는 <효자의 도움>이란 제목으로 실려 있다.

"어머니가 중병에 걸려 회생할 길이 없었는데 지나가던 중이 어린아이를 삶아 드리면 나을 수 있다고 하여 서당에서 돌아온 아이를 솥에 넣어 삶아서 그 물을 잡수게 하니 병이 나았다. 그런데 아이는 그날 서당 훈장의 일을 돕느라고 집에 뒤늦게 돌아왔는데 아이를 본 부부는 놀라서 아이를 넣었던 솥을 열어 보니 먼저 넣은 것은 자기 아이가 아니라 동자삼이었다."

<동자삼>은 노모의 치병을 위해서 자기 자녀를 희생한 끔찍한 이야기로 부모를 위해서라면 무엇이든지 정성을 다해야 하는 것을 강조한 이야기지만, 병이 나은 뒤에 손주가 자기의 치병을 위해 희생되었다는 것을 알게 되면, 노모가 아무렇지 않게 생활할 수 없을 것이다. 그러니 이 또한 앞에서 노모 봉양을 위해 자녀를 땅에 묻으려 했던 이야기와 마찬가지로 잘못된 자녀 효심이다.

신라 시대에 전해온 <손순 매아>나 구전으로 전하는 <식장산>과 <동자삼>은 민간에서 효행을 강조한 이야기다. <손순 매아>와 <식장산>은 가난한 부부가 어머니를 봉양할 음식이 부족한데, 어머니께 드린 음식을 아이가 자꾸만 먹는 것을 참다못해 아이를 땅에 묻으려고 했다가 석종이 나오고 화수분 같은 그릇이 나와서 아이를 희생하지 않았다는 이야기다. 그리고 <동자삼>은 부모의 치병을 위해 서당에서 돌아온 자녀를 솥에 넣어 삶아 어머니에게 드렸는데 뒤늦게 아이가 서당에서 돌아오자 놀란 부모가 솥을 열어 보니 아이가 아니라 동자삼이었다는 이야기다. 이것은 부모를 위해 지극 정성으로 효를 실천하면 이런 기적도 일어난다는 것을 강조하려는 의도로 구술한 이야기다.

기적이 일어나서 끔찍한 일이 일어나지는 않았더라도 자녀가 부모 봉양을 위해 자신도 아닌 자녀를 희생하겠다는 마음을 먹은 것만으로도 매우 잔혹해서 요즘 사람에게 이런 이야기는 도저히 상상할 수가 없다. 이런 이야기의 향유층이 이런 행동을 한 바탕에는 자식은 없어지면 다시 낳을 수 있지만, 부모는 한번 돌아가시면 그만이라는 생각으로 부모가 자식보다 더 소중하다는 의식이 철저했기 때문이다. 반면에 요즘의 가정에서는 부모는 살 만큼 살았으니 좋은 음식이나 옷이 있으면 자라는 자녀들에게 주어야 한다고 생각한다. 그러니 전통사회에서 부모를 생각하는 자녀의 마음과 요즘 사람들이 부모를 생각하는 자녀의 마음은 하늘과 땅 차이이다. 그리고 전통사회에서 구술된 이야기는 진정한 마음으로 정성을 다해 효를 실천하다 보면 기적도 일어날 수 있음을 말한 것이지, 이렇게 하면 기적이 일어날 것이라 기대하고 한 행동이 아니다. 그런데 요즘 사람들은 기적을 기대하고 잠시 효를 실천해 보다가 기적이 일어나지 않으면 그만 포기한다.

민간에서 전승된 효행 이야기가 잔혹하다고 했는데, 효를 이념화한 유가儒家에서는 어떤 효행을 권했을까?

실천이 가능한 효행

부모에 대한 자녀의 도리인 효행을 주요 덕목으로 내세운 유가儒家에도 민간에 구전되는 이야기처럼 잔혹하지 않지만, 부모의 목숨이 극한 상황에 이르면 자녀가 우발적으로 극단적인 행위를 하는 이야기들이 있다. 예를 들어 부모의 목숨이 촌각을 다툴 때 자녀가 부모에게 피를 마시게 하려고 자기 손가락을 잘랐다는 단지斷指

라든가, 인육人肉을 먹어야 부모의 병이 낫는다는 의원의 말을 듣고 자기의 넓적다리 살을 베었다는 할고割股의 이야기가 야사野史 같은 데 전하지만, 이런 극단적인 행위가 자녀 된 도리로서 가상하다고 해도 지극히 잔인하므로 유가에서는 자녀에게 권할 일이 아니라고 했다.

또 효자에게 기적이 일어난 이야기도 있는데, 부모가 병이 들어 백약이 무효일 때 누군가 잉어나 개구리 등을 구해 드리면 나을 수 있다는 말에 겨울철인데도 연못 가에 나가서 지극 정성으로 기도하며 구했더니 잉어나 개구리가 나타났다는 이야기고, 부모가 돌아가시면 탈상脫喪 때까지 3년 시묘살이를 하는 것은 부모가 어린 자식을 품에서 3년을 길렀으므로 돌아가신 부모를 위해 3년 시묘살이를 한 것인데, 이렇게 지성으로 효행을 하니 호랑이가 와서 지켜주었다는 이야기다. 이런 일은 보통 사람이 실천하기 쉬운 효행이 아니어서 나라에서는 이를 실천한 사람에게 효자 정문旌門을 내려 후세에 귀감이 되도록 했다. 이처럼 유가에도 부모를 위해 정성을 다하니 기적이 일어났다는 이야기가 전해진다. 민간에서 부모를 위해 자녀를 희생하려고 했던 효행이 비록 잔혹하지만, 효란 자녀가 지극 정성으로 봉양해야 부모 마음이 기쁘다는 것을 강조한 것이다.

그러나 유가에서 말하는 일상의 효행은 이런 기적이 일어나는 행위가 아니다. 마당에 물 뿌리고 비질하며 어른이 부르면 곧장 대답하는 쇄소응대灑掃應對, 저녁에 부모의 자리를 펴 드리고 아침에 부모의 잠자리를 살피는 혼정신성昏定晨省, 집 밖에 출입할 때 반드시 부모에게 말씀을 고하고 나갔다가 집에 돌아와서는 대면對面해서 말씀을 고하는 출필고반필면出必告反必面, 몸과 머리털이나 피부는 부모께 받은 것이니 이를 감히 훼손하지 않는 신체발부수지부모불감훼손身體髮膚受之父母不敢毁損 같은 행위로 일상에서 조금 노력하거나 주의를 기울이면 실천이 가능한 것들이어서 유가에서는 일상에서 실행할 수 있는 행위를 효의 실천 덕목으로 아이들에게 가르쳤다.

전통적으로 우리 사회가 효를 강조한 것은 인간 집단의 근본이 바로 가족이고 부모 없이는 가족이 있을 수 없으므로, 부모를 진정으로 정성을 다해 섬겨야 하는 것을 강조하다 보니 민간에서는 이런 잔혹한 이야기까지 구전되었다. 그렇지만 가족은 바로 부모와 자녀 그리고 형제로 구성되어 있으니, 자녀가 부모에게 효행을 하고 부모는 자녀에게 자애慈愛를 베풀며 형제는 서로 우애友愛하는 것은 유가의 이념이기 전에 가족 간에 행해야 할 당연한 질서였다. 유가에서는 이를 효·자·제 삼륜이라 하고 인간 집단의 질서가 여기서 비롯되었다고 했다. 여기에 군신 간의 충忠과 붕우 간의 신信을 합치면 오륜五倫이 된다. 이런 오륜을 사람이 언어로 개념화했으니 도가道家의 논리로 보면 인위人爲라고 할 수 있겠지만, 유가의 관점에서는 부모와 자녀 사이에 효도와 자애 그리고 형제간의 우애는 사람으로서 마땅히 실천해야 하는 가장 자연스러운 질서이므로 인위적으로 정하지 않았어도 가족 간에 저절로 행해진다고 생각했다. 마치 도가의 무위자연無爲自然처럼 유가의 효·자·제 또한 의무나 강요가 아니라 본래 저절로 행해지는 질서라고 했다. 그래서 자녀는 부모가 베푸는 자애를 물 흐르듯 당연하게 여기는 것처럼, 자녀가 부모에게 효도하거나 형제간의 우애하는 행위 또한 반드시 배우고 익혀서 실천하는 것이 아니라 가족 구성원으로서 마땅히 실천해야 자연스러운 질서로 여겼다.

유가에서는 이런 가족 간의 질서를 자녀에게 가르쳐야 한다고 했지만, 지금 세상에서는 이런 인간관계의 이념이 현실적現實的이지 않다고 여겨서인지 인성 함양을 위한 효를 가정에서도 교육하지 않는다. 그러니 부모가 자녀에게 자애하는 것은 당연하게 여기면서도 자녀가 부모에게 효도하고 형제간에 우애하는 것을 의무나 강요처럼 여긴다. 설령 실천한다고 해도 마지못해서 하여 진정성이 없으니 기적이 일어날 리가 없다. 이는 부모 섬기기를 하늘로부터 부여받은 도심道心으로 성의誠意를 다해 행하지 않고, 인간에 내재內在된 사심邪心으로 하려고 하기 때문이다. 사심은 인간이라면 누구나 가지는 욕심慾心이니, 지나친 욕심에 사로잡히면 부모나 형제가 눈에 뵈지 않아서 짐승이나 다름없다. 사람이 짐승과 다른 점은 바로 욕심을 절제節制할 수 있어서인데, 절제할 수 있다는 것은 예禮를 안다는 것이니 예가 바로 절제다. 절제할 줄 모르는 사심은 바로 자아自我에 집착執着하는 데서 일어나니 욕심이든 집착이든 이에서 벗어나야 효행이든 우애든 할 수 있다. 효행과 우애는 배워서 실천하는 것이 아니라, 사심에 사로잡히지 않도록 늘 깨어 있어서 도심을 회복해야 가능하다. 공자가 안연顔淵에게 일러준 극기복례克己復禮[자기를 극복하여 예를 회복함.]의 상태가 되어야 효·자·제가 저절로 행해지는 것이다. 이는 오로지 사람이 뜻을 정성스럽게[성의誠意] 하고 마음을 바르게[정심正心] 해서 몸을 닦을[수신修身] 때만 가능한 것이다.

자기 아이를 땅에 묻은 효행 이야기가 듣기에는 잔혹하지만, 이야기 주인공들이 마음공부를 철저히 해서 하늘이 감동할 효행을 실천한 것이 아니다. 이들이 설령 지식인처럼 배우지 못했어도 천성天性이 착해서 물욕物慾에 사로잡히지 않고 자기를 낳아준 부모를 봉양해야 한다는 당연한 이치 곧 천리天理가 몸에 배어 있다 보니 부모를 위한 극단적인 마음에 저절로 행한 것이다. 그러니 부모의 봉양을 위한 효행은 지어먹은 마음[작심作心]으로 하는 것이 아니라, 오직 부모를 위해서 욕심에 집착하지 않은 마음에서 비롯되는 것이다.

조선시대에 효는 유가의 지배 논리의 수단으로 이념화되었지만, 자녀를 희생한 이야기의 향유층은 유가의 지배계층도 아니고, 유가 이념에 함몰되어 효를 실천할 투철한 의지를 지닌 사람들도 아니다. 더욱이 후손에게 봉양을 받겠다는 계산된 논리로 효를 실천한 사람들도 아니다. 자녀를 희생하는 효행은 자기 욕심에 집착만이 아니라, 자기 자식을 자애하는 마음도 함께 버려야 하니 결코 자연스러운 행위가 아니다. 다만 이런 기적을 이야기한 것은 자녀가 지극 정성으로 부모에게 효를 실천해야 한다는 것을 강조하려는 의도일 뿐, 사실도 아니고 허구虛構이니 이런 기적을 믿고 그대로 모방해서도 안 될 일이다.

그렇지만 유가에서 말하는 일상의 효행은 오늘날에도 실천해야 할 아름다운 이념이지 현실적이지 못하다고 해서 버려야 할 가치가 아니다. 다만 유가에서 권장하는 효행이든 민간의 잔혹한 효행이든 간에 욕심의 집착을 버리고 부모에게 온전히 헌신할 때만 실천이 가능한 것이다. 그러니 효를 가르칠 것이 아니라 인간의 욕심을 절제하는 인성을 교육해야 한다. 욕심에 대한 집착이 강해지면 부모에게 행하는 효행이나 형제간의 우애는 물론이고 부모가 자녀에게 행해지던 자애심이나 부부간의 존경심도 사라지기 마련이다.

남들은 우리의 전통사회의 가족 중심의 윤리 의식을 몹시 부러워하는데, 우리는 이런 문화에서 벗어나서 서구화하려고 한다. 그렇지 않아도 우리 사회가 점점 일인 가구 시대로 되어 가는데, 가족이 분리 독립해서 살다 보면 혈연 의식이나 전통 윤리 가치보다는 개인 중심의 의식이 팽배해져 가족 개념은 차츰 소홀해지기 마련이다. 그런데도 가족 중심 사회에서 유지되던 윤리 의식이 자신이 속한 동료사회에서 유지되고 있어 다행이란 생각이 든다. 피를 나눈 가족이 아닌데도 자신이 속한 집단의 동료에게 형, 아우라든가, 언니, 동생하고 부르는 것은 물론이고, 심지어 손님과 종업원 사이에도 전에는 아주머니나 이모 또는 어르신 등으로 부르더니, 요즘에는 아예 대놓고 어머니, 아버지로 부르는 것을 더 친숙하게 여기니, 이런 호칭 문화가 단순히 이기적인 속셈에서 비롯된 것이라기보다는 가족 같은 끈끈함을 느껴서 그런 것이다. 서구사회의 개인주의에 찌든 서구 사람들은 이런 호칭 문화를 절대로 이해 못 하더니만, 이제는 이런 문화와 가치를 오히려 부러워하기도 한다. 얼마 전까지도 선진 사회라고 여긴 서구 중심의 문화와 가치를 기준으로 우리의 문화와 가치를 지적하고 고쳐야 할 점이라고 신랄하게 비판하던 사람들이 이제는 무어라고 말할지 궁금한데, 이런 부류의 인간들을 문화 사대주의자라고 하는 것이다. 이를 보면 우리 전통사회에서 형성되어 온 가족 윤리 의식을 심하다고 할 정도 강조해 와서 아직은 사라지지 않았음을 알 수 있는데, 이런 문화와 가치는 핏속에 흘러온 한국인 특유의 가족 윤리 때문이란 생각이 든다.

8.
죽어서 별이 된 이야기

〈삼태성三台星〉의 유래

우리나라 별자리 중에 특히 삼태성은 큰곰자리에 있는 북두칠성의 국자 부분 아래에 위치하여 여섯 개 별이 세 쌍으로 되어 있다. 이는 상태上台 중태中台 하태下台로 본래는 삼 형제 별로 불렸다. 또 삼태성은 자미성紫微星을 지키는 별로 곰 형상의 북두칠성 발바닥 쪽에 붙어있다고 하고, 서양 별자리 이름으로는 오리온 별자리에 있다고도 한다. 그러나 구전 이야기로는 삼 태자가 죽은 뒤에 삼태성이 되었다고 하여 손진태의 『조선설화집』에는 <삼태성 유래>로 실려 있다.

"옛날 어떤 곳에 부자가 살고 있었다. 어느 해, 부자는 아들 형제를 데리고 관직을 구하러 서울에 갔으므로 딸 혼자서 집을 지키고 있었다. 한 스님이 탁발하러 왔다면서 시주를 구하니, 딸이 여종에게 쌀을 조금 퍼주라고 했다. 스님은 '바랑이 가득 차게 주십시오.'

하니, 딸은 여종에게 '그렇게 하라.' 했다. 여종이 바랑에 쌀을 아무리 넣어주어도 바랑은 차지 않았다. 뒤주의 쌀을 있는 대로 퍼주고 벼와 조까지도 퍼주었지만, 바랑은 차지 않았다. 여종은 이상히 여기고 '대체 어떻게 하면 바랑이 가득 찰까요?' 하고 물었다. 스님이 '이 집의 따님께서 여기 나와 직접 넣어주면 이내 가득 찰 겁니다.' 라고 말하므로 딸은 이상하게 여겼지만 직접 나와서 쌀을 담아 주었는데도 바랑이 차지 않았다. 스님이 '은수저로 한 알씩 아홉 번 넣으면 가득 찰 것이오.' 하니, 딸이 그대로 해 보았지만 역시 바랑은 차지 않았다. 그러자 스님이 또 '따님께서 허방다리 밑에 들어가 속옷을 벗고 나서 퍼 넣으면 가득 채울 수 있을 거요'라고 해서 그대로 해 보았지만, 역시 바랑은 차지 않았다. 그러는 사이 날이 저물어 스님은 '제발 하룻밤 재워 달라.'고 간청하니 딸은 객실이 없다고 했다. 마구간이라도 좋으니 자게 해 달라고 간청하며 돌아가려고 하지 않아서 하는 수 없어 마구간에 머무르게 했다.

밤중이 되자 스님이 '이곳은 추워 견딜 수가 없으니 부엌방 구석에서라도 재워주십시오.' 하고 간청하니 불쌍해서 허락해 주었다. 잠시 후 스님은 '부엌방도 추워 잘 수 없으니 따님 뒷방에 재워주십시오.'라고 했다. 얼마쯤 지나 '여기도 추워서 견딜 수 없으므로 따님 방 병풍 뒤에서 재워 주십시오.'라고 했다. 따님은 또 허락하니 마침내 스님은 딸과 함께 자게 되었다. 아침에 눈을 떠보니 자고 있던 중은 온데간데없이 사라졌다.

그 후에 서울 갔던 아버지가 돌아왔다. 머슴과 여종들 그리고 친척들이 마중을 나왔는데, 딸은 이미 배가 불러서 나올 수 없었다. 딸에게 전후 이야기를 들은 아버지는 매우 화를 내며 딸을 죽이려고 마당 한가운데 묶어 세우고 종에게 도끼로 딸의 목을 치라고 했다. 종이 도끼를 들어 올리자 도낏자루가 부러져 종의 등 뒤로 떨어졌다. 이번에는 검으로 목을 베라고 했다. 종이 검을 들자 검 가운데가 부러졌다. 아버지는 하는 수 없이 토굴을 파서 거기다 딸을 가두고 먹을 것을 조금도 주지 않고, 열쇠는 아버지가 지니고 있으면서 딸을 굶겨 죽이려고 했다. 그날 밤부터 전에 다녀간 스님이 어디서 어떻게 알고 왔는지 알 수 없지만 매일 밤 토굴 안에 나타났다. 스님은 올 때마다 음식을 가지고 와서 딸에게 주었다. 그리하여 딸은 토굴 속에서 세 아이를 낳았다.

몇 년이 지나 '이제 뼈만 남았겠지.' 하고 생각하면서 아버지는 토굴 문을 열어 보니, 토굴 속에는 세 아이가 딸 곁에서 책을 읽고 있는 것이 아닌가. 아버지가 놀라 이유를 물으니 딸은 자초지종을 이야기했다. 딸의 이야기를 들은 아버지는 스님을 불러 세 아이가 정말로 네 아이가 맞는지 물었다. 그러자 스님은 증거를 보여 드리겠다며, 장삼 소매를 들고 '만약 이 세 아이가 나의 소매를 조금도 닿지 않고 안으로 들어오면 틀림없는 내 아이라는 것을 인정해 달라'고 했다. 아이들이 소매에 들어왔지만, 아버지는 수긍하지 못했다. 스님은 다시 '아이들에게 나막신을 신겨 백사장을 걷게 해서 모래 위에 발자국이 없으면 아이들이 내 아들임을 인정해 달라.'고 했다. 아이들이 나막신을 신고 백사장을 걸었지만, 발자국이 남지 않았다. 아버지는 하는 수 없어 스님과 딸을 혼인하게 했다.

스님은 신승神僧이어서 세 아이가 죽은 뒤 천상에 올라가 삼태성이 되었다. 그들은 한 어머니 배에서 종從으로 태어났지만, 지상에서의 세 무덤은 횡으로 세워졌다. 지금도 삼태성이, 생길 때는 종縱으로 나타났다가 없어질 때는 횡橫으로 나란히 사라진다고 했다."

이 이야기는 무당 굿에서 '산 자를 위한 굿'인 「중굿」 또는 「제석굿」이라는 데서 구송口誦되던 <당금애기> 서사 무가가 이야기로 전승된 것이다. 스님은 탁발하러 왔다며 시주를 구할 때, 아무리 곡식을 넣어도 차지 않는 바랑은 인간의 욕망은 결코 물질로 채울 수 없음을 암시하는데 인간의 욕망을 지고 온 스님은 탐욕적 존재로 위장하여 '부잣집 딸'에게 접근한다. '은수저로 한 알씩 아홉 번 넣으라는 것은 시주를 정성으로 해야 한다는 의미이고, 따님이 허방다리 밑에 들어가 속옷을 벗고서 하라는 것은 곡식이 아니라, 몸으로 시주하라는 암시적 표현이다.

그러는 사이 날이 저무니 스님은 하룻밤 재워 달라고 하고, 딸은 객실이 없다고 거절했다. 그렇지만 스님이 막무가내로 하는 요청을 들어주어 스님과 부잣집 딸은 부모의 허락 없이 하룻밤을 함께 한다. 이는 스님의 일방적인 강요로 이루어진 비정상적 결합이지만 무가나 신화에서는 이를 신성혼神聖婚이라 한다. 스님은 산[하늘]에서 내려온 신성한 존재고, 부잣집 딸은 지상에 사는 평범한 존재의 상징적 표현이다. 이 혼인은 고구려 주몽 탄생담에서 해모수가 유화를 유혹하여 중매 없이 부모의 허락도 받지 않고 혼인한 것과 같은 비정상적인 결합으로 천부지모를 상징적으로 표현하여 탄생할 주인공의 신성성을 드러내는 신화 구조다. 이 이야기에서 태어난 세 아이는 죽은 뒤에 하늘로 올라가서 삼태성이 되었다고 했으니 삼태성 역시 주몽의 아들 유리처럼 신성한 존재다.

구전된 이야기에서는 여인의 아버지에게 세 아이가 스님 자신의 아이들임을 입증하는 시험을 두 차례 걸쳐 입증하고 친자 확인 후에 세 아이가 거두어졌다. 두 차례의 시험은 소매를 닿지 않고 들어가기와 나막신 신고 모래 위에 발자국이 남기지 않고 걷기 등으로 아버지와 아이들이 신성한 존재임을 입증하여 딸의 아버지에게 허락받는 입사 시련入社試鍊의 통과의례다. 그런데 서사 무가 <당금애기>에서는 세 아들이 자라서 서당 아이들에게 아비 없는 자식이라고 놀림을 당하는 시련을 겪자, 어머니에게 아버지 있는 곳을 집요하게 묻는다. 어머니는 아버지가 떠날 때 남긴 박 씨를 심어 넝쿨이 뻗이기는 대로 따라가면 된다고 알려주어서, 세 아들은 이른바 '잃어버린 아버지 찾기'를 위해 떠나는데 탐색의 어려움 없이 넝쿨이 뻗어나가는 곳을 따라 어머니와 함께 금강산에 있는 아버지를 찾아간다.

아버지를 찾아간 세 아이는 친자 확인 시험을 받는데, 이야기로 전승된 경우는 스님이 자기 아이들임을 딸의 아버지 앞에서 통과의례로서 시험을 받았지만, 무가에서는 어머니와 동행한 아이들이 아버지 앞에서 통과의례로서 친자 확인을 위한 시험을 받는다. 종이로 버선 만들어 신고 물 한 방울 안 묻히고 냇물 건너기, 시퍼런 못에 가서 살아있는 붕어를 잡아다가 회 쳐먹고 도로 토해 산 붕어로 강에 가득 차게 하기, 뒷동산에 올라가 삼 년 묵은 소 뼈다귀를 주워다가 살아있는 소로 만들어서 각각 하나씩 거꾸로 타고 돌아오기, 동산에 올라가 짚으로 다락을 만들어 나뭇가지에 올려놓고 짚으로 된 닭을 쳐서 '꼬끼오'하고 홰를 치게 하기, 뒷동산에 올라가서 나뭇가지 사이에 왕거미의 줄을 타고 삼 형제가 함께 땅에 떨어지지 않고 목적지 다녀오기 등 여러 단계의 시험을 아버지 앞에서 보여준다. 이 시험은 지극히 비현실적이어서 평범한 사람은 통과할 수 없는 시험이지만, 입사 시련의 통과의례로 신이神異한 존재임을 드러내는 장치다.

그런 뒤 물동이에다 삼 형제 손가락에서 피를 내고 아버지도 피를 내어 합쳐서 친자 확인의 마지막 단계를 거치는데, 친자 확인 삽화는 『동명왕 편』에서 주몽의 아들 유리가 아버지를 찾아 나섰을 때 경우와 비슷하다. 주몽이 떠날 때 '내가 감추어 둔 물건은 칠령칠곡七嶺七谷 돌 위에 선 소나무에 있는데 이것을 얻은 자가 내 자식이다.'라고 남긴 수수께끼를 어머니가 유리에게 알려주니, 유리가 산골짜기를 헤매다가 집 기둥에서 나는 소리를 듣고 깨달아 부러진 칼 한 조각을 얻어 수수께끼를 풀고 아버지를 찾아 떠난다. 아버지는 유리를 만나 부러진 칼 한 조각을 꺼내어 유리가 가져온 칼 조각과 맞추자 피가 흘러 한 자루의 칼이 되어 친자임을 확인하는 것과 유사하다. 이런 단계의 시험은 친자 확인을 위한 통과의례지만, 『동명왕 편』의 주몽 이야기와 서사 무가 <당금애기>는 신성한 존재임을 드러내는 신화 구조로 된 구술 상관물이다.

<삼태성 유래>에서는 세 아들이 죽은 뒤 하늘에 올라가 삼태성이 되었다고 하여 삼태성도 신성한 존재임을 드러내지만, 서사 무가 <당금애기>에서는 오히려 삼 형제가 모두 먹고 입고 살 수 있도록 맏아들은 금강산 신령님으로, 둘째는 태백산 문수보살로, 셋째는 대관령 당산 서낭이 되도록 하여 어린아이들의 생명과 복을 맡아보는 직을 받고, 어머니도 먹고 입고 살게 마련해 달라고 하니 아들딸을 낳게 해주는 삼신할미가 되었다. 그래서 당금애기와 세 아이는 사람의 생명을 지키고 복을 빌어주는 직능을 맡았다. 『조선설화집』에는 또 다른 <삼태성 유래> (2)가 있다.

"옛날 어느 곳에 세 아이를 가진 어머니가 살았다. 어느 날 셋이 산에 놀러 갔다가 날이 어두워져 산속에 있는 집으로 들어갔는데 한 노파가 살고 있었다. 밤이 늦어 세 아이는 그곳에서 하룻밤을 묵었다. 밤중에 둘째가 보이지 않아 소동을 피웠으나 할머니는 오

줌을 누러 갔으니 걱정하지 말라고 했다. 그렇지만 형제는 뜬눈으로 밤을 새우고, 할머니가 땔감을 찾으러 나간 사이에 집안 여기저기 구석을 찾았다. 변소 옆 함정에 동생의 시체가 보여 재빨리 달아나다가, 땔감을 구해 돌아온 할머니에게 발각되어 두 아이도 함정에 빠져서 결국은 할머니에게 죽게 되었다. 아이의 어머니는 아이를 찾으러 사방으로 헤맸지만 찾지 못했다. 그때부터 하늘에는 전에 없던 세 개의 별이 나타났는데 사람들은 할머니에게 죽임을 당한 세 아이가 죽어서 하늘에 올라가 삼태성이 되었다."

이야기에 등장하는 할머니는 마고 할멈이나 여우가 둔갑한 존재로 악역을 맡은 부정적 인물이고, 세 아이와 이들을 찾아 헤매는 순진한 어머니는 세계의 횡포 앞에서 좌절하는 민중의 나약한 모습이다. 그래서 구술자는 할머니에게 속아 죽게 된 세 아이의 죽음을 안타까워한다. 그렇지만 아이 셋이 죽은 뒤에 그 영혼이 하늘에 올라가 삼태성으로 부활한 것은 세계의 횡포로 왜소화되어 좌절한 민중의 비극적인 삶을 보상하는 의미이고, 삼태성은 그 증거물이다. 그러니 하늘에 떠 있는 삼태성을 바라볼 때마다 이 이야기를 기억하는 사람이라면 그들의 비극적 삶과 부활의 삶에서 위로받을 수도 있을 것이다. 또 다른 이야기로 삼 태자가 하늘에 올라가 삼태성이 되어 흑룡이 해를 삼키지 못하도록 임무를 받았다는 아주 특이한 <삼태성 유래>가 있다.

"옛날 흑룡강 늪 가에 유복자로 태어난 삼 태자에게 그 어머니는 스승을 찾아가 10년 동안 학문과 재주를 배우게 하니, 아이들이 공부를 마치고 돌아왔다. 어느 날 광풍이 불고 비가 오더니 갑자기 해가 사라졌다. 어머니가 삼 태자에게 해를 찾아오라며 떠나보냈다. 맏이가 스승에게 찾아가 연유를 알아보니, 흑룡담에 사는 암수 흑룡이 해를 상대로 행패를 부리다가 암놈이 해를 삼키고 수놈은 암놈을 따라 하늘로 올라갔다는 것을 알았다. 삼 태자는 두 흑룡과 대결하여 마침내 암놈이 해를 도하게 하여 인간 세상이 다시 밝아졌다. 삼 태자가 흑룡 한 마리는 죽였으나 다른 한 마리는 흑룡담으로 도망갔다. 그래서 도망간 흑룡이 다시는 해를 삼키지 못하도록 삼 태자가 하늘에 올라가 해를 지키는 삼태성이 되었다."

흑룡이 해를 삼켜서 해가 사라지고 어둠의 세상이 되었는데 우주의 이런 비극적 상황을 해결하여 다시 밝은 세상을 회복한 존재는 바로 유복자로 태어난 삼 태자이고, 이들은 이런 비극이 다시 일어나지 않도록 하늘에 올라가 삼태성이 되어 태양을 지키는 존재가 되었다. 따라서 이 이야기는 인간이 오히려 우주를 지키는 위대함을 보여주고 삼태성을 그 증거물로 삼았다.

두 이야기에서 하나는 세계의 횡포 앞에서 좌절하는 인간의 왜소화된 모습을 구술한 전설이라면, 다른 하나는 삼 태자가 해를 삼켜 우주를 어둠으로 만든 흑룡을 잡아 죽여서 해를 다시 찾아 세상을 밝게 만든 능력을 소유한 존재로 우주의 갈등을 해결한 인간의 영웅성을 구술한 민담이다.

〈북두칠성北斗七星〉의 유래

북두칠성 유래는 <효·불효孝·不孝>와 관련이 있는데 문헌상으로는 '효·불효교孝·不孝橋' 지명으로 『신증동국여지승람新增東國輿地勝覽』 21권 경주慶州 교량橋梁 조에 전하는 전설이다. 손진태 『조선의 설화집』에 수록된 <칠 형제의 선행>은 <효 불효>와 같은 내용으로 전국에 분포되어 있고 결말에 북두칠성 되었다고 했다.

"옛날 어느 곳에 효자 아들 일곱을 둔 과부가 살고 있었는데, 겨울이 오자 노모가 따뜻하게 지낼 수 있도록 땔감을 구해 와 온돌에 불을 지폈다. 그러나 노모는 '추워, 추워'하며 언제나 쓸쓸한 얼굴을 하곤 했다. 온돌방을 따뜻하게 지펴도 항상 춥다고 하는데 아들은 그 말뜻을 이해하지 못했다.

어느 날 밤 큰아들이 자다가 깨어났는데 어머니가 보이지 않았다. 마음에 걸리는 것이 있어서 그날 밤을 뜬눈으로 새우며 어머니가 돌아오기를 기다렸다. 아들은 자는 척하고 있으니까 새벽이 되어서야 어머니는 아이들에게 들키지 않으려고 조심히 들어왔다.

다음 날 큰아들이 어머니 몰래 뒤를 밟았다. 어머니는 마을 끝에 있는 냇가에 다다라 발이 물에 빠지니 '아이, 차' 하며 간신히 내를 건너 허름한 초가집에 다다랐다. 초가집 앞에서 어머니는 '영감님, 계세요?' 하고 불렀다. 그러자 한 노인이 나오면서 어머니를 반갑게 맞아주는데 그 노인은 짚신을 짜는 홀아비였다. 둘은 방에 들어가 서로 등을 맞대고 앉았다.

큰아들은 어머니 마음을 알고 재빨리 집으로 돌아와 동생들과 상의하여 칠 형제 모두가 협력해서 어머니가 내를 잘 건널 수 있도록 돌로 다리를 놓아주었다. 어머니는 돌아올 시간이 되어 냇가에 당도했을 때 놀라며 '여태껏 돌이 없었는데…' 하면서 누가 이런 착한 일을 했는지 감사하며, 하늘을 향해 '하느님, 여기 돌을 놓아준 사람들을 북두칠성이든 남두칠성이든 되도록 해주세요.' 하고 빌었다. 그 뒤에 칠 형제 효자는 죽어서 어머니가 기도한 대로 북두칠성이 되었다."

남편이 일찍 죽어 외로운 어머니가 아들들 몰래 다른 남자를 만나러 다니는 길목에서 냇물을 건너야 했는데, 추운 겨울에 어머니가 발이 시리지 않고 건널 수 있도록 아들들이 몰래 돌다리를 놓아주었다는 주인공의 행위가 효인지 불효인지는 관점에 따라서 달라질 수 있다. 어머니의 외도를 방조했으니 돌아가신 아버지를 생각하면 불효고, 어머니가 아들들에게 감추고 싶어 하는 일을 알아낸 것도 불효다. 그렇지만 어머니가 추운 겨울에 내를 건널 때 발이 시리지 않도록 몰래 돌다리를 놓아준 행위는 효행이어서 이야기 제목이 <효·불효>다.

부모가 감추고 싶어 하는 행위를 자녀가 알아서 해주는 것을 불효라고 하니, 요즘 자녀로서는 효를 실천하기 쉽지 않겠다. 이야기 결말에서 구술자는 다리를 놓은 사람들을 위해서 어머니가 북두칠성이든 남두칠성이 되기를 바라고, 그 기도로 아들들이 북두칠성이 되었다고 했으니, 구술자는 아들들의 행위를 효행으로 보았다. 이 이야기는 효가 관점에 따라서 불효도 될 수 있으니, 오직 부모를 위한다고 해서 효가 되는 것이 아니고, 부모가 무엇을 원하는지를 알고 행해야 효라는 의미다. 북두칠성이 인간 수명을 맡고 있다는 이야기가 손진태의 『조선의 설화집』에 있다.

"옛날에 외아들을 둔 사람이 있었는데, 어느 날 신승神僧이 지나다가 아들의 관상觀相을 보고 '이 아이는 19살을 넘지 못할 것이오.'라고 하니, 이 말을 들은 아버지는 놀라 신승에게 극진히 인사하고 '신승께서 사람 목숨이 단명할 것을 알았으면, 이를 피하는 방법도 알 것이니 제발 그 방법을 알려 주십시오.'라고 했다. 신승은 '나는 그런 일을 할 수 없습니다.'라고 하자, 아버지가 통사정하니 '나는 수명의 장단長短을 알 뿐입니다.'라고 했다. 아버지는 그래도 애원하니 신승은 하는 수 없다는 듯이 '내일 남산 정상에 올라가면 그곳에 두 사람의 신선이 바둑을 두고 있을 것입니다. 그 사람 앞에 가서 무릎을 꿇고 사정하면 방법을 가르쳐줄 것입니다.'라고 했다.

이튿날 아침 아들이 남산 정상에 올라가 보니, 과연 두 신선이 바둑을 두고 있었다. 아들은 그들 앞에 무릎을 꿇고 그저 '도와주십시오.' 하고 애원했다. 한 신선은 자비롭게 생기고, 다른 한 신선은 밉게 생겼다. 미운 신선은 못 들은 척했지만, 자비롭게 생긴 신선은 '소년이 너무 가여우니 좀 도와줍시다.'라고 했으나, 밉게 생긴 신선이 머리를 좌우로 흔들면서 거절했다. 두 신선은 이 일로 한참을 다투더니 잠시 후 밉게 생긴 신선이 마음을 돌려 도와주기로 했다. 자비로운 신선은 남두칠성[무가에서 방위대로 동두칠성, 서두칠성 하듯이 북두칠성이 있으니 남두칠성이라고 한 것임.]이고, 미운 신선이 북두칠성인데 그는 품 안에서 생명록을 꺼내 소년의 이름을 찾아 19살로 되어 있는 소년의 나이를 99세로 고쳐주니, 소년은 백배 사례하고 집으로 돌아왔다."

이 이야기는 사람의 수명을 북두칠성이 관장한다는 속설을 근거로 구전된 것인데, 남두칠성은 자비롭게 생겼는데 북두칠성은 왜 밉게 생겼는지 그 사연은 알 수 없으나 사람의 수명 담당은 북두칠성이 한다. 사람은 자기 수명을 마음대로 할 수 없지만, 이 이야기는 소망이 간절하면 북두칠성 같은 존재가 그 수명을 연장해 준다는 것을 암시한다. 또 다른 북두칠성 이야기로 <칠성님과 옥녀부인>이 있다. 이것은 고창 지역에서 수명寿命 장수長寿를 기원祈願하는 굿을 할 때 부르는 <칠성풀이> 무가를 이야기로 요약한 것인데, 무가 사설은 김태곤의 『한국무가집』 3, [집문당, 1979]에 있다.

"17세 칠성七星님과 16세 질대 부인이 혼담이 나서 중매하는데 여러 번 탐문을 해도 아무런 대답이 없더니 세 번째 탐문에 겨우 허락이 나서 백년가약을 맺으니 천생연분이었다. 결혼 후 육칠 년이 지나도록 일점一点 혈육血肉이 없자, 명산에 가서 기도하니 공 드린 석 달 만에 주령珠鈴 짚은 노인이 꿈에 나타나 칠성님께 물었다. '지성을 드렸는데, 공을 달라 드렸느냐, 명을 달라 드렸느냐, 자손 달라 드렸느냐?'라고 물으니, 칠성님이 '명도 아니고 복도 아니라 자손 달라 공 드렸습니다.'라고 했다.

그날부터 질대 부인 태기 있어 십 삭을 채운 뒤에 해산하는데 단 번에 일곱 아기를 낳아 큰 방에 아기들을 가득 뉘어 놓았다. 칠성님 득남했다는 소식 듣고 버선발로 뛰어와 하녀들에게 '이불을 떠들라.' 하고 보니, 큰방에 아기가 가득히 누워 있다. 칠성님이 화를 벌컥 내며, '새, 짐승도 아닌 사람으로 한 번에 자식 일곱을 낳았으니 금수 같다.' 하고 질대 부인을 진자리에서 소박하고 옥녀 부인에게 후실 장가를 가 버렸다.

질대 부인은 하녀를 불러 광주리를 가져오라 하여 아이들을 담아 이고 시냇가로 버리려고 가다가 만난 중이 '저기 가는 저 부인네, 자손 낳으려고 공들인 뜻은 뭣이고? 그 자손들 시냇물에 띄우러 가는 뜻은 무엇인가? 그 아기 데려다가 하루 물 한 모금, 젖 한 모금 먹여 놓으면 외 붓듯, 달 붓듯, 가지 붓듯 할 것이니 그리하라.' 하고 일러놓으니, 질대 부인이 '사람이 사람 말을 안 들으면 금수와도 같다.' 생각하고 아이들을 집으로 데려와 그 말대로 길러, 일곱 살이 되니 한 옷감으로 옷을 지어 입혀 독서당으로 보냈다.

선생님이 아이들을 보고 '양반 자녀인가, 중놈의 자식인가, 상놈의 자식인가, 매우 거추장스럽구나. 너희 성이 무엇이며, 이름은 무엇이냐?' 하며 구박이 자심했나. 일곱 아이가 그 말 듣고 무척 부끄러워했다. 집에 돌아와 어머니께 아버지가 누구인지 물으니, 질대 부인이 '너희 아버지는 칠성님인데 너희 일곱 낳았다고 진자리에서 소박하고 하늘의 옥녀 부인에게 후실 장가갔다.'라고 했다.

일곱 아이는 그 말 듣고 천륜天綸을 찾겠다며 어머니께 하직 인사하고 무지개 타고 하늘로 올라가 칠성님 후처 옥녀 부인 집 대문 밖에 서 있었다. 한 여자가 나오더니 아이들을 보고 칠성님께 아뢰니, 아이들을 데려다가 뜰 아래 엎드리게 한 뒤에 성과 이름을 물으니, 아이들이 '우리 어머니는 질대 부인인데 우리 일곱 낳았다고 소박당하고, 아버지는 하늘의 옥녀 부인에게 후실 장가갔다 하여 아버지 뵈러고 이렇게 왔습니다.'라고 했다.

칠성님이 아이들을 앉혀 놓고 은 동이에 물을 떠다가 아이 손가락을 잘라 피를 내고 칠성님도 손가락을 잘라 피를 내서 물에다 띄우니 한군데로 모인다. 칠성님은 부자지간인 줄 알고 독서당을 지어 놓고 공부하게 했다. 칠성님은 아이들로 인해 옥녀 부인에게 등한하니, 옥녀 부인이 꾀를 내어 곽곽선생 소강절을 찾아가 뇌물 주고 부탁한다.

'내가 이 길로 생사기변生死奇變[삶과 죽음을 달리함] 하면 칠성님이 문복問卜을 할 것이니, 옥녀 부인의 병은 다른 약은 소용없고 일곱 인간 들어와서 동티가 났다 하고, 사람의 간을 내어 먹어야 낫는다고 말을 하게.' 그렇게 일러두고 집으로 돌아와서 생사기변 하니, 칠성님 복채 들고 곽곽선생 찾아간다. 소강절은 옥녀 부인과 약조한 대로 '일곱 인간 들어와 동티가 난 것이니 그 애들 간을 내어 먹여야 낫겠다.'라고 한다. 칠성님 신세 한탄하며 돌아오는데 길에 커다란 짐승 한 마리가 가로누워 지나가는 칠성님께 '일곱 아기 간을 내주지 말고 내 간을 내주시오. 그리고 뒷문으로 살며시 보면 옥녀 부인 속셈을 알 수 있을 것이다.'라고 해서 그 말대로 했다. 옥녀 부인은 간을 먹지 않고 길에다가 내버리고 죽을 사람 살아났다며 잔치하는데, 그때 일곱 아이가 꽃밭에서 나왔다. 옥녀 부인이 다시 아프다고 야단하자, 칠성님이 그때 계집의 속셈을 알고, 작두날은 일곱 아이에게 물려 놓고, 작두 등은 옥녀 부인에게 물려 놓고 빌었다.

'명철하신 하느님, 옥녀 부인 죄 있으면 등이 날이 되게 하옵시고, 일곱 아이가 죄 없으면 날이 등이 되게 하옵소서.'라고 하니, 하늘에서 옥녀 부인이 죄가 있어 작두날이 옥녀 부인 몸을 점점이 잘라서 마파람에 날려 보내고, 하늘에서는 첫째는 동두칠성, 둘째는 남두칠성, 셋째는 서두칠성, 넷째는 북두칠성, 그 나머지는 모두 중앙칠성, 하강칠성 등으로 점지했다."

무가 <칠성풀이>는 인간의 수명이 연장되기를 바랄 때 하는 무당굿의 사설이다. 하늘에서 일곱 아이를 모두 각 방위를 담당하는 칠성으로 점지하니 넷째가 북두칠성이 된 것은 일곱 별 중에 국자 모양[선기璇璣]과 자루 모양[옥형玉衡]의 중앙에 있는 별이어서 그렇다고 한다. 사실 무가에서 인간의 수명을 관장하는 이는 칠성님[장독대 올려놓은 정화수나 우물에 비친 북두칠성임]인데, 그 칠성님이 바로 북두칠성이다.

그런데 <칠성님과 옥녀부인>에서 칠성님과 질대 부인이 혼인하고 자녀가 없어 명산에 기도하여 임신하고 일곱 아들을 낳았으나 이를 본 칠성님이 아이들이 많은 것을 보고 짐승을 낳았다고 하여 질대 부인을 구박한 것은 자식 낳기를 빌어 일곱을 낳은 것이 비정상이지만, 다산을 상징하므로 질대 부인의 시련은 아이러니다. 아마도 자녀는 귀한 존재지만, 많다 보면 귀한 생각이 없어지는 것이 인지상정이라, 이를 경계하는 의미가 숨겨져 있는 것 같다.

또 질대 부인을 소박하고 천상의 옥녀 부인에게 후취 장가드니 질대 부인은 혼자서 자식들을 키울 수 없어 시냇가로 가는 길에서 만난 스님이 '하루 물 한 모금, 젖 한 모금 먹여 놓으면 외 붓듯, 달 붓듯, 가시 붓듯 할 것이니'라고 했는데, 이는 이이들이란 조금만

공들이면 하늘이 돌봐 저절로 부쩍부쩍 자라게 되어 있으니 자식을 버리지 말고 자식 키우는 일을 어려워 말라는 의미다. 그래서 옛말에 아이는 부모가 낳지마는 크는 것은 제 복으로 큰다는 말이 있다.

아이들은 자라서 독서당에 다녔지만, 아비 없는 자식이라고 선생에게 구박받고 어머니에게 아버지가 있는 곳을 알아내서 무지개를 타고 하늘로 찾아가는 삽화는 서사 무가 <당금애기>에도 유사한 삽화가 있었다. 서당 선생에게 구박받은 아이들이 아버지 있는 것을 묻고, 아이들은 박 씨를 심어 줄기 따라서 금강산에 이른 것처럼 질대 부인이 아이들에게 하늘의 옥녀 부인에게 후실 장가를 갔다고 알려주니 아버지를 찾아 무지개를 타고 하늘에 올라갔다. 박 줄기를 따라 금강산에 간 것과 무지개를 타고 하늘에 오른 것의 차이는 아버지가 있는 곳에 따라 다르니, 하늘은 수직으로 이동해야 하므로 무지개 같은 보조수단이 필요했기 때문이다.

칠성님이 아이들을 만나 피를 섞어 친자 확인 후에 글을 가르치다 보니 옥녀 부인에게 등한히 하게 되고 질투가 심한 옥녀 부인은 꽉꽉 선생의 도움을 받아 아이들의 간을 꺼내 죽이려는 음모를 꾸미지만 동물의 도움으로 아이들은 위기에서 벗어난다. 옥녀 부인의 음모를 알아챈 칠성님은 옥녀 부인을 징치懲治하는데 의붓자식이라 구박한 옥녀 부인은 작두로 온몸이 조각이 나는 벌을 받고, 구박받던 아이들에겐 칠성님이 각 방위대로 별자리를 맡겼는데 넷째가 인간의 수명을 관장한 북두칠성이 된다.

이 이야기도 권선징악을 주제로 하고 있다. <삼태성의 유래>에서는 세 아이는 하늘에 올라가서 삼태성이 되었지만, 서사 무가 <당금애기>에서 세 아이는 지상에 있으면서 태어나는 아이의 복을 관장했으며, 어머니는 태어날 아이의 생명을 관장하는 삼신할미가 되었다. <칠성님과 옥녀 부인>에서는 일곱 아들 중에 넷째가 북두칠성이 되었다고 했다. 이 별은 인간의 수명을 관장하지만, 이야기 속에서는 가끔 지상에 내려와 남두칠성을 만나 바둑도 두고 또 인간의 수명도 연장해 주기도 하는 별이다.

9.
탐색을 떠나는 이야기

탐색을 떠나는 이야기는 주인공이 새로운 세계로 떠날 때 고난을 겪지만, 천부적인 자기 능력과 초월적 존재의 도움으로 이를 극복하는 '영웅의 일생' 구조를 보인다고 해서 영웅담英雄譚이라고 하지만, 잃어버린 것을 찾아서 떠난다고 하여 탐색담探索談 또는 수색담搜索談이라고도 한다. 어렸을 적 소풍을 가서 했던 '보물찾기'는 탐색담의 원리가 적용된 놀이다. 탐색담 중에는 부모의 치병을 위해 생명수를 구하러 떠난 <바리데기>, 금기를 지키지 못해서 잃어버린 남편을 찾아 떠난 <구렁덩덩 신 선비>, 지하국 괴물에게 붙잡혀 간 여인을 찾아 떠난 <지하국 대적大賊 퇴치> 등이 있다.

〈바리데기〉

죽은 자를 위한 '오구굿'에서 구송口誦되는 무가巫歌 사설 <바리데기>는 부모의 병을 치료하기 위해서 저승에 있다는 서천 서역국으로 생명수를 구하러 떠나는 이야기다. 바리데기가 부모의 치병을 위해 생명수를 찾는 과정에서 보여준 탐색은 서천 서역국에 이르는 동안 갖은 고초를 겪는데 여기서는 무가 사설을 이야기 형태로 요약했다.

"바리데기는 아들을 기다리던 오구대왕과 길대 부인[질대 부인] 사이에 일곱째 딸로 태어났다는 이유로 바다에 버려지게 된다. 명을 받은 신하는 버리더라도 이름이라도 적어서 버릴 것을 간청하니, 왕은 어차피 버릴 자식이니 바리데기로 하라고 했다. 왕후는 딸만 낳았다는 이유로 왕에게 만류도 못 하고, 바리데기를 버리러 떠나는 무장武將에게 부탁하여 옥함 속에 얼마간의 젖병과 아이의 신분이 적힌 쪽지를 써넣어 두었다.

한참을 떠내려가던 옥함은 바닷속에서 나타난 금 거북이 등에 떠받쳐가는데, 그때 하늘에서 석가세존이 삼천 제자를 거느리고 바다와 인세를 구경차 내려오다가 바다 가운데 금빛 찬란한 옥함이 안개에 감싸여 있는 것을 보고 하강하여 옥함을 건져 열어 보았다. 옥함 속에 어린 여아가 있는 것을 보고 지나가던 노부부 비리공덕 할미와 할아비에게 주었다. 이들은 먹을 양식도 없이 동굴 속에서 지내는 형편이라 아이를 거둘 수 없다고 하니, 세존은 이 아이를 데려다 기르면 앞으로 집과 먹을 양식이 저절로 생길 것이라 말하고 연기처럼 사라졌다. 노부부는 그분이 부처님인 줄 짐작하고 감격하여 아이를 데려다 잘 길렀다.

아이가 자라 7, 8세가 되어 배우지 않았는데도 학문에 능통하고 재주가 비상했다. 가끔 자기 부모가 누구냐고 물으면, 노부부는 하늘이 아버지이고 땅이 어머니라고 말해주었다. 아이가 자라 15세가 되었는데 그때 왕궁에서는 왕과 왕후가 괴질에 걸려 죽게 생겼다. 세상에 좋다는 약을 구해 써 보았지만, 백약이 무효였다. 점쟁이를 불러 물으니, 구하기 어렵지만 서천 서역국의 약수를 구해 마셔야 쾌유할 수 있다고 했다. 왕은 누가 이를 구할 수 있겠느냐고 하니 점쟁이는 바리 공주님이라면 구할 수 있다고 했다. 왕은 태어나자마자 버린 자식을 어떻게 찾으며 찾은들 부모 원망하고 있을 것인데, 나를 위해 약수를 구하러 가겠느냐고 했다. 자식 버린 죄로 천벌을 받아 죽을병에 걸렸다고 한탄하고, 대왕은 신하를 불러 물어도 어느 한 사람 나서지 아니했다. 왕후도 공주들을 불러놓고 누가 서천에 가서 약수를 구하겠느냐고 물었지만, 여섯 공주 모두 그곳이 어디인 줄 모르고 알아도 연약한 여자 몸으로 못 간다면서 왕과 왕후가 죽으면 재산을 어떻게 나눌 것인지에 골몰하며 부모가 빨리 죽기만을 바랐다. 왕과 왕후는 서천에 가서 약수를 구해 오는 자에게는 상금 만 냥을 주겠다고 해도 나서는 자가 없자, 하는 수 없이 전국에다 바리공주를 찾으라고 명을 내렸다.

이때 바리공주는 산골 오두막집에서 온갖 짐승들과 동무하며 놀고 있었는데, 갑자기 산신령이 나타나 바리공주는 부왕과 왕후마마가 위중하니 시둘리 대길로 돌아가라고 하고 바람처럼 사라졌다.

그동안 자신의 내력을 모른 바리공주는 양부모인 비리공덕 할미와 할애비에게 산신령의 말을 전하면서 어떻게 자신이 공주였는지를 물었다. 비리공덕 할미가 저간의 사연을 말하고 신분이 적힌 쪽지를 내주었다. 바리공주는 그날로 양부모와 작별하고 궁궐로 출발하니, 대왕과 왕후는 바리공주가 왔다는 전갈에 기쁨을 참지 못하고 궁궐 앞까지 나와 얼싸안았다. 바리공주가 옥함에 든 쪽지를 보여주자, 왕은 자기 손가락을 깨물어 바리공주의 피와 섞으니 엉키어 똑같아 자기 딸임을 확인하고 기쁨의 눈물을 흘렸다. 왕은 바리공주를 찾은 기쁨으로 잔치를 벌이려 하자, 바리공주는 자신이 그동안 봉양하지 못해 중병이 걸렸으니 바로 서천으로 가서 약수를 구해 오겠노라 하며 무쇠로 된 신발과 지팡이를 청했다.

서천이 어느 곳에 있는 줄도 모른 채 떠나는 바리공주는 까치가 인도하는 대로 걷는데, 무쇠 지팡이 한 번에 천 리씩 한걸음에 달렸다. 무작정 걷다가 험한 산이 가로막으면 오르고 또 올랐다. 한 꼭대기에 이르자, 신선 두 사람이 바둑을 두고 있어 서역국 가는 길을 물었으나 아무런 대답 없이 바둑만 두었다. 며칠 동안 바둑 끝나기를 기다리는데 바둑판을 물린 북극성과 남극성은 그제야 옆에 바리공주가 있는 것을 보았다. 바리공주는 부모가 중병이 걸려 서역으로 약수를 구하러 가는 길이라고 하니, 바리공주 효성에 감동한 북극성이 가르쳐 주려고 했지만, 남극성은 극구 반대했다. 북극성이 천기를 누설할 수 없으니, 맞은편 산에서 밭을 가는 노파에게 가서 물으라고 했다. 밭을 갈고 있던 노파에게 찾아가 길을 물으니, 길 가르쳐준 값으로 밭을 갈아달라 하여 몇 날 걸려 밭을 갈고 나니, 씨앗을 뿌리라 하여 시키는 대로 했다. 또 곡식 수확할 때까지 기다렸다가 거두어 달라고 하여 또 그렇게 해주어 추수가 끝나자, 노파는 산 너머 길을 가다가 빨래하는 여자에게 물으라 한다. 바리공주는 산을 넘어 빨래하는 여자를 만나 서역국 가는 길을 물으니, 검은 천이 흰빛이 나도록 빨라고 하여 그렇게 했다. 그러고 나니 개울을 따라 계속 가면 저절로 알게 된다고 하고 사라졌다. 여자가 가르쳐준 대로 개울물을 따라가니, 큰 강이 앞에 가로놓였다. 바리공주는 하늘에 도와달라고 비니, 큰 금 거북이 나와 강을 건널 수 있게 도와주었다. 강을 건너니 유황불이 넘실거리는 지옥이 입을 벌리고 있는 절벽의 외길을 따라 걸어가니, 길이 끝나는 곳에 세 선녀가 울고 있었다. 선녀에게 서역국의 약수가 있는 곳을 물으니, 선녀들은 깨어진 물동이를 보여주며 이것을 원래대로 고쳐 달라고 하여 그렇게 해주었더니, 선녀들은 서역국 가는 길과 약수가 있는 곳을 알려주었다.

선녀가 일러준 데로 가서 약수 가까이 가니, 산 사람은 저승에 올 수 없는데 여기 온 사람은 누구냐고 묻는데, 키가 구 척에 눈이 무섭게 생긴 거한巨漢이 눈앞에 나타났다. 바리공주가 여기 온 사연을 말하니, 자신이 약수를 지키는 수문장인데 내 허락 없이는 누구도 약수를 가져갈 수 없다면서 약수 값을 가져왔느냐고 물었다. 급히

오느라고 준비하지 못했다고 하니, 그러면 약수 값 대신에 물 길어 오기 삼 년, 불 때기 삼 년 그리고 삼 년 동안 내 아이를 낳기를 하여 구 년 동안 일하라고 했다. 바리공주는 수문장과 혼인하여 살림을 차리고 아들을 어느덧 일곱을 낳았다.

그러던 어느 날 석가세존 제자가 찾아와 부모님이 위독하니 서둘러 지상으로 돌아가라고 했다. 바리공주는 수문장인 무장 신선에게 말하여 약수 세 방울과 아들 일곱 형제와 함께 무장 신선을 앞세우고 환궁의 길을 재촉하니, 돌아가는 길은 올 때보다 훨씬 수월했다.

대궐에 가까이 오자 왕과 왕후는 바리공주를 기다리다 죽어 장례 행렬이 나가고 있었다. 바리공주는 군중을 헤치고 달려가 소녀가 이제야 왔다고 시신을 부여안고 통곡하였다. 여섯 공주는 자기들의 유산 분배가 줄어들 것을 염려하여 바리공주에게 달려들어 쫓아내려고 했지만, 바리공주는 가져온 약수를 부모에게 한 방울 먹이자 뼈가 살아나고, 두 방울째 먹이자 살이 살아나고, 세 방울째 먹이자 막혔던 숨이 트이어 왕과 왕후는 눈을 번쩍 뜨고 일어났다.

왕과 왕후는 바리공주를 보며 '네가 우리를 살렸구나.' 하고 기뻐하며 장례 행렬을 대궐로 돌렸다. 바리공주는 용상에 좌정한 왕에게 부모님 허락 없이 혼인한 죄를 용서해 달라고 빌고 무장 신선과 일곱 아들을 인사하게 했다. 왕은 네가 무슨 죄가 있고, 그 험한 길을 가서 부모 생명을 구한 공이 얼마나 크냐며, 너에게 무엇으로 보답하면 좋겠느냐고 물었다. 바리공주는 아무것도 필요 없고 죽은 사람들의 영혼을 극락으로 인도하고 제삿밥이나 얻어먹고 살겠다고 했다. 이처럼 바리공주는 권세와 재물을 마다하고 황천길 가는 사람의 영혼을 안내하는 일을 맡았다. 바리공주는 저승 수문장과 혼인하여 아들 일곱을 두었는데, 수문장은 산신제와 평토제를 받아먹고 살도록 점지하고, 비리공덕 할아비는 망자亡者 나올 적에 노제路祭를 받아먹고 살도록 점지했으며, 비리공덕 할미는 진오기 새납굿 할 때 영혼이 저승으로 들어가기 위해 거쳐 가는 가시문과 쇠문 그리고 시왕문에 지켜 섰다가 별비別費를 받아먹고 살도록 점지하고, 바리공주의 일곱 아이는 저승의 십대왕이 되어 먹고 살도록 점지했으며, 바리공주는 인도국印度國 보살이 되어 절에 가면 만반 공양을 받고, 들로 내려오면 큰머리 단장에 은아몽두리 입고 언월도偃月刀[칼날이 반달을 닮은 청룡도] 삼지창三枝槍[세 갈래로 갈라진 창]에 방울과 부채를 손에 든 무당이 되어 죽은 영혼을 저승으로 인도하도록 마련하였다고 하는데 무당의 조상인 조무신祖巫神이 되었다. 그래서 죽은 사람의 영혼을 위해 행하는 황천굿[오구굿]에서는 바리공주 무가를 구술한다."

딸만 여섯인 오구대왕은 아들을 바라서 예언자의 말을 듣지 않고 길대 부인과 일곱째를 낳으니 딸이다. 바리데기가 자기 부모가 누구냐고 비리공덕 부부에게 물으면, '하늘이 아버지[천부天父]이고 땅이 어머니[지모地母]'라고 말했는데, 이를 보면 바리데기가 천부지모 구조로 태어났음을 암시하기도 한다. 아무튼 일곱째가 아들이기를 바랐던 대왕은 일곱째도 딸이니 화가 나서 버리라고 하여 이름이 바리데기가 되었다.

부왕의 욕망 때문에 바리데기는 바다에 버려지는 시련을 겪고 석가세존의 도움으로 구출되어 비리공덕 할망과 할애비에게 거두어져서 공주에서 비리 할망과 할애비의 딸이 되어 동물들과 어울려 지내면서 성장기를 보낸다. 여기서 바다에 버려짐은, 물에는 씻김의 기능이 있어서 왕족에서 평민으로 신분이 바뀌는 거듭남을 의미한다. 마치 기독교 구약성경에 모세가 강물에 떠나보내져 평민에서 왕족으로 신분이 바뀌는 거듭남과 같은 이치다. 이런 버려짐은 주인공에게는 고난의 시작이지만, 초월적 존재의 도움으로 위기에서 벗어나고 자기의 뛰어난 능력으로 이를 극복해내는 영웅적 삶의 모습을 보여준다.

성장기를 산속에서 보낸 바리데기는 15세가 되었을 때 왕의 부부가 병이 들자, 점쟁이가 생명수를 구해 먹어야 나을 수 있고, 이를 바리데기가 구할 수 있다고 했다. 왕은 버린 딸에게 부탁할 수 없어서 주위 사람에게 부탁하지만 아무도 왕의 요구에 응하지 않으니, 부모는 하는 수 없이 자기가 버린 바리데기를 찾았다. 이 소식을 들은 바리데기는 비리공덕 할망한테서 받은 쪽지로 그제야 자기 신분을 알게 되고, 대궐로 돌아와 병든 부모를 위해 생명수를 구하러 길을 떠난다.

바리데기의 15세는 성년이 되어 그동안 자신이 처했던 곳에서 떠나 자아실현을 위해 분리를 시도하는 나이다. 성년이 되면 자아실현을 위해 주어진 환경에서 개체분리를 시도하지만, 바리데기는 오직 부모의 치병을 위해 떠났으므로 자아실현을 위한 떠남이라기보다는 부모의 삶에 자신을 온전히 희생한 것이다. 그렇지만 결과는 역설적으로 자아실현의 계기가 되었다. 이렇게 보면 자아실현을 위한 개체분리는 영웅담에서 주인공이 시도하는 것이지만, 부모에게 효행을 하기 위해 자신의 삶을 온전히 희생한 주인공의 삶에서도 자아실현이 이루어짐을 볼 수 있다.

바리데기는 생명수가 있다는 서천 서역국에 대해 아무런 정보도 없이 무작정 떠나는데 이런 떠남은 탐색담에서 흔히 볼 수 있는 삽화다. 주인공이 무쇠 신발과 지팡이를 달라고 한 것은 가야 할 곳이 멀고도 힘든 길임을 의미하고, 자신이 극복해야 할 세계에 대해 조금의 두려움이나 주저함 없이 떠나는 바리데기의 태도는 민담의 주인공에게서 볼 수 있는 서사구조로 이야기 향유층은 이런 내용을 구술하고 들으면서 주인공의 개체실현이 이루어지는 과정을 즐긴다.

주인공은 탐색 도중에 신선, 밭 가는 노파, 빨래하는 여자 등을 만나 그들의 요구를 들어주는 동안 갖은 고난을 겪어도 이를 자기의 능력과 초월적 존재의 도움으로 해결한다. 특히 이승과 저승이 구별되는 강에 이르러서는 초월적 존재인 금 거북의 도움을 받아 강을 건넌다. 마지막으로 유황불이 넘실거리는 지옥에서 민넌 새

선녀의 깨어진 물동이를 고쳐주고 서역국의 약수 있는 곳을 알게 된다. 그곳에서 험상궂은 수문장을 만나 그의 요구를 9년에 걸쳐 들어 주는데 결혼하여 일곱 아들을 낳는다. 이야기의 진술이 시·공간적으로 현실적이지도 않고 또 불합리하지만, 민담에서는 이런 것이 조금도 문제 되지 않고 오직 주어진 고난을 주인공이 어떻게 해결하는가에만 초점화되어 있다.

고난을 해결하는 동안 석가세존 제자가 부모가 위급하다는 소식을 전해주자, 약수 세 방울과 바리데기의 남편이 된 수문장 그리고 아들 일곱을 데리고 서둘러 대궐로 돌아오니, 부모는 이미 죽어 상여가 나가고 있었다. 상여를 멈추고 가져온 약수를 한 방울씩 세 번 떨어뜨리니, 죽은 부모가 회생하여 대궐로 돌아왔다. 회생한 왕은 바리데기 공을 치하하고 함께 온 남편과 아들 그리고 비리공덕 할망과 할애비까지도 먹고 살아갈 수 있도록 역할을 점지해 주고, 바리데기는 죽은 자의 영혼을 저승으로 인도하는 조무신祖巫神이 되어 자아를 실현한다.

<바리데기>는 형식 논리로 보면 자아를 실현한 영웅의 일생 이야기이고 탐색하는 이야기이지만, 바리데기가 생명수를 찾아 떠나는 동기가 자신이 추구하는 자아실현을 위해서가 아니라, 오직 부모의 치병을 위해 희생하는 마음으로 떠났다는 점에서 일반 영웅담과는 다르게 이를 희생담이라고도 한다. 이런 희생은 지어먹은 마음으로 이루어지는 것이 아니라, 자신의 일상적 삶에 녹아들었을

때만 가능하다.

〈구렁덩덩 신 선비〉

<구렁덩덩 신 선비>는 구렁이로 태어난 아이가 부모를 졸라서 이웃에 사는 장자長者 집 딸에게 장가를 들겠다는 이야기다. 어머니는 아들의 성화에 못 이겨 장자에게 찾아가서 아들의 제안을 전하고 장자 집 셋째딸과 혼인한다. 혼인날 밤에 신랑은 뱀 허물을 벗고 잘생긴 신랑으로 변신한 주술담呪術談인데 여주인공이 금기를 지키지 못해 돌아오지 않는 남편을 찾아 떠나는 탐색담이기도 하다.

"장자 집에서 일을 하며 살아가는 할아버지가 하루는 집으로 돌아오는 산길에서 알을 주워서 할머니에게 가져다주었다. 할머니는 그걸 먹고 임신하여 아이를 낳았는데 구렁이었다. 구렁이는 장자 집의 딸과 혼인하겠다고 할머니를 조르니, 하는 수 없어서 장자 집에 가서 이야기했다. 장자 집의 두 언니는 뱀에게 시집갈 수 없다고 거절했지만, 셋째딸은 부모님의 말씀을 거절할 수 없으니 자기가 시집가겠다고 했다. 결혼한 날 밤에 구렁이는 잘생긴 신랑으로 변신했다. 혼인을 마친 뒤에 신랑은 길을 떠나면서 자신이 벗어놓은 허물을 부인이 지키지 못하면 자기와 함께 살 수 없다고 했다. 신랑이 잘생겨 탐이 난 언니들이 금기 내용을 알아채고 셋째한테서 허

물을 빼어 태워버렸다. 셋째딸은 남편이 일러준 금기를 어기게 되니 뱀 신랑은 돌아오지 않았다.

셋째딸은 남편을 찾아 떠나는데, 어떤 사람이 밑 빠진 배낭을 짊어지고 다니는 머리 빡빡 깎은 중처럼 하고 길을 나서라고 했다. 그런 형상으로 얼마만큼 가서 까마귀를 만나, '구렁덩덩 신 선비를 못 보았는가?' 하고 물었다. 까마귀는 '자기 입에 구더기를 잡아 넣어주면 가르쳐주겠다.'라고 했다. 까마귀 요구대로 해주고서 가르쳐준 길을 가다 보니 산돼지가 있었다. 산돼지는 '자기 입에 칡뿌리를 넣어주면 가르쳐준다.'라고 하여 그렇게 했다. 산돼지가 가르쳐준 대로 또 한참을 가다가 빨래하는 할머니를 만나 남편의 소재를 물으니 '흰 빨래를 까맣게 빨아주고, 까만 빨래는 하얗게 빨아주면 가르쳐주겠다.'라고 하여 그렇게 해주니 방망이를 물에 띄우고 '여기 올라타라.'라고 했다. 방망이를 타고 강 끝에 도달하니 어떤 처녀가 새를 보고 있었다. 처녀는 '훠이, 훠이 이놈의 새야. 오늘은 실컷 먹고 내일은 오지 마라. 내일은 구렁덩덩 신 선비 잔칫날이라 구경 가야 하니, 내가 내일은 새 보러 못 온다.'라고 했다. 이 말을 들은 셋째딸이 그 처녀에게 물으니, '구렁덩덩 신 선비가 공부를 마쳐서 부잣집 딸과 혼인하게 되었는데 내일이 잔칫날이다.'라고 했다. 그날 밤 부잣집에 사정하여 겨우 그 집 마루 밑에서 잤다. 달이 둥그렇게 뜨고 글 읽는 소리가 들리는데 남편의 목소리였다. 셋째딸은 '달아, 달아 너는 구렁덩덩 신 선비를 보련마는 나는 왜 못 보니.' 하고 한탄하니, 신 선비도 달을 보며 '너는 장자네 집 셋째딸을 보련마는 나는 왜 못 보니.' 하고 탄식하다가 둘이 만나게 되었다.

신랑은 다음날 혼인해야 하는데 신부가 장자 집 딸과 부잣집 딸 둘이 되어서, 하나를 선택해야 하니 내기를 하게 했다. 처음 시합에서는 호랑이 털 서 말을 뽑아 오는 사람하고 혼인하겠다고 했다. 장자 집 딸은 산골에 있는 굴로 들어가 거기서 만난 할머니의 도움으로 호랑이 털을 구해 오고, 부잣집 딸은 온갖 짐승 털만 가져왔다. 한 번 더 내기를 하는데 이번에는 지붕에 사다리를 세워놓고 나막신 신고 물이 가득한 동이를 이고서 한 방울도 흘리지 않고 올라갔다가 내려오는 사람과 혼인하겠다고 했다. 장자 집 딸이 물 한 방울도 흘리지 않고 내려와 혼인하게 되었다. 구술자는 연분이 그렇게 되어서 결혼한 것이라 했다."

이 이야기는 뱀이 여자와 결혼한 후의 남자로 변신한 것은 마치 주술에 걸린 사람이 혼인을 통해서 주술이 풀린 주술담이지만, 여자가 금기를 위반하여 잃어버린 남편을 찾아 떠나 여러 시련을 겪는 탐색담이고, 딸이 부모를 위해 순종과 희생을 강요당했으니 희생담犧牲談도 된다. 이야기 전개는 결혼과 탈각 → 금기 위반과 결별 → 잃어버린 남편 찾기와 재결합 등 크게 세 단락의 완형담인데, 여기서는 탐색담의 관점에서 이야기 속의 의미를 찾아보자.

할아버지 남편이 주워 온 알을 먹고 할머니가 임신했다는 것은 난생의 뱀과 관련이 있지만, 할머니의 임신과 해산은 비정상이고, 뱀으로 태어난 아들이 장자 집의 딸과 혼인하겠다고 할머니를 조른 것 또한 비정상이다. 아들이 조른다고 해서 할머니가 혼인 상대가 될 수 없는 장자 집에 가서 혼인 말을 꺼낸 것도 비정상이고, 할머니의 제안을 들은 장자가 딸들에게 누가 윗집 뱀 총각에게 시집을 가겠느냐고 물은 것도 비정상이다. 그리고 셋째딸이 부모님 말씀을 거역할 수 없으니 자기가 가겠다는 것 또한 상대가 누구인가를 생각하면 비정상이다. 그러니 현실적으로는 뱀 신랑에게 시집가지 않겠다고 한 첫째와 둘째 딸만이 정상이라고 할 수 있다. 이처럼 대부분 비정상이니 이야기를 흔히 거짓말이라고 하지만, 이는 민담의 세계에서는 통용되는 이야기 논리로 이런 비정상 속에 숨겨진 진실이 들어 있다.

셋째딸이 첫날 밤에 뱀 서방 신랑이 미남으로 변신한 행운을 잡은 것은 첫째와 둘째 딸이 이기적이거나 자기중심적인데, 반면에 셋째는 아버지의 말씀에 순종한 효녀로 가족을 위해 희생을 감당했기 때문이다. 셋째딸은 비정상적 혼인을 통해서 미남 신랑을 얻는 행운을 잡았지만, 이 행운이 주인공에게 시련의 시작이 된 것은 변신한 신랑의 모습을 본 언니들의 질투 때문이다. 혼인한 뒤에 길을 떠나면서 신랑은 자기가 벗어놓은 뱀 허물을 부인이 지키지 못하면 돌아올 수 없다는 금기를 일러준다. 이런 금기를 엿들은 언니들은 질투심에 아우가 간직하고 있던 뱀 허물을 강제로 빼앗아 태워버리는 악행을 저지른다. 셋째딸은 본의 아니게 금기를 위반하게 되고, 그래서 돌아오지 않은 신랑을 찾아 탐색의 길을 떠난다. 이 탐색은 우연한 행운 → 언니들의 질투 → 신랑의 금기 제시 → 언니들 훼방의 단계를 거쳐서 시작되었다.

주인공이 탐색을 떠나려 하자, 어떤 사람이 밑 빠진 배낭을 짊어지고 다니는 머리 빡빡 깎은 중처럼 하고 길을 나서라고 한다. 이런 모습은 <삼태성 유래>에서 '부잣집 딸'을 찾아온 스님의 행색과 비슷하지만, 여기서 밑 빠진 배낭은 주인공의 탐색에서 겪을 시련이 끝없을 것임을 암시한다. 주인공은 탐색 과정에서 만난 까마귀, 산돼지, 할머니 등의 요구[구더기 먹여주기, 칡뿌리 먹여주기, 빨래해주기]를 들어주고 길 정보를 얻어서 신랑이 있는 곳에 이른다. 주인공이 만난 이런 존재들의 요구는 특별한 의미가 있다기보다 이들의 요구가 쉽지 않아서 탐색의 여정이 고난임을 상징적으로 보여주는데, <바리데기>에서 주인공이 생명수를 찾아 길을 떠날 때 겪었던 것과 유사하다. 주인공은 이런 시련을 극복한 뒤에 마지막으로 새를 보는 처녀를 만나서 신랑인 신 선비에 대한 상황정보를 얻는다. 여기서 새를 본다는 것은 주변 정보를 정확히 알고 있음을 암시하는데, 새 보는 처녀가 신 선비는 공부를 마치고 부잣집 딸과 혼인하기로 되어 있다고 하니 주인공이 크게 실망하여 위기는 절정에 이른다.

셋째딸은 이런 위기 상황에 체념하고 그날 밤을 부잣집 마루 아래에서 잠을 청하다가 신 선비의 글 읽는 소리를 듣고 신세를 한탄하고, 신 선비도 주인공인 셋째딸을 생각하며 탄식하다가 두 사람은 말소리에 이끌려 재회한다. 그렇지만 부잣집 딸과 혼인하기로 되어 있는 신랑의 처지는 주인공과 바로 혼인할 수가 없어서 두 사람에게 내기를 하게 하고, 내기에서 이긴 사람과 혼인하겠다고 제안한다. 이는 주인공이 통과해야 할 마지막 시련의 관문인데, 첫 번째 시합은 호랑이 털 가져오기지만, 주인공이 굴 안에서 만난 노인의 도움으로 이긴다. 두 번째 시합은 물 가득 담은 동이를 이고 나막신 신고 사다리로 지붕에 올라갔다가 내려오기인데 주인공은 처녀 때 물긷던 경험이 있어 쉽사리 이기고 마침내 입사 시련을 통과하여 혼인이라는 행복한 결말로 끝난다. 여기까지 이르는 과정은 탐색 시작 → 시련 직면 → 시련 극복 → 위기 절정 → 우연한 만남 → 내기 경쟁 → 조력자의 도움과 자기 능력으로 승리 → 결혼이라는 행복한 결말이다.

민담의 구조는 주인공이 세계와의 어떠한 대립과 갈등에서도 우연한 행운이나 조력자의 도움과 자기 능력으로 세계의 우위에 있으므로 행복한 결말을 쟁취하게 된다. 이때 주인공이 갖추어야 할 덕목은 착한 마음씨인데, 착함[선善]이란 욕심을 자제하고 남을 배려하는 것이니 흔히 말하는 극기복례克己復禮다. 신 선비와 우연한 만남, 시련 극복, 내기 경쟁 등에서 조력자의 도움으로 얻은 행복한 결말은 주인공이 그동안 실천하고 쌓은 '효행'과 '선행'의 결과임을 암시하는 것으로 주제는 권선징악이다.

〈지하국地下國 대적大賊 퇴치〉

거인巨人을 퇴치한 이야기가 문헌상으로는 『삼국유사』 권2 <거타지居陀知> 조에 나온다. 거타지는 신라 진성여왕 때 궁사弓士인데 줄거리는 다음과 같다.

“왕의 아들인 아찬阿飡 양패良貝는 왕명을 받들고 당나라에 갈 때 ‘거타지’도 50여 궁사 중 1인으로 함께 갔다. 배가 곡도鵠島에 이르렀을 때 풍랑이 일어 10여 일을 묵게 되었는데, 아찬이 사람을 시켜 점을 치니 섬에 신지神池가 있으니 제사를 지내는 것이 좋겠다고 해서 제사를 지냈다. 아찬의 꿈에 못 속에서 노인이 나타나 궁사 1인을 남겨두면 풍랑을 잦아들게 할 수 있다고 했다. 꿈에서 깨어 사람들과 상의하니 나뭇조각에 이름을 써서 물에 던져 제비를 뽑자고 하여 그 말대로 했다. 거타지 이름이 물에 잠겨 뜨지 않아 그만 남겨둔 채 일행이 떠났다.

그런 뒤에 노인이 못에서 나와 자기는 서해약西海若인데, 해가 뜰 때가 되면 사미승이 하늘에서 내려와 ‘타라니’를 외면서 못 주위를 세 번 돈다. 그러면 우리 가족들이 모두 물 위에 떠오르는데, ‘사미’는 그동안 내 자손들의 간장을 빼 먹어서 다 죽고 우리 부부의 딸

하나만 남았다. 내일 아침에 또 올 것인데 그대가 활을 쏘아 그를 죽여 달라고 했다. 거타지는 요구대로 하기로 하고 숨어서 기다렸다. 다음 날 아침 해가 뜨자, '사미'가 나타나 노룡老龍의 간을 취하려고 할 때 거타지가 활을 쏘니 '사미'는 땅에 떨어져 죽어 여우로 변했다.

노인은 공을 치하하고 은혜에 감사하는 뜻으로 자기 딸을 아내로 삼으라고 하고, 딸을 꽃가지로 변신시켜 품속에 넣어주고 두 마리 용에게 명하여, 거타지를 모시고 사신의 배를 따라가 호위하고 가라고 했다. 당나라 사람들은 용이 배를 호위하고 오는 것을 보고 황제에게 보고하니, 신라 사람은 비상한 사람들이라고 하여 연회 때에도 윗자리에 앉히고 금백金帛으로 후사했다. 거타지는 환국還國해서는 꽃가지를 꺼내 여자로 변신시켜 같이 살았다."

여우가 변신한 괴물을 거타지가 직접 찾아가지 않고 괴물이 나타나기를 기다렸다가 활로 쏘아 죽였으므로 탐색 과정이 없으니 이 이야기는 탐색담이 아닌 괴물 퇴치담이다. 용궁 사람들을 해치는 괴물을 용왕도 어쩌지 못하는 것을 궁사인 거타지가 해결했다. <거타지>는 용의 부탁으로 괴물을 물리친 '괴물 퇴치' 화소와 용이 자기 딸을 아내로 삼으라고 하여 꽃가지로 변신시켜 품에 놓고 가져간 '변신' 화소 그리고 신라에 돌아와서 다시 여자로 변신시켜 같이 살았다는 '용녀와의 결혼' 화소 등으로 구성되어 있다. 초자연적 능력을 소유한 용왕도 인간의 도움을 받아야 위기를 극복한다고 하여 인간의 위대함을 보여준 이야기라는 점에서 특이하고, 이런 유형은 민담에 자주 보이는데 <거타지>는 우리나라의 괴물 퇴치담으로는 가장 오래된 이야기일 것이다.

주인공이 지하국에 사는 대적을 찾아가서 퇴치하고 돌아오는 본격적인 탐색담은 손진태의 『조선 설화집』에 <지하국 대적 퇴치>(1)이 있다.

"옛날 어느 한량이 과거를 보러 경성에 가는데 큰 부잣집 딸이 대적에게 납치되어 가족이 슬퍼하며 딸을 데려오는 자에게 재산의 절반을 주겠다고 했다. 이 소문을 들은 한량을 딸을 구해주겠다고 결심하고, 도적이 어디에 있는지도 모른 채 도적을 찾아 떠났다.

얼마만큼 길을 가다가 초립을 쓴 무사 셋을 만나 의형제를 맺고 네 사람은 대적의 집을 찾아 나섰다. 가는 도중에 독수리에게 둥지를 빼앗긴 까치가 다리를 다쳐서 불쌍한 생각이 든 이들은 까치의 상처를 정성껏 돌봐주었다. 까치는 은혜를 갚으려는 듯 산 너머 큰 바위 밑에 흰 조개껍데기가 있는데 그것을 치우고 보면 작은 구멍이 있다. 그 구멍을 파 보면 점점 넓어져 크게 될 것이다. 거기에는 아주 넓은 별세계가 있는데 당신들이 찾고 있는 대적이 거기 있다고 알려주었다.

무사들은 까치가 알려준 대로 찾아갔는데 구멍을 파 보니 대단히 깊어서 풀 넝쿨을 엮어 긴 줄을 만들었다. 그리고 나이가 가장 젊은 사람에게 먼저 내려가게 하고, 가다가 위험한 일이 있어서 줄을 흔들어 신호를 보내면 바로 올려주기로 했다. 막내는 반쯤 내려가다가 무서워서 줄을 흔들었다. 다음 무사도 역시 내려가다가 무섭다며 줄을 흔들고 세 번째도 마찬가지였다. 하는 수 없어서 나이가 제일 많은 한량이 내려가는데 도적을 죽이고 돌아올 때까지 기다리라면서 줄을 흔들면 자기를 끌어 올려달라고 했다.

지하국에 다다른 그는 대적의 집 옆의 우물가 버드나무에 올라가 몸을 숨기고 집 안을 살폈다. 잠시 뒤에 한 예쁜 여인이 우물에 물을 길으러 나왔다. 여인이 항아리에 물을 채워 머리에 이고 가려고 하면 버드나무 잎을 떨어뜨렸다. 여인은 항아리 물을 붓고 다시 채워 이고 가려 하자 또 잎을 떨어뜨렸다. 세 번째도 또 그렇게 하니 여인이 위를 쳐다보고 사람을 발견하고서, 이승 사람이냐, 어떻게 이곳에 왔느냐고 물었다. 그는 여인에게 지금까지의 일을 모두 이야기하니 당신이 찾는 사람이 바로 자기라고 했다.

여인은 대적이 힘이 아주 세니 자기를 따라오라고 하고 토굴 속에 감춰둔 뒤에 큰 철판을 가지고 와서 힘이 얼마나 센지 시험했다. 이 정도의 힘으로는 대적을 죽일 수 없다며 준비해 둔 동삼수童參水를 매일 마시게 했다. 어느 날 여인은 큰 검을 가지고 와서 이것은 대적이 쓰는 칼이라고 했다. 도적이 지금 자고 있는데 한번 잠들면 석 달 열흘씩 자고, 일을 해도 역시 석 달 열흘씩 하며, 음식을 먹어도 석 달 열흘씩 먹는다고 했다. 지금 잠이 든 지 열흘이 지났으니 이 검으로 도적의 목을 베라고 했다. 한량은 여인의 안내로 도적의 방으로 가서 눈을 뜨고 자는 도적의 목을 내리쳤다. 머리가 천정으로 튀었다가 다시 붙으려고 하자, 여인이 준비한 재를 뿌리니 목이 다시 몸에 붙을 수가 없어 끝내 죽고 말았다.

한량은 여인과 함께 집안을 뒤지니 창고에는 금은보화와 소와 말이 있고, 다른 창고에는 괴물이 죽인 해골과 거의 죽어가는 사람들로 가득했다. 두 사람은 먹을 것을 만들어서 그들에게 먹이니 기운을 회복했다. 금은보화를 우마의 등에 실어 사람들에게 나누어 주고, 한량과 여인은 몸에 지닐 수 있을 만큼의 보화를 가지고 함께 도적에게 잡혀 온 여인 셋을 데리고 출구 밑에 와서 줄을 흔드니 지상에서 기다리고 있던 세 사람은 기뻐하며 줄을 잡아당겼다.

네 사람이 여인 넷을 구출하여 부모에게 데려다주니 여인의 부모들은 자기 딸을 저들의 아내가 되도록 했다. 부잣집 딸은 결혼 첫날 밤 한량에게 자신은 도적에게 납치되어 가서 도적에게 몸을 지키기 위해 거짓으로 병이 있어 같이 할 수 없다 하고 몰래 넓적다리 살을 베어 도적에게 보이자, 도적은 상처를 고치라고 약을 처방해 주어서 며칠 만에 나았다. 그렇지만 나은 때마다 살을 베어 새로 상처를 내서 지금까지 정조를 지킬 수 있었다면서 자기 넓적다리 상처를 한량에게 보여주었다. 한량은 부자가 약속한 대로 딸과 재산 반을 받았으므로 행복하게 잘 살았다."

이 이야기는 도적에게 납치된 부잣집 딸을 찾으러 무작정 떠난 주인공이 자기의 능력도 따지지 않고 괴물에 대한 정보도 없지만, 세계의 횡포에 대해 조금도 주저함이 없이 길을 나선 것은 민담의 주인공한테서 흔히 볼 수 있는 서사 행위로 남의 불행을 외면하지 않는 주인공의 착한 심성이다. 이런 심성 때문에 가는 길에 세 사람의 무사를 만나 의형제를 맺고, 길에서 독수리에게 다리를 다친 까치를 정성껏 돌봐주고서 까치로부터 대적이 있는 곳을 알아낸다. 지하국으로 들어간 한량은 붙들려온 여인이 제공한 신비한 동삼수를 마셔 괴물과 싸울 힘을 얻고, 괴물에 대한 자세한 정보를 얻은 뒤에 본격적으로 투쟁을 벌인다.

이야기 향유층은 구술자의 이런 이야기가 거짓이라고 생각하면서도, 이를 조금도 낯설어하지 않고 오히려 결말에서 듣게 될 결투에서의 승리를 함께 즐기는데 이것이 민담의 세계에서 볼 수 있는 이야기 방식이다. 예상치 못한 우연한 행운은 주인공의 착한 심성에서 비롯되었지만, 납치되어온 여인의 도움으로 대적을 물리친 뒤에 거기 갇혀있던 사람들에게 재물을 나누어주고, 자신도 납치된 네 여인과 함께 돌아와 행복을 맞는 것도 착한 심성에서 비롯된 것이니 이야기의 주제는 권선징악이다. 이 이야기에서 한 가지 특이한 점은 여주인공이 괴물로부터 정절을 지키기 위해 잔혹하지만, 넓적다리 살을 베어내어 자신의 정절이 지킨 것이 강조되어 있다. 이는 구술자의 유가 이념이 반영되었기 때문이다.

『조선 설화집』에는 이 이야기 외에 주인공이 무사이고, 납치된 사람은 세 명의 공주인데, 지하국 문을 통과할 때 수박으로 변신한 삽화와, 동행한 부하의 배신과 백발노인의 도움으로 돌아와 막내 공주와 혼인한 뒤에 배신자와 부하를 징치懲治하는 것을 주제로 한 <지하국 대적 퇴치> ⑵와 탐색의 주인공이 정승댁 아들로 용감한 무사이고, 납치된 여인은 다른 정승댁의 세 명의 여인인데, 납치한 괴물이 독수리임을 미리 알아서 탐색 여정이 없는 <지하국 대적 퇴치> ⑶ 그리고 납치된 부인이 도적과 한통속이 되어 남편을 죽이려고 해서 화가 난 남편은 도적과 아내를 물리치고 자신을 도와준 노파에게 은혜를 갚은 뒤 아내를 따라갔던 시녀와 결혼한 <머리 아홉 달린 도적> 등이 있다. 그리고 주인공이 납치된 여인의 동생이고 도적의 위치를 누나가 꿈을 통해 알려준 <머리 셋 달린 도적>은 홍태환의 『한국구전설화집』, [민속원, 2010]에 수록되어 있다. 이처럼 '지하국 대적 퇴치담'은 변이형도 다양하고 전국에 분포되어 있다.

이 이야기는 전기소설専奇小説 <김원전金圓伝>의 원형담이 되기도 하는데, <김원전>의 주인공 원圓은 얼굴이 눈도 코도 없이 수박 같은 알로 태어나지만, 시간이 지나 죄업을 다해서 탈을 벗고 훤칠한 장부로 다시 태어나 지하국에 들어가서 괴물을 퇴치한다. 이 소설은 여러 이본이 있지만, 이화여대 소장본의 줄거리는 다음과 같다.

"대명太明 성하成化 연간에 운남雲南 땅 좌승상 김규가 늘그막에 자식을 얻었는데 얼굴이 눈도 코도 없이 수박 같은 알로 태어나 이름을 원圓이라 했다. 10년 뒤에 한 선관仙官이 '남두성의 죄가 다했으니 그 보자기를 벗겨준다.' 하고 원의 탈을 벗기니 훤칠한 장부로 변했다.

원은 천마산에서 무예를 익혔는데 어느 날 구두괴적九頭怪賊[머리 아홉 달린 괴적]이 세 미녀를 업고 가는 것을 보았다. 괴도怪盜는 '나는 억만년 묵은 아귀餓鬼로 왕의 세 공주를 훔쳐 가는 것이니 당돌하게 덤비지 말라.' 하고, 어느 바위굴 속으로 사라져 버렸다.

공주를 잃어버린 왕은 원의 아버지와 의논하고, 원을 괴적怪賊 정벌征伐의 대원수大元帥로 삼고, 강문초를 부원수로 삼았다. 이들은 도적 있는 바위굴 앞에 이르러 칡넝쿨로 바구니를 엮고, 방울을 달아 원이 단신으로 지하국에 내려갔다. 원이 석문石門에 들어서니 석함石函이 있고 그 속에 투구, 갑옷, 세 권의 책, 부채와 채찍이 있어 그것을 가지고 괴적怪賊을 찾아갔다. 원은 그 집에 이르러 세 공주 중에 먼저 정숙 공주를 만난 뒤에 수박으로 둔갑하고 그 집에 들어가서 세 공주와 괴적을 없앨 것을 의논했다.

세 공주가 괴적에게 독한 술을 권하여 잠들게 한 뒤에 옆구리의 비늘 두 개를 제거하고 목을 잘라 죽였다. 원은 세 공주를 지상으로 올려보냈으나, 부원수가 원을 시기하여 바구니를 내려보내지 않고 돌로 바위굴의 문을 막았다. 왕궁에 돌아온 공주가 부원수의 죄를 왕에게 고하고 공주는 원의 집에 가서 부모를 봉양하고 원을 기다렸다. 지하에 남은 원은 아귀에게 잡혀 온 용자龍子를 구출하여 그와 함께 용궁으로 가서 용녀를 아내로 맞이하고 연적硯滴 보물을 얻어서 지상으로 돌아왔다. 왕궁으로 오는 도중에 형주 객사에서 죽은 구두아귀九頭餓鬼의 유혹에 빠져 연적을 잃어버리고 원은 땅에 묻히지만, 용녀가 갖은 꾀를 내어 연적을 찾고 원도 환생시켜 궁궐로 데리고 갔다. 원은 공주와 결혼하고 부귀를 누린 뒤에 등선登仙했다."

이 이야기는 주인공이 대립한 세계와 엎치락뒤치락하는 복잡한 구조를 보이지만, 앞에 소개한 여러 <지하국 대적 퇴치담>에서 삽화를 빌려서 구성한 소설이다. 주인공 원이 탄생할 때 수박 같은 알 모양의 비정상적인 모습은 그동안 지은 죄로 주술에 걸린 것이지만, 시간이 지나서 하늘의 죄업이 다 풀려 천관이 보자기를 풀어주자 훤칠한 장부로 변신한다. 주인공이 지하국 괴물을 만나러 갈 때 다시 수박으로 변신하여 도적이 지키는 문을 통과하는 것을 포함해서 여러 형태의 화소가 구전설화에서 차용되었는데, 수박으로 다시 변신하여 문을 통과하는 삽화는 <지하국 대적 퇴치> (2)에서 빌린 것이고, 괴적의 형상이 '구두九頭'라는 화소는 <머리 아홉 달린 도적>에서 빌린 것이며, 괴석에게 독한 술을 먹이고 그의 약점을 알게 된 후 옆구리에 있는 비늘 두 개를 제거하여 괴적을 죽인 '옆구리 비늘 제거' 화소는 <지하국 대적 퇴치> (2)에서 빌려왔고, 주인공이 '용녀와 결혼' 화소는 용녀를 꽃가지로 변신시켜 신라로 가져온 뒤에 다시 여인으로 변신시켜서 결혼한 <거타지>에서 빌린 것이다.

10.
보쌈 이야기

상고시대 보쌈 이야기

상고시대 약탈혼 성격을 가진 보쌈 이야기가 우리 문헌에 나타난 것은 『고려사高麗史』 「악지楽志」 속악俗楽 조 백제百濟의 <방등산가>가 처음이 아닌가 한다. 이 노래는 신라新羅 말에 전라도 방등산方等山 아래 있는 장성長城 현縣에서 마을 부인네들이 방등산 산적에게 보쌈당했다는 기록이다. 가사는 전하지 않고 배경 설화背景說話만 전하는데 설화 내용으로 추론해 보면 한국 상고시대 보쌈 설화는 약탈적 성격이 다분하다. <방등산가>의 배경 설화 내용은 다음 같다.

"방등산은 나주羅州의 속현屬縣인 장성長城 역내域內에 있다. 신라新羅 말년에는 도적이 크게 일어나 이 산에 근거를 두니 양가良家의 자녀들이 많이 잡혀갔다. 장일長日 현縣[장성 속현]의 여인도 그 잡혀간 사람들 가운데 있었는데 이 노래를 지어 남편이 곧 와서 구출해 주지 않은 것을 노래했다."

배경 설화는 산적들이 마을의 양가 여인들을 보쌈해다가 자신들의 성性 욕망을 해소했다는 내용으로 상고시대 한국의 보쌈 문화는 남성이 여성을 약탈했다. 이런 약탈혼 성격의 보쌈 문화는 우리나라에서 구전되는 이야기에도 일부 전승되지만, 특히 몽골과 중앙아시아 키르기스스탄의 유목민들에게 약탈 이야기가 많이 전한다. 우즈베키스탄 프라우다에서 만난 고려인이 전하는 <보쌈 이야기>에서 그 흔적을 발견할 수 있다.

"남편이 죽어 과부가 된 여자를 아직 장가 못 간 사람들이 보쌈해서 업어갔다. 이런 짓을 하는 사람은 집안이 좀 센 사람이 아니면 과부를 데리고 갈 수 없다." [프라우다 김봉화 제보]

이를 제공한 고려인은 고려인 1세대지만 그동안 고려말을 사용한 적이 거의 없어 고려말 구사가 좀 서툴러서 이야기를 자세히 구술하지 못했지만, 노총각이 과부를 보쌈[약탈]했다는 내용이다. 그런데 구술자가 굳이 과부를 보쌈해갔다고 한 것을 보면 우리나라의 보쌈을 기억한 이야기가 아닐까 하는 생각이 든다. 왜냐하면 몽골에서는 결혼식을 하기 위해 이동하는 여인을 납치하고, 키르기스스탄에서는 남자가 자기 마음에 드는 여인을 납치한다고 하여 과부보다는 결혼을 앞둔 여인들이 납치 대상이기 때문이다. 어찌 되었든간에 몽골과 키르기스스탄 지역에 전승된 이야기로는 보쌈 문화가 약탈혼 성격을 지니고 있었다는 것을 알 수 있다. 유목민 생활을 했던 몽골과 키르기스스탄 사람들의 약탈혼은 흔한 일이었다. 이를테면 키르기스스탄에서는 약탈자가 처녀를 약탈하기 위해서 친구들 몇 명과 함께 여인을 납치하여 남자 집으로 데려가서 납치당한 여자가 아무리 반항해도 그 집 문을 넘어서면 어쩔 수 없이 포기하고 딸의 부모도 체념한다. 그런데 요즘에는 법으로 금하고 여자가 끝까지 반항하거나 여자 가족들이 납치한 집에 항의해서 딸을 찾아오기도 한다. 이런 약탈혼이 한국에도 구전된 이야기가 있는데 <과부 보쌈 이야기>가 그것이다.

"시집와서 사흘 만에 남편이 죽었다. 과부가 된 지 사흘 뒤에 저승 빨래[장례 치르면서 생긴 빨래]까지 다 해 놓은 저녁 무렵이었다. 과부에게 눈독을 들인 나이 많은 머슴이 동네 머슴들에게 잔뜩 술을 먹이고 이 과부를 보쌈해 오라고 했다. 동네 머슴들은 술기운에 과부를 보자기에 씌워 업어다가 나이 많은 머슴의 방에 넣어두고 자물쇠를 잠가 버렸다. 과부는 발악했지만 어찌할 수 없어서 그 사람과 살게 되었다." [전라남도 구례군, *필자 내용 요약, 이하 같음.]

한국에서 구전되는 이야기에서 보쌈당하는 여인은 대개 과부이고, 보쌈을 시키는 사람은 노총각 중에서 우두머리거나, 집안 살림이 여유 있는 사람이다. 이처럼 우리나라 상고시대 약탈혼의 흔적이 구전된 이야기에 남아 있지만, 채록된 자료는 기대한 것보다 많지 않다. 이런 이야기에 등장하는 여인은 <방등산가>처럼 자기를 구하러 오지 않은 남편을 원망하는 것이 아니라, 주로 과부이다 보니 보쌈한 사람에게 저항하다가도 결국 체념하고 자신이 처한 상황을 수용하는 이야기다. 이런 한국의 보쌈 이야기는 유목민 생활을 하는 몽골이나 키르기스스탄 풍속에서 보여주는 약탈혼掠奪婚과 같다.

18세기 이후 보쌈 이야기

한국에서 상고시대 보쌈 문화 원형은 남성이 여성 특히 과부를 약탈하는 것이었고, 이야기의 흔적은 후대까지도 남아 있다. 그러나 이런 약탈적 성격의 보쌈 이야기는 18세기에 이르면 차츰 사라지고 희화화戲畫化 되어 해학과 풍자의 성격을 띤 이야기로 바뀌었다. 조선 후기 보쌈 이야기는 『청구야담靑邱野談』, 『계서야담溪西野談』, 『동야휘집東野彙輯』, 『청야담수靑野談藪』 같은 야담집에 수록되어 있고, 『구비문학대계』에 채록된 보쌈 이야기는 전국에 분포되어 있다. 그런데 야담집에 수록된 야담이나, 구전口傳된 설화說話는 상고시대 약탈혼의 보쌈 이야기와는 그 성격이 다르다. 물론 『구비문학대계』의 채록된 보쌈 이야기 중에 상고시대 약탈적 성격의 보쌈 이야기 잔재가 완전히 청산된 것은 아니지만, 대부분 이야기는 약탈적 성격이 희석되고 성性에 대한 여성의 해방 의식과 약탈자를 풍자諷刺하는 해학적諧謔的 성격이 두드러진다. 이는 조선 사회의 여성에 대한 수절守節 강요와 개가改嫁 금지라는 유교의 억압적인 전통 윤리관에 비추어 볼 때 18세기 조선 사회 여성의 의식이 크게 변했음을 알 수 있다.

18세기 이후 조선 사회에는 사회 전반적으로 성性에 대한 긍정적 인식이 확대되어 성적性的으로 억압당했던 여성들이 성 해방을 자각自覺하는 의식이 나타난다. 이는 임진왜란壬辰倭亂과 병자호란丙子胡亂을 겪은 뒤, 18세기에 조선 사회에 일어난 사회현상 중 하나다. 이런 의식의 변화는 정약용丁若鏞이나 박지원朴趾源 같은 진보적인 지식인들에 의해 성에 대한 여성 자신의 폐쇄적인 윤리관을 비판하는 개방적인 시각을 보여주기도 했다. 열녀烈女에 대해서 비인간적 측면과 허구성을 비판한 정약용은 <열부론烈婦論>에서 지배계급의 남성들이 강요하여 여성들이 목숨처럼 지킨 정절貞節의 허위성을 논하면서 남편이 제 명대로 살다가 죽었는데도 아내가 따라서 죽는 것은 제 몸을 스스로 죽였을 뿐이고, 제 몸을 죽인 것은 의리에 맞는 것이 아니라 성정性情이 좁아서 그렇게 된 것뿐이라고 하여, 당시 남편이 죽으면 뒤따라 죽는 열녀를 비판했다. 또 박지원은 <함양박씨열녀전咸陽朴氏列女傳>에서 열녀 박 씨의 입을 통해 수절의 어려움을 말하고 후손들이 원하면 개가改嫁해도 좋다고 허락하는 유언을 남겼다는 이야기도 있다.

또 『청구야담』, 『계서야담』, 『동야휘집』, 『청아담수』 같은 야담집에는 성에 대해 개방적인 의식을 보여준 이야기가 상당수 전하지만, 그렇다고 이런 이야기가 모두 보쌈 이야기는 아니다. 이런 이야기에서 중인 계층이나 부유한 상인 집안 여인들을 중심으로 성에 대해 여성들의 개방적인 태도를 볼 수 있다. 이를테면 부모에게 자신의 혼인 대상을 스스로 선택하겠다고 하여 여성이 큰길 가에 있는 집에 주렴을 치고 앉아서 지나가는 선비들을 선택한다거나, 여성 스스로 남성에게 다가가 구혼을 청하기도 하고, 자신이 흠모하는 남성에게 구애했다가 거절당하면 목숨을 끊는 이야기 등이 그것이다. 이런 이야기 속의 서술 화자는 여성의 요구를 거절한 남성을 두고 옹졸한 처신이라고 비판하기도 했다.

조선 후기 야담집에 수록된 보쌈 이야기와 『구비문학대계』에 채록된 구전설화에 나타난 보쌈 이야기는 여성이 보쌈당하는 경우와 남성이 보쌈당하는 경우 두 형태가 있는데, <보쌈당한 뒤에 낳은 유복자의 과거 급제>는 여성이 보쌈당하는 이야기다.

"옛날에 어느 대갓집에 아버지가 일찍 돌아가시자, 아들이 장가를 들어 노모를 모시고 살았다. 그 아들마저 일찍 죽어서 시어머니와 며느리 두 사람만 살고 있었는데, 그때 며느리는 남편의 유복자를 임신하고 있었다. 인근에는 옹점[옹기점?] 사람이 살았는데 그 부인이 남자아이를 낳고 죽었다. 그래서 주변 사람들이 이 대갓집 과부를 보쌈해다 옹점 집에 보쌈해다 주었다. 보쌈당한 대갓집 며느리가 마침 임신하고 있었으므로 이 집에 온 지 얼마 지나지 않아서 해산하여 남자아이를 낳았다.

보쌈당한 뒤 7년쯤 지나 옹점 남자도 죽어서 여자 혼자 두 아이를 길렀는데, 두 아들은 15세가 되어 과거科挙를 보러 서울로 떠났다. 과거를 보러 가던 두 아들이 옥련동에 이르렀을 때, 날이 저물어서 불 켜진 어느 집에서 하루 쉬어가기를 청했는데 노마님 혼자서 살고 있었다. 노마님은 저녁 식사를 차려주고서 오늘 밤 우리 집에 제사가 있으니 제사 지내는 것을 좀 도와달라고 했다. 옹점 집 친아들은 그 부탁을 달가워하지 않았지만, 보쌈당한 여자의 아들은 할머니 부탁을 들어주었다. 음식을 차린 뒤 제祭를 올리려고 사당에서 위패位牌를 모셔 오는데, 위패가 그 아들의 가슴에 딱 달라붙었다.

다음날 서울에 도착하여 과장科場에 들어가니 임금이 낸 시제試題가 '옥련동 분향 사배'라고 되어 있었으나, 옹점 집 아들은 제목이 무슨 내용인지 몰라 과거에 실패하고 보쌈당한 며느리의 아들만 급제했다. 급제한 아들은 집으로 돌아가는 길에 인사를 드리려고 다시 노마님 집에 들르니 그 집에 천도화天桃花가 피었다. 노마님은 '공명功名이 나는 날 후원에 천도화가 핀다고 했는데, 자손 없는 공명이 어디 있나.'라고 하면서, 급제한 아이를 자세히 살피니, 얼굴 생김새나 음식 먹는 모습이 죽은 자기 아들을 닮았다. 그래서 자기 아들이 죽은 날짜와 급제한 아이의 생년을 맞춰보니 바로 자기 손자였다. 제사 지낸 날 위패가 아이의 가슴에 붙었던 것도 이 때문이었다.

급제한 아들은 어느 고을 원이 되어 나가면서 어머니와 옥련동 할머니를 모시고 잘 살고, 옹점 집 아들에게는 한 살림을 차려주어서 잘 살도록 도와주었다." [경상북도 군위군]

이 이야기는 단순히 약탈혼에서 끝나지 않고 약탈당한 여인이 옹점 집 아들과 자기 아들을 길러 과거科擧 보러 가는 것으로 이어진다. 보쌈당한 여인의 아들은 과거를 보러 가는 길에서 만난 홀로 사는 노마님 집안의 제사를 거들어 주는 선행善行을 베풀고 복을 받아서 과거에 급제하고, 이를 마땅찮게 여긴 옹점 집 아들은 과거에 실패했다는 이야기로 주제가 권선징악勸善懲惡으로 바뀌었다.

다음 이야기는 시어머니가 며느리의 성 욕구를 긍정적으로 받아들이고, 관습처럼 억압된 여성의 성을 해방해 준 인간애人間愛를 주제로 하고 있으며, '보쌈'은 이를 드러내는 서사적 장치에 불과할 정도로 변이된 <과부 며느리 헛 장례 치른 시어머니>다.

"어느 마을에 시어머니와 며느리가 둘이 살고 있었다. 며느리에 대한 머슴의 눈길이 이상하다고 눈치챈 시어머니는 머슴에게 경고했지만 듣지 않았다. 하루는 머슴의 눈길이 심상치 않아서 시어머니가 머슴 몰래 자기 방을 며느리에게 내주고 자기는 며느리 방에서 잤다. 이를 몰랐던 머슴 친구들은 며느리를 보쌈한다는 것이 그만 시어머니를 보쌈해서 동네 사랑방에다 가져다 두었는데, 보쌈 자루에서 나온 시어머니는 그들을 호통쳤다.

그 뒤에 시어머니는 머슴의 눈길을 피하려고 며느리를 친정에 보냈으나, 친정에서는 딸이 소박맞은 줄로 오해하고 시집으로 돌아가라고 쫓아냈다. 며느리는 가지도 오지도 못하다가 결국 시댁으로 되돌아왔다. 며느리도 머슴을 은근히 좋아하는 것을 알아챈 시어머니는 생활이 부유한 데다가 마음이 착한 사람이어서 청상과부로 늙는 며느리를 불쌍하게 여기고, 두 사람을 불러 한 살림을 챙겨 주면서 멀리 가서 잘 살라고 했다. 그런 뒤에 시어머니는 며느리를 거짓으로 죽었다고 소문을 내고 관을 짜서 돌멩이를 넣어 헛 장례를 치르면서 며느리 친정에도 알렸다. 친정 부모들이 와서 관을 열고 시신을 확인해보려고 하자, 시어머니가 자기 집안 풍속에 그런 일을 절대 있을 수 없다고 거절하고 장례를 마쳤다." [경상북도 청도군]

이 이야기에는 '보쌈'의 약탈혼 흔적이 없지 않지만, 그 대상이 청상과부가 아니라 시어머니로 바뀌고, 내용도 해학과 풍자로 희화화戱畫化되어 있다. 그리고 젊은 여성의 성 욕구에 대해 시어머니의 인식은 인간애에 바탕을 둔 긍정적 태도다. 심지어 시어머니는 '보쌈'이라는 악행惡行을 저지른 머슴들을 징치懲治하지 않고 타이르는 정도로 끝냈으며, 머슴의 악행이 더 이상 자행되지 않도록 며느리를 친정으로 보냈다. 이런 시어머니의 뜻을 알지 못한 친정 부모는 시댁에서 소박을 맞고 돌아온 줄로 오해하고 딸에게 죽어도 시댁에서 죽으라고 선걸음에 되돌려 보냈다. 시어머니는 당시 여성의 개가가 허용되지 않은 현실에서 수절하는 며느리를 불쌍하게 여겨 머슴과 함께 멀리 가서 살도록 주선해주고 헛 장례를 치르는 인간애를 보여준다.

이야기의 여주인공은 출가외인出嫁外人의 딱한 처지이지만, 젊어서 과부가 되어도 스스로 선택할 길이 없다. 여주인공이 선택할 수 있는 길은 오직 수절守節뿐이었다. 이는 유가儒家의 이념에 따라 강요된 제도다. 이런 모순된 제도는 지배계층인 양반집 여인에게 엄격했고 조선 후기까지도 여성은 성적性的으로 남성에게 예속隸属되어 있었다. 당시의 여인들은 유가의 윤리적 도덕관인 '열녀불사이부烈女不事二夫'라는 말에 얽매어 수절을 강요받았으니 개가改嫁를 생각하기란 쉽지 않았다. 이런 사고思考는 양반집 여인만이 아니라, 여염집의 여인들도 개가하는 것을 수치스럽게 여겼다. 그런데 이 이야기에서는 시어머니의 개가 권유를 수치스럽게 여기지 않은 며느리가 머슴과 새로운 삶을 시작하는 데 조금도 주저함이 없다. 이것은 당시 여인들의 개가에 대한 인식이 많이 변화되었음을 짐작하게 해준다.

이런 의식의 변화는 지배계급인 재상가 집안에서도 나타나는데 <과부된 딸을 불쌍히 여긴 재상宰相이 가난한 무변武弁에게 의탁하다. [인상녀재상촉궁변憐孀女宰相囑窮弁]>가 있다.

"어느 재상가에서 그 집 딸이 혼인하고 일 년도 안 되어 청상과부가 되어 친정에 와 있었다. 하루는 재상이 안으로 들어가는데 아랫방에서 곱게 단장하고 거울에 자신을 비춰 보다가 거울을 내던지며 흐느껴 우는 딸을 보고는 측은한 마음이 들어 한동안 말이 없었다. 그러던 중 문하門下에 출입하던 무인武人이 와서 인사를 드렸는데 홀로 사는 궁벽한 사람이었다. 재상은 주위 사람을 물리치고 그에게 조용히 말했다.

'사네 신세가 곤궁한네 내 사위가 되지 않겠니?'라고 하니, 무인은 무슨 영문인지 몰라 '영문을 모르니 어르신의 명을 받들 수가 없습니다.'라고 했다. 그러자 재상은 농담이 아니라고 하면서, 궤에서 은덩이를 꺼내주어 튼튼한 말 한 필과 교자를 세내어 오늘 밤 파루가 친 뒤 후문에 와서 대령하고 있으라고 했다. 이윽고 캄캄한 밤이 되자, 재상이 한 여자를 데리고 나와 가마에 들게 한 뒤에 이 길로 곧장 함경도 북관北關에 가서 살라고 했다. 무변은 영문도 모른 채 교자轎子를 뒤따라 성 밖으로 나가 길을 재촉했다.

재상은 이 두 사람을 떠나보낸 뒤 아랫방에 들어가 딸이 자결했다고 큰소리로 통곡하고, 딸이 음양의 이치도 모르고 죽었으니 자신이 직접 염습斂襲해야 한다면서 가족 누구도 딸의 방에 들지 못하게 했다. 사돈집에 통보한 뒤에 시댁의 선산先山에 헛 장례를 치렀다.

뒷날 재상 아들이 수의어사繡衣御史가 되어 북관 지역을 순찰하다가 어느 고을에서 밤이 늦어 한 집에 들렀는데 주인이 나와 맞아주었다. 주인과 인사한 뒤에 그 집 두 아이를 보니 얼굴이 준수하고 자기 집 가족과 아주 닮았다고 생각했다. 밤이 더 깊어지자 한 여자가 들어와 어사의 손을 잡고 눈물을 흘리는데 바로 죽었다는 자기 누이였다. 누이는 아버지 말씀으로 무변과 집을 떠나 이곳에 와서 두 아이를 낳고 살고 있다면서 아이들에게는 어사에게 인사하라고 했다. 어사는 놀라서 한동안 말이 막혔다가 새벽같이 그 집을 떠났다.

집에 돌아와 아버지께 이번 북관 순행 길에 괴상한 일을 보았다고 하면서 말을 꺼내려는데 재상은 두 눈을 부릅뜨고 뚫어지게 바라보면서 아무 말을 하지 않으니 이를 발설하지 못했다." [『청구야담』]

이것은 18세기 『청구야담』에 전하는 이야기로 어느 재상이 청상과부가 된 딸을 곤궁한 무인에게 재혼시킨 내용인데, 양반 가문에서 재혼이 얼마나 어려운 일인가를 여실히 보여준다. 이야기 속에 '보쌈' 화소가 나오지 않지만, 보쌈 서사의 변이형이라고 할 수 있다. 왜냐하면 재상이 딸의 개가를 성사成事시키기 위해서 무변과 공모하여 밤에 남들 모르게 여자를 가마에 태워서 데려갔는데, 이는 남자가 여자를 보자기 대신 가마로 대체해서 보쌈한 것이기 때문이다.

당시는 문벌을 중시하던 때라서 양반 집안에 만약 개가한 딸이 있으면 가문에 큰 누가 된다고 여길 뿐만 아니라, 그 집안은 두고두고 양반 행세를 할 수 없었다. 따라서 청춘에 홀로 된 딸이 아무리 측은해 보여도 친정 부모는 딸을 재혼시킬 방법이 없었으므로 이런 편법을 써서 딸의 재혼을 도운 것이다. 이런 변칙적인 재혼은 성에 대한 재상의 긍정적 인식에서 비롯된 것이지만, 조선 사회의 개가 문제는 이처럼 편법을 쓰지 않고서는 해결할 수 없었으니 양반가의 개가는 부유한 중인이나 상인의 집안보다 더욱 엄격했다.

<기이한 인연을 만나 두 여인을 얻은 선비 [봉기연탐사득이랑逢奇緣貪士得二娘]>에는 이런 내용이 잘 나타나 있다.

"옛날 어느 진사는 성균관 식당에서 밥을 얻어다가 아내를 먹이는 딱한 처지였다. 유일한 활로活路는 관官에 진출하는 것이지만 길이 막혀 가망이 없었다. 그런데 성균관에서 돌아오던 길에 어느 미인이 서슴없이 뒤를 따라와 부인이 되겠다고 하여 부부가 되었다. 이와 유사한 처지에 있던 모 재상도 이 여인이 개가하는 것을 보고 용기를 내서 자기의 딸을 내놓게 되었다. 그 재상은 딸을 개가시킨 뒤에 말할 것도 없이 헛 장례를 치렀다." [『파수편』]

『파수편』편에 전하는 이 이야기에서 첫 번째 여인은 스스로 자신의 운명을 결정하는 대담성을 보여준다. 그녀 아버지를 이 동지李同知라고 한 것으로 보아 부유한 중인이나 상인 집안이었을 것이니, 딸의 개가 문제에 있어서 양반가보다는 신분상 자유스러웠을 것이다. 그렇지만 두 번째 여인의 아버지는 양반가의 재상이니 딸의 개가 문제에 있어서 상대적으로 자유롭지 못했다. 그래서 남이 모르게 딸을 개가시킨 뒤에 헛 장례를 치러 이를 숨길 수밖에 없었다.

지금까지는 여성이 보쌈당한 사례를 중심으로 살폈는데 홀로 된 며느리나 딸을 몰래 혼인시킨 뒤에 죽음을 위장한 헛 장례를 치러 홀로 된 여성을 억압된 성에서 벗어나게 하거나 부유한 중인 계층의 여성이 스스로 자신의 운명을 개척하는 적극적인 사례를 보았다.

보쌈 이야기는 여성이 납치되는 이야기가 일반적이지만, 남성이 보쌈을 당하는 사례를 구전설화에 나와 있는 것을 보자. 18세기 조선 사회에서는 특이하게도 남성이 보쌈당하는 이야기가 있다. 이런 형태의 이야기는 혼인을 앞둔 여인이 상부살喪夫煞이 있으면 이를 사전事前에 차단하려는 주술呪術 행위에서 비롯되었다.

<상부살막이로 보쌈당한 총각이 살게 된 사연>은 왜 남성이 보쌈당하게 되었는지 저간의 사정을 잘 보여준다.

"옛날 서당에서 글공부하던 어느 선비가 과거를 보려고 서울에 갔다가 여기저기 밤늦도록 구경했다. 그러다가 대감집 순래범[순라꾼, 보쌈꾼]에게 걸렸다. 순래범들이 선비를 이불 보자기에 싸서 대감집 방에다 두었는데, 대감은 그날 밤 자기 딸을 그 방에 들여보내서 함께 있도록 했다.

두 남녀는 한밤중이 되도록 아무 말 없이 앉아 있다가 새벽이 되어서 대감 딸이 선비에게 누구냐고 물었다. 선비는 자기는 전라도에서 온 사람인데 과거를 보러 왔다가 보쌈당해 이곳에 오게 되었다면서, 이것이 무슨 짓거리냐고 불평했다.

대감 딸은 이것은 자기의 상부살을 막으려고 부모가 그런 것이라 했다. 딸의 혼인 전에 점을 쳐보니 팔자가 세서 하룻밤을 이렇게 지내면 상부살을 막을 수 있다고 했다. 그래서 아버지가 사람을 시켜서 이런 짓을 한 것이지만, 사람을 죽이고 시집가서는 안 될 일이라 했다. 그러고는 살 방도를 찾아 줄 것이니 염려하지 말라고 했다.

새벽이 되자 대감 딸은 금가락지 셋을 뽑아주면서, 어떤 두 사람이 당신을 데리고 인적이 드문 강가로 가서 죽일 것이다. 그때 이 금가락지 둘을 그들에게 각각 주고, 나머지 하나는 당신 노자로 써서 과거를 본 뒤에 고향으로 돌아가라고 했다. 새벽이 되자 두 사람이 그를 이불 보자기로 싸서 데리고 강으로 가자, 대감 딸이 시키는 대로 그들에게 금가락지를 주었다. 그들은 그를 풀어주고 고향으로 돌아가라고 했다.

사내는 하나 남은 금가락지를 보니 한 번 더 보쌈당하면, 금가락지가 또 생길 것이라 여기고 다음 날 밤도 대갓집 주변을 어슬렁거렸다. 그러다가 불이 켜진 어느 큰 집이 있어서 집 안으로 들어가 문구멍으로 방안을 들여다보니, 반백의 남자와 예쁜 여자가 맨몸으로 볶은 콩을 방바닥에 흩어 놓고 '너는 암비둘기, 나는 수비둘기' 하면서 서로 희롱하며 놀고 있었다. 그러자 사내도 방 안으로 들어가 옷을 벗고서 그들과 어우러져 한참을 놀았다. 반백의 남자가 정신이 들어 '당신 누구냐?' 하고 물으니, '나는 과거를 보러 온 사람이다. 보아하니 나라에서 벼슬하는 사람 같은데 나를 과거 시험에 합격시켜 주지 않으면 밖에 소문을 내겠다.'라고 협박했다. 그러자 내일 과거장에 들어가서 답지에다 이런저런 글귀를 써 두면 알아서 처리해주겠으니 조용히 기다리라고 했다.

다음 날 과장에 나가 보니 반백의 그 사람이 바로 과거 시험 책임자였다. 그가 가르쳐준 글귀를 답지에 써서 합격하고 여자가 준 금가락지를 가지고 고향으로 돌아와 잘 살았다. 마음 착한 대감의 딸 덕에 잘 되었으니 운이 좋아서 그렇게 된 것이다." [전라남도 장성군]

이 이야기는 두 편의 삽화가 한 편으로 구성되어 있는데, 전편은 보쌈 이야기이고 후편은 과거 시험에 협박으로 부정 합격한 이야기다. 전편 삽화에 조선 후기에 남자를 왜 보쌈했는지 그 이유가 잘 나타나 있다. 남자 보쌈은 잘 사는 집에서 혼인을 앞둔 여자가 상부살이 들었으면 혼인 전날 밤에 액막이로 남성을 납치해다가 하룻밤을 함께 지내게 한 뒤에 그 남자를 죽이면 상부살이 해소된다고 믿는 유감주술類感呪術의 악습惡習이다. 조선시대에 이런 풍속이 있었다고 하지만, 남성의 납치가 여기서 유래된 것인지 확인할 길은 없다. 다만 사주팔자에 상부살이 있는 여자 집안에서 결혼 전에 남자를 납치해다가 하룻밤을 지내 유사 혼인을 한 뒤에 그를 죽여 버리면 상부살을 겪은 것이 되므로, 이는 액厄을 막는 유감주술 행위다.

이 삽화의 여주인공은 보쌈당한 남자에게 자신의 액을 막기 위해서 남에게 몹쓸 짓을 하는 것은 사람의 도리가 아니라고 해서 해결해 주지만, 이에 대해서는 아무런 보상의 이야기가 없이 후편의 이야기가 계속된다. 후편은 보쌈당했던 남주인공은 밤중에 남녀가 외설스럽게 노는 것을 협박해서 과거에 급제했다는 이야기이니 보쌈과는 무관하고, 다만 성희롱한 관료를 협박하여 과거에 급제한 남주인공의 행위만 보여주어 당시 과거제도의 문란을 소재로 한 이야기다.

<보쌈당한 선비를 구한 이 정승 딸>은 앞의 이야기와 비슷한 보쌈 행위지만, 시골에서 과거 보러 온 선비를 왜 물에 빠뜨려 죽게 했는지 그 이유는 알 수 없다.

"시골에서 과거를 보러 온 선비를 서울의 악동惡童들이 보자기에 씌워서 물에다 버리는 풍속을 두고 이 정승이 근심하니, 그의 딸이 걱정하지 마시라고 하면서 돈이면 다 해결된다고 했다. 그리고 이 정승에게 돈을 주면서 악동들에게 가져다주라고 했다. 이 정승은 딸이 준 돈을 가지고 악동들을 만나 이 돈을 줄 것이니 그 보쌈한 선비를 내놓으라고 했다. 이 정승은 그 선비를 데리고 와서 자기 딸과 혼인시켰다." [강원도 횡성군]

과거를 보러 온 시골 선비를 서울의 악동들이 왜 물에 빠뜨려 죽게 했는지 그 이유가 이 이야기에 분명하게 나타나 있지 않으니 알 수 없다. 만약에 상부살 액막이 이야기를 염두에 두고 생각하면 집안 여인의 상부살을 막으려는 유감주술에서 비롯된 것이겠으나, 이것이 아니라면 서울 악동들이 자기들의 과거 급제를 위해서 경쟁 상대를 없애려고 한 짓이다. 그렇지만 이것도 일종의 액을 막는 주술 행위로 생각된다.

지금까지는 남성을 보쌈하는 이유를 설명한 이야기였는데, 다음의 <엄한 시아버지의 권술權術과 투기 심한 며느리의 버릇 고치기[엄구권술구척부嚴舅權術懼妬婦]>는 남성을 술에 취하게 해서 납치하여 여자와 혼인한 야담이다. 여기에는 남성 보쌈 화소가 나타나지 않지만, 보쌈 이야기의 변이형이라고 할 수 있다.

"안동安東에 사는 권 진사는 성격이 준엄하고 불같았는데, 며느리 또한 성질이 사납고 투기가 심했다. 권 진사의 아들 권생은 처가妻家가 이웃 마을에 있어서 처가에 다녀오는 길에 비가 오니 객점에 들었는데 마침 그곳에는 부유해 보이는 사람이 있었다. 두 사람은 처음 만났지만, 서로 술을 권하다 보니 권생이 너무 취해 곯아떨어졌다.

밤중에 되어 권생이 깨어보니 함께 술을 마신 사람은 흔적도 없고, 웬 여인이 옆에 다소곳하게 앉아 있었다. 사정을 물으니 여인은 청상과부가 되어 친정에 와 있었는데, 자기 오빠의 성격이 예법에 구애되지 않아서 여동생을 개가시키려고 했으나 문중에서 가문을 더럽힌다고 반대가 심했다. 그래서 다른 방도를 구하던 차에 오늘 이런 자리가 되었다고 했다. 오빠는 이미 멀리 떠났다고 하고 옆에 놓인 상자를 가리키며 은자 5, 6백 냥을 의식衣食의 밑천으로 삼으라고 했다는 것이다.

권생은 어쩔 수 없다고 생각하고 그 여인과 하룻밤을 보냈다. 그런 다음 날 준엄한 부친과 투기 심한 아내를 어떻게 해야 할 방도를 몰라서 친구를 찾아가 도움을 청했다. 친구가 꾀를 내어 아버지 노여움을 풀어드렸으나 부인의 투기가 걱정이었다. 화가 풀린 아버지는 권술을 써서 자기 허락도 없이 작은 부인을 얻은 아들을 죽이겠다고 엄하게 겁박했다. 그랬더니 투기 심한 며느리가 그저 남편의 목숨만 살려 주면 작은 부인과 의좋게 지내겠다고 약조하여 문제를 해결했다." [『동야휘집』]

『동야휘집』에 전하는 이 이야기의 주인공 권생은 본의 아니게 외도한 뒤에 불같은 성격의 부친과 투기 심한 아내를 걱정하다가 친구와 아버지의 기지로 위기에서 벗어난다. '보쌈' 화소는 보이지 않지만, 권생에게 취하도록 술을 권해 여인과 하룻밤을 지내게 한 행위는 남성 보쌈 이야기 변이형이라고 할 수 있다.

여주인공의 오빠가 권생을 취하게 한 뒤에 객점 방에 두고, 자기 여동생으로 모시게 하였다는 것은 조선 후기까지도 양반 가문에서 여성의 개가가 얼마나 어려웠는지를 짐작하게 할 정도로 여성이 자신의 운명을 스스로 개척하기란 쉽지 않았다. 이 이야기에서 여주인공은 오빠의 도움을 받아 과부 신세를 면했지만, 당시에 여성들은 이전以前 시대時代에 비해 성에 대해 훨씬 더 개방적이어서 개가를 윤리적으로 부정하게 여기거나 주저하지 않았다.

이제 『구비문학대계』에 수록된 구전설화를 보면, 야담집에 수록된 남성 보쌈 이야기와는 다르게 여성의 성 해방 문제에 그치지 않고 골계와 해학으로 희화화된 것을 볼 수 있다. 노총각이나 훈장처럼 가난하여 성에 소외된 사람들이 팔자를 고칠 수 있도록 과부가 주동적 역할을 해서 성性을 탐하는 남성들을 징치懲治하는 여성들의 지혜를 보여준다.

<과부 대신 보쌈당한 덕에 장가든 노총각> 같은 형태의 이야기는 전국에서 채록된 정도로 여러 편이 전한다.

"더벅머리 노총각이 장가를 가지 못해서 불평하다가 묵은 묘 옆에서 잠이 들었다. 꿈에 누군가가 나타나서 하는 말이, 내 말을 듣고 발 가는 대로 가다가 불이 보이는 집에 들어가면 장가갈 수 있다고 했다. 노총각은 꿈에서 계시한 대로 발 가는 대로 가다가 불 켜진 집이 있어 날이 어두우니 하룻밤 묵어가자고 했다. 새댁이 나와서 그러라고 하고, 그를 방으로 데리고 들어가서 좋은 이부자리를

내주니 이내 잠이 들었다. 한밤중이 되자 사람들의 소리가 나더니만 자기를 보쌈해서 어딘가로 데리고 가서 부녀가 사는 집에 던져 두었다. 노총각은 첫날밤이라 그 집 딸과 둘이서만 지내게 되었다.” [경상북도 예천군]

주인공 노총각은 묵은 묘 옆에서 잠이 들었는데 꿈에 나타난 인물의 말대로 하였더니 부녀만 사는 집에 보쌈당해 가서 그 집 딸과 첫날밤을 보내고 그 집 딸과 혼인했다.

<과부 대신 업혀 갔다가 행운을 얻은 총각>도 총각이 보쌈당한 이야기다.

“어느 풍수가 더벅머리 총각에게 장가를 가고 싶으면 누가 말하거든 꼭 그대로 하라고 했다. 하루는 이웃 동네에 사는 과부가 맘에 있어서 그 집엘 가서 하룻밤 신세를 지자고 했다. 이때 과부는 어떤 홀아비가 자신을 보쌈하러 온다는 소식을 이미 들었으므로, 총각이 하루 묵자는 것을 허락하고 자기 방을 내주고 자신은 다른 곳으로 가서 잤다.

그 홀아비는 그날 밤 과부가 바뀐 줄도 모른 채 사람을 시켜서 남자를 보쌈해 왔다. 그날 밤에 홀아비가 딸에게 새어머니 될 사람이 아직 부끄러워 함께 밥 먹기를 어려워할 것이니 딸인 네가 방에다 밥을 가져다드리라고 했다. 딸이 밥을 들고 방으로 가서 새어머니를 깨우니 이불 속에 있던 총각이 벌떡 일어나 딸을 이불 속으로 끌어안고 하룻밤을 보냈다. 날이 새도 기척이 없으니 홀아비는 새어머니와 딸이 정을 쌓느라고 그러는가 보다 하고 놓아두었다. 그런데 해가 중천에 뜨도록 방에서 나오지 않자, 홀아비가 방문을 열어 보니 노총각이 자기 딸을 품고 있었다. 노총각이 일어나서 사실대로 말했다.

사람들이 과부를 보쌈해 온다는 것이 잘못되어 더벅머리 총각을 데려왔으니 홀아비는 기절초풍할 지경이었지만, 어쩔 수 없어서 이웃에 소문이 나지 않도록 노총각 입을 막으려고 논 몇 마지기를 주어 보냈다. 더벅머리 총각은 그 논을 받아서 기지機智를 발휘해준 과부와 함께 잘 살았다." [경상북도 안동시]

더벅머리 총각이 풍수의 말을 듣고 그대로 하기로 했는데, 마침 과붓집에서 하룻밤을 묵었다가 보쌈당해 그 집 딸과 하룻밤을 보내게 되었지만, 주인공은 그 딸이 아닌 자기에게 기지를 발휘해준 과부와 함께 살았다고 하여 보은의 의미도 반영되었다.

<보쌈 덕에 장가 간 사람>은 장사에 실패한 주인공이 이미 죽은 친구 부인 꾀로 보쌈당하고 장가를 가게 되었다는 이야기다.

"어떤 사람이 10년을 장사했지만, 가난을 벗어나지 못했다. 하루는 의령宜寧 장場에서 자리를 펴 놓고 당사주唐四柱 보는 사람을 만

났다. 신세를 한탄하던 이 사람은 마지막 남은 돈으로 사주를 보았는데, 사주쟁이가 지금 밤이지만 밀양密陽에 가면 살 틈이 생긴다고 했다. 그러면서 사람이 천성을 버릴 수 없지만, 어쨌건 거기서 만난 사람이 시키는 대로 대담하게 하라고 했다. 이 사람은 사주쟁이 말대로 밀양으로 갔다. 밀양에 가서는 전에 알고 지낸 사람 집을 찾아갔는데, 그 사람은 이미 죽고 그 집 부인만 살고 있었다. 과부가 된 부인은 반갑게 맞아주면서 잘 왔다고 하고, 이왕 왔으니 오늘은 여기서 지내는데 내가 시키는 대로 하라고 했다. 사양할 처지도 못 되고, 사주쟁이가 한 말도 있어서 그렇게 하겠노라고 했다.

과부된 부인은 그를 목욕시키고 옷을 잘 입힌 뒤에 윗방으로 데리고 갔다. 거기에는 이불이 깔려 있었는데 잘 차려입은 채로 이불 안에 들어가게 했다. 밖에서 웅성거리는 소리가 들리더라도 이불 속에 그대로 누워 있으라고 하면서 자신은 여기 없을 것이니 잘하라고 일렀다. 얼마 있으니 두런두런 소리가 들리고 이어서 문을 열리더니 이불 속에 누워 있는 사람을 이불 채로 가마에 태워 데리고 갔다. 그 사람은 이 집 부인 대신 자기가 보쌈당하는구나 하고 짐작했다. 꽤 멀리 가서 어느 마을 어떤 집에 도착하였는데 그 집에서는 새어머니가 온다고 잔치하고 있었다.

홀아비인 그 집 주인이 사람을 시켜서 여자를 보쌈하게 한 것인데, 그 사람은 이불을 꼭 껴안고 얼굴을 보이지 않으니 사람들이 들이다 방에 던져두었다. 잔치가 끝나고 사람들도 거의 돌아가자, 홀아비는 자기 딸에게 새어머니가 처음 와서 낯설 터이니 오늘 밤에는 네가 먹을 것도 가지고 가서 다독거려주라고 했다. 딸이 아버지 말대로 하는데 그 사람이 꼼짝하지 않으니 달래다가 딸이 그만 잠이 들었다. 그 사람이 어둠 속에서 보니 옆에 달덩이가 같은 처자가 있고 피곤했는지 흔들어도 깨어나지 않았다. 그래서 그 딸을 끌어안고 하룻밤을 지냈다.

아침 일찍 홀아비는 염려되어 방 주변을 서성거렸다. 아침 식사 시간이 다 되어 가는데도 아무런 기척이 없어서 홀아비가 방문을 열고 들어가 보니 두 남녀가 껴안고 있었다. 그 사람이 아래채로 내려가 어젯밤에 있었던 일을 다 말하니 홀아비는 어쩔 수가 없어서 그 남자와 딸을 혼인하게 했다." [경상남도 의령군]

주인공이 장사에 실패하여 낙담하던 차에 사주쟁이 말을 듣고 친구가 살던 곳으로 갔다가 친구는 이미 죽고 과부가 된 부인의 말을 듣고 자기가 과부 대신 보쌈당해서 하룻밤을 지낸 뒤에 그 집 홀아비의 딸과 혼인하였다.

<하룻밤에 천 석을 쌓은 더벅머리 총각>은 보쌈당한 뒤에 운 좋게 정승을 퇴임한 대감집 사위가 되었다는 이야기다.

"옛날에 정승을 퇴임한 어느 대감이 아내가 죽으니 여자를 보쌈해다가 함께 살려고 했다. 이웃에는 일찍 부모를 여의고 혼자 살면

서 어린 총각을 거둔 여자가 있었는데 어린 총각이 좀 자란 뒤에 집을 떠났다. 총각은 장가갈 나이가 되었지만, 장가도 못 들고 하는 일이 잘 안되었다. 그러다가 지나는 길에 논을 갈고 있는 어느 노인을 도와주었다. 노인이 일을 마치고 자기 집으로 데리고 가서 대접하더니 자기 집에 장성한 딸이 있으니 자기 사위가 되라고 했다. 그러려고 마음먹고 하룻밤을 그 집에서 자는데 꿈에 하얀 노인이 나타나 그 여자는 네 짝이 아니니 얼른 떠나라고 했다.

그래서 그 집을 나와 한참을 가는데 사주보는 사람이 하는 말이 장가갈 기회가 세 번 있었는데 이번이 마지막 기회라고 하고 발 가는 대로 가면 된다고 했다. 삼거리를 만났는데 한 길은 자기가 전에 살던 집으로 가는 길이고, 다른 길은 전혀 모르는 길이어서 아는 길로 전에 살던 집에 갔다. 그동안 혼자 살던 여자는 그를 반갑게 맞아주었다. 여자가 혼자서 살다 보니 이웃에 사는 퇴임한 정승이 자기를 보쌈하려는 것을 알고 걱정하고 있던 차에 총각이 다시 찾아왔으니 반가울 수밖에 없었다. 여자는 총각을 잘 차려 입혀 자기가 쓰던 방에서 홑이불을 덮고 자게 하고, 댓돌의 신발도 자기 신으로 바꿔놓았다. 정승의 집에서 보쌈하러 온 사람들이 여자의 방으로 들어가서 확인도 하지 않은 채 보쌈을 해서 가마에 태워 대감 집의 큰방에 모셨다.

밤이 되자 대감이 딸에게 새어머니와 사귀어야 할 것이니 오늘 밤은 네가 함께 지내라고 하니 딸이 큰방으로 들어갔다. 다음 날이 되어 해가 중천에 뜨도록 일어나지 않아서 대감이 문을 열고 들어가 보니 두 사람이 함께 누워 있었다. 대감은 놀라 총각을 붙들었지만, 딸이 이미 총각과 하룻밤을 함께 했으니 어쩔 수 없었다. 총각은 얼굴이 잘생겨 대감 사위가 되었으니 하룻밤 사이에 천 석을 쌓은 것이다." [경상남도 울주군]

일찍 부모를 여의고 혼자 살면서 어린 총각을 거둔 여인은 이웃 마을에 퇴임 정승을 지낸 대감이 아내가 죽은 뒤에, 홀로 사는 자기를 보쌈하려는 것을 알아챘다. 그때 마침 어렸을 적에 거두었던 총각이 마침 다시 찾아오자, 그를 여인으로 변장시켜서 보쌈당하게 했다. 총각은 하룻밤을 정승 딸과 하룻밤을 지내고 그 집 사위가 되었다. 하룻밤 사이에 정승의 사위가 되었으니 구술자는 그가 천 석을 쌓은 것이라고 했다.

<보쌈당해 장가간 훈장>은 가난뱅이 홀아비 훈장이 이웃에 사는 과부의 도움으로 장가를 가게 되었다는 이야기다.

"과부는 자기 아이를 위해 서당 선생을 들여서 글을 가르치게 했다. 그런데 과부가 선견지명이 있어서 오늘 누군가가 자기를 보쌈하러 올 것을 짐작했다. 그리하여 서당 선생에게 오늘 밤은 자기 방에서 자라고 하고 자기는 다른 곳에서 잤다. 얼마 있으니 누가 들어와 이불로 서당 선생을 둘둘 말아서 지게에 지고 어디론가 가서 어

느 집에 도착하여 곳간 방을 열고 그곳에 두었다.

그 아버지가 딸에게 오늘 어머니 한 분을 모셔 왔으니 밤에 가서 말동무나 해드리라고 하고 곳간 방으로 들여보냈다. 서당 선생은 다 큰 처녀가 문을 열고 들어오는 것을 보고, 주는 떡을 마다할 수 없어서 그날 밤을 함께 보냈다. 아버지가 아침에 쇠여물을 쑤려고 하자, 딸이 방에서 나왔다. 밤에 무슨 일이 있었냐고 물었지만, 딸은 아무 말도 못 하고 부엌 앞에 앉아 열십자만 그리고 있었다. 방에 있던 서당 훈장이 나와 담뱃대를 두들기며, '이놈아 딸을 주려거든 그냥 좋게 줄 일이지 날 보쌈을 해와 주는 경우가 어디 있느냐.'고 호통을 쳤다.

아버지는 꼼짝없이 딸을 서당 훈장에게 시집보내려고 가마 두 채에 이바지를 잔뜩 실어서 떠나보냈다. 서당 훈장은 돌아갈 곳이 없었는데 마침 어디서 잔치를 하는 집에 당도해서 잔칫집 음식으로 혼례를 치르고 잘 살았다." [강원도 동해시]

혼자 살던 과부가 아이들을 가르치는 홀아비 훈장을 자기를 대신해서 보쌈당하게 하고 그 집 딸에게 장가들게 했는데, 보쌈당해 장가를 가게 된 훈장이 오히려 당당한 태도를 보여주었다.

<옆집 과부 덕에 마누라 얻은 손 진사>는 가난뱅이 손 진사가 이웃에 사는 과부의 도움으로 이방吏房의 사위가 된 이야기다.

"전북 장계에서 가난하게 사는 손 진사는 마을 아이들을 가르쳐서 겨우 입에 풀칠하고 살았다. 옆집에 과부 유 씨가 살았지만 자기 처지로는 감히 혼인을 말할 수가 없었다. 그러던 어느 추운 겨울날 불도 때지 못하고 있는데, 옆집에 살고 있는 과부가 찾아와 오늘 밤 자기 집에 가자고 청하니 속으로 좋아했다. 과부는 손 진사를 집에 데리고 와서 얼게 빗을 꺼내더니 장난을 한 번 하자면서, 손 진사 머리에 덧머리를 대어 낭자를 짓고 비녀를 꽂아주며 큰 저고리와 치마를 소창옷으로 여자처럼 꾸몄지만, 손 진사는 과부를 좋아했으므로 참고 있었다. 과부는 날씨가 추우니 오늘 밤은 자기 방에서 이불을 덮고 자라고 하고, 본인은 잠깐 볼일이 있다면서 불을 끄고 다른 곳으로 갔다.

얼마 있다가 밖에서 소리가 나더니 몇 사람이 달려들어 손 진사를 이불에 싼 채로 가마에 넣고 장계 읍내 이방의 집으로 달려가 큰방에 들여놓았지만, 손 진사는 이불을 꼭 뒤집어쓴 채로 본색을 드러내지 않았다. 이방은 얼마 전에 상처喪妻하고 혼자 지냈는데 어떤 이가 유 씨 과부에 관해 이야기하니 그녀를 보쌈하기로 마음먹고 실행한 것이었다. 이방은 사람들이 돌아간 뒤에 손 진사가 유 씨 과부인 줄 알고 밖에서 달래는데 문을 잠그고 도무지 말을 듣지 않았다. 하는 수 없어서 딸에게 새어머니 될 사람이 부끄러워서 문을 잠그고 저녁밥도 거른 채 있으니, 네가 방에 들어가 오늘 밤 함께 지내면서 좋은 말로 타이르라고 했다. 이방의 딸은 아버지 명대로 손

진사가 누워 있는 방에 들어갔다. 딸이 불을 켜고 음식도 드리려고 했지만, 손 진사는 불을 켜지 못하게 하고 음식도 거절하더니 그 딸을 덥석 안고 하룻밤을 지내게 되었다. 유 씨 과부 덕에 처녀에게 장가를 가고 이방의 사위가 되었다." [서울시 수유동]

마을에서 훈장 노릇을 하며 연명하는 가난한 손 진사가 이웃에 사는 과부를 좋아했다. 하루는 과부가 홀로 된 이방 집에서 자기를 보쌈한다는 낌새를 알아채고, 손 진사를 초대하여 자기로 변장시켜서 보쌈당하게 했다, 주인공은 이방의 딸과 하룻밤을 보내고 이방의 사위가 되었다고 했다.

지금까지 소개한 여러 편의 구전 자료는 전국 여러 곳에서 채록되어 『구비문학대계』에 수록되어 있는데 이야기 내용은 비슷하지만, 보쌈을 지시한 사람이나 보쌈을 당한 사람의 신분이 다양해서 모두 소개했다. 보쌈을 지시한 사람은 당연히 홀아비이지만, 그중에는 경제적으로 여유가 있는 퇴임한 정승 대감이거나 이방처럼 그 지역에서 힘 좀 쓰는 사람들로 성에 대해서는 탐욕적인 인물이다. 그런데 과부의 기지機智로 그들의 성에 대한 욕망은 낭패를 보게 되고 혼인을 치르지 않은 그 집 딸마저 잃게 된다. 과부 대신 보쌈당한 남성들은 가난해서 장가를 못 간 더벅머리 노총각이나 서당 훈장 또는 가난한 선비들이지만 순진하고 주변머리 없는 군상들이다. 이들 역시 성에 대해 욕심이 없는 것은 아니지만, 경제적 여유가 없어서 어쩔 수 없이 홀로 사는 소외된 인물들이다. 성에 탐욕적인 남성들이 눈독을 들이는 여성은 대부분 과부로 자신의 기지로 소외된 군상들이 장가갈 수 있게 도와주고, 자신도 보쌈당할 위기를 모면한다. 여주인공인 과부는 위장 보쌈을 통해서 탐욕스러운 인간들을 해학과 풍자로 징치하고 있어, 과거에는 단순히 성적 욕망을 주제로 했던 보쌈 이야기가 이렇게 달라졌다.

그런데 보쌈당한 남성들이 행운을 얻게 된 과정에는 꿈에 초월적인 노인의 예언을 받거나, 미래를 점치는 사주쟁이의 도움을 받는 등 신비 체험적 장치가 있다. 이는 이야기 향유층인 민중들에게 찾아온 우연한 행운이 자신의 노력만으로 이루어지는 것이 아니고, 신통한 능력을 지니거나 미래를 내다보는 조력자가 필요한 것임을 암시한다. 따라서 민중들에게 찾아온 우연한 행운은 자신의 노력이 아니라 운명임을 보여주는 사고방식이 이야기 바탕에 깔려 있다.

이상으로 한국의 보쌈 문화는 상고시대에 약탈적 보쌈 성격이었지만, 18세기 근대사회에 이르러서는 약탈적 여성 보쌈 성격은 차츰 사라지고, 그 대신에 권력과 재력을 가진 양반 사회에서는 청상과부가 된 며느리나 딸을 남의 이목을 피해서 몰래 혼인시킨 뒤에 헛 장례를 치러서 젊은 여성들의 억압된 성 문제를 편법으로 해결하는 사회 현상이 일어났다. 그리고 이 시기의 한국 보쌈 이야기에는 아주 특이하게도 남성 보쌈 문화가 생겨나기도 하는데, 유교 이념이 엄격했던 조선 사회에서 여성은 수절을 강요받고 개가는 상상

할 수 없는 상황이었으므로 혼인을 앞둔 여인이 과부가 되는 것을 사전에 막기 위해서 양반가 집안에서는 상부살이 있는 여인이 정식 혼인 전에 한 남성을 보쌈하여 하룻밤을 지내고, 다음 날 죽여서 상부살 액막이를 하는 유감주술을 쓰거나, 홀로 사는 여인들이 남성을 여성으로 위장해서 자기 대신 보쌈을 당하게 하여 성을 탐하는 부정적인 남성들을 징치하고, 그 집 딸마저 잃게 하는 해학과 풍자로 희화화되었다. 이처럼 한국의 보쌈 문화가 상고시대에는 약탈혼 성격이었으나, 18세기 이후에 나오는 보쌈 이야기는 해학과 풍자로 희화화되었다. 18세기 조선 사회는 유교 이념에 의해 억압받은 여성의 성에 대한 인식이 바뀌고 인간애를 중시하면서 보쌈 문화도 여성이 아닌 남성이 보쌈당하는 사례가 나타나는 등 해학과 풍자적인 이야기로 변모되었다.

11.
변신 이야기

〈우렁이 각시〉

이 이야기는 여러 형태로 구술되지만, 이를 종합해 보면 만남 → 이별 → 죽음·환생 세 내용 단락으로 구성되어 있다.

"옛날에 가난한 노총각이 노모와 함께 농사를 짓고 살고 있었다. 총각은 일하다 말고, '농사를 지어서 누구하고 먹고살까?' 하고 탄식하니 어디선가 '나랑 먹고살지.'라는 소리가 나서 그곳을 찾다가 우렁이를 발견하고 우렁이를 집에 가져와 농 속에 넣어두었다. 그런데 때가 되면 밥상이 차려져 그 실상을 알아보니, 자기가 없는 틈에 우렁이가 각시로 변신하여 그렇게 했다. 이를 알게 된 노총각은 우렁이 각시에게 청혼하니 우렁이 각시가 때가 되지 않았다면서 기다리라고 했다. 그러나 총각은 이를 참지 못하고 억지로 같이 살았다. [만남]

그런데 시어머니는 누룽지가 욕심이 나서, 밖으로 내보내지 말라는 아들의 당부가 있었지만, 며느리에게 남편의 새참을 나르게 했다. 새참을 나르다가 원님이 지나가니 잠시 몸을 숨겼으나, 우렁이 각시의 서기瑞氣가 드러났다. 서기를 본 원님은 하인에게 명령했다. 명령받은 하인들이 서기 비치는 곳을 찾으니 우렁이 각시는 그들에게 가락지와 옷 그리고 신발 등을 차례로 주어서 군사들을 속였으나 결국엔 붙들려서 우렁이 각시를 원님에게 데려갔다. [이별]

남편은 아내가 없어진 것을 알고 죽은 뒤에 '새'로 환생하여 아내를 찾아가 만났으나, 원님이 '새'를 담뱃대로 탁하고 치니 다시 죽었다. 아내는 원님의 배우자로 살다가 죽자, 전 남편이 묻힌 곳에 장사 지내달라고 했다." [죽음·환생]

여러 형태로 구전된 <우렁이 각시>의 이야기 문법과 거기에 반영된 구술자의 자의식을 살펴보자. 기록문학에서 작가와 서술 화자가 구별되듯이 구술문학도 구술자와 서술 화자가 구별되지만 여기서는 이를 구별하지 않고 구술자라고 했다. 이야기에는 구술자의 자의식이 반영되기 마련인데, 자의식은 구술자의 가치관을 비롯하여 세계관과 윤리관 같은 심리 현상에 영향을 주는 정신적 가치다. 구술자는 스스로 가치 있다고 생각한 사건을 중심으로 구술하므로 자의식에 따라서 이야기 줄거리가 달라지기 마련이다. 이야기에는 본래 줄거리가 있으므로 구술은 대개 이야기 문법에 따라 전개되지만, 전문 이야기꾼이라면 자의식을 반영하면서도 이야기 문법에 따라 순조롭게 구술한다. 반면에 일반 구술자는 자신에게 형성된 자의식에 의존해서 구술하는 경우가 많아서 줄거리가 이야기 문법과 상관없이 전개되는 경우도 흔하다. 구술자는 구전된 내용을 자신의 기억에 의지해서 이야기하므로 본래 줄거리에서 엇나가는 것은 구술자의 잘못된 기억에서 빚어진 결과지만, 여기서는 이런 구술 내용도 구술자의 잘못된 기억으로 보지 않고 구술자 나름의 자의식이 반영된 것으로 간주한다. 왜냐하면 구술자가 오래 기억하고 있다는 것은 구술자의 자의식 속에 깊이 각인되어 있기 때문이다. 다양하게 구술된 내용을 통해서 줄거리의 구조적 의미도 분석하겠지만, 구술자의 자의식이 지향하는 가치관이나 세계관도 함께 살펴보겠다.

논의 대상으로 삼은 <우렁이 각시>에는 인간관계의 기본적인 영역인 자녀·남녀·부부·부모의 관계가 두루 나타나 있다. <우렁이 각시>는 앞에서 제시한 일반형 이야기와는 달리 여러 단계로 구술되고, 이야기 안에 등장하는 인물 간의 관계도 잘 드러나서 다양한 인간관계를 살피는 데도 좋은 자료다. 일반형 이야기를 중심으로 단계별로 살펴보자.

'만남'의 단계에서 주인공 노총각은 '가난'과 '배우자 없음'을 한탄한다. 이때 어디선가 들려온 응대하는 소리를 듣고 우렁이를 얻게 된 것은 우연한 행운이다. 우렁이 형상은 여성을 상징하고 그 속을 알 수 없다는 점에서 신비감을 주기도 한다. 주인공이 우렁이를 물두멍 또는 농 속에 넣어두었다고 했는데, 물에서 사는 생물이니 물두멍에 넣어 둔 것은 썩지 않게 살려두려는 의도겠지만, 농 속에 넣어 둔 것은 우렁이가 귀한 존재 즉 보물임을 암시한다. 주인공 몰래 차려진 '밥상 차려짐'은 노총각의 '가난'과 '배우자 없음'이 한꺼번에 해결될 수 있는 사건이므로 주인공은 호기심이 일어서 그 실상을 확인하려고 '엿보기'를 시도한다. 우렁이의 정체는 이 '엿보기'를 통해서 드러나고, 총각은 각시로 '변신'한 우렁이에게 청혼하여 '배우자 없음'의 남녀문제를 해결하려고 한다.

'변신'은 우렁이가 여성임을 확인해 주지만, 기이한 존재임도 함께 드러난다. 기이한 존재인 우렁이 각시를 얻기 위해서는 우렁이가 말한 대로 노총각은 때를 기다려야 하는데, '금기'를 위반하고 혼인함으로써 새로운 문제가 야기惹起된다. 노총각이 우렁이와 혼인함으로써 예비상황에서 알 수 있었던 주인공의 결핍은 일시적으로 해소되지만, 노총각의 결핍 해소가 금기 위반을 전제로 이루어진 것이어서 '완전 해소'가 아니다. 따라서 <우렁이 각시>는 '만남'에서 이야기가 완결되지 못하고, '이별'이라는 다음 서사 단락으로 전개된다.

'이별' 단계에서는 고부간의 갈등에 의한 시어머니의 횡포로 우렁이 각시의 갈등이 시작된다. 고부간의 갈등은 '누룽지'로 인해 일어나지만, 누룽지는 '가난' 또는 '배고픔'의 상징이고, 누룽지에 대한 시어머니의 집착은 횡포로 발전한다. 어머니의 누룽지 집착은 '아들 밥상 차리기' 역할 상실 때문이지만 그 이면에는 며느리에게 아들을 빼앗긴 홀시어머니의 '상실감'이 더 근본적인 이유라고 할 수 있다. 그래서 시어머니는 며느리를 부정적 인물로 인식하고 횡포를 자행한다.

밖으로 내보내지 말라는 아들의 당부에도 불구하고 시어머니는 우렁이 각시에게 남편의 새참을 나르게 하고, 며느리의 서기瑞氣 때문에 고을 원님에게 그 정체가 드러나서 감춰져 있어야 하는 '기이함'이 세상에 노출된다. 우렁이 각시가 자신의 서기를 속이기 위해 원님의 하인[군사]에게 가락지, 옷, 신발 등을 차례로 주어서 그들을 속여보지만, '원님 속이기'는 실패하고, 원님은 우렁이 각시를 관官으로 데려간다. 이 사건 때문에 <우렁이 각시>를 '관탈민녀官奪民女'형 이야기라고도 한다. 우렁이 각시가 하인에게 준 가락지, 옷, 신발 등은 자신의 정체를 속이기 위한 것이지만, 물건들의 속성을 고려하면 오히려 여성의 '속내 보이기'라고도 할 수 있다. 따라서 우렁이 각시의 '원님 속이기'는 오히려 우렁이 각시가 금기를 어긴 노총각을 떠나려는 잠재의식의 표출로도 보인다. 시어머니의 횡포와 원님의 유혹은 금기를 위반한 노총각에게 닥친 시련이지만, 노총각과 우렁이 각시 사이의 부부관계가 지속될 수 없는 계기가 된다. 일반형 이야기의 결과로만 보면 원님의 횡포로 인한 '관탈官奪'이지만, 노총각과의 부부관계 파탄 원인이 노총각의 금기 위반에 있으므로 <우렁이 각시>의 주제를 관의 횡포에 의한 민중의 시련이라고 일방적으로 말할 수도 없다. 왜냐하면 우렁이 각시는 관에 붙들려간 뒤에 원님과 부부관계를 지속하는 경우가 있어서다.

'죽음·환생' 단계에서는 집에 돌아와 아내의 부재不在를 알게 된 주인공은 죽어서 '새'로 환생한다. '새'로의 환생은 그에게 닥친 시련을 그대로 수용하여 포기할 수 없다는 의미다. 아내 부재가 자신의 금기 위반 때문이라 여기고 자책하는 것이 아니라, 어머니로 인한 것임을 알게 된 아들이 어머니에 대한 원망과 아내의 없음을 한탄하고 이를 극복하기 위해서 '새'로 환생하여 '아내 찾기'에 나선다. 남편은 부인을 만나 자기들의 이별이 자신이나 아내의 잘못이 아니라 어머니의 잘못이라고 말하고, 이별의 책임을 '어머니 탓'으로 돌려, 어머니는 아들의 원망 대상이 되어 부정적인 존재로 인식된다.

남편이 '새'로 환생하여 아내를 찾아갔으나, 원님은 새소리가 시끄럽다며 가지고 있던 담뱃대로 '새'를 톡 하고 때려죽였다. 아내는 자기가 죽으면 전 남편의 시신 곁에 묻어달라고 하지만, 이 부분은 구술자에 따라서 다양하게 구술되고 문맥적 의미 역시 다양하게 해석될 수 있다. 따라서 전 남편 곁에 묻어달라는 요구가 남편의 죽음에 대한 단순한 '위령慰靈'의 의미 이상으로 해석되지 않는 것은 우렁이 각시가 원님과 부부관계를 지속했기 때문이다. 더욱이 '여성의 속내'를 상징하는 가락지, 옷, 신발 등을 원님의 하인들에게 내준 행위도 원님을 속이려는 의도라기보다 물건들의 속성을 고려하면 오히려 원님을 따라가겠다는 의지로 오해받을 수 있다. 그래서

인지 어떤 이야기에서는 노총각과 우렁이 각시의 만남이 원님과 우렁이 각시의 부부관계를 맺기 위한 중간 단계로 구술된 이야기도 있다.

<우렁이 각시> 부부의 이별이 단순히 노총각의 금기 위반에서 비롯된 것이 아니라 원님으로 상징되는 세계의 횡포 때문으로 이해하고 구술한 내용도 상당수 있지만, 부부의 비극적 결말을 두고 구술자들은 자기들 이야기 속에서 다양한 의식의 일면을 보여준다. 따라서 아내를 데려간 원님의 횡포에 의한 민중의 비극을 드러냈다는 견해는 <우렁이 각시>의 일면만을 고려한 것이다. 주인공 노총각의 부부관계가 지속되지 못하고 비극적 결말인 죽음에 이르게 된 이유를 '금기 위반', '시어머니의 횡포', '아내 감추기 실패', '원님의 횡포' 등으로 다양하게 들 수 있는데 근본적 빌미는 노총각의 '금기 위반'이지만, 이마저도 구술자는 자의식에 따라 판단하고 구술한다. 그래서 구술된 여러 이야기들을 보면 금기 위반 자체를 무시해 버리기도 하고, 부부관계 지속의 실패에 대해 시어머니 횡포를 탓하기도 하며, 분에 넘치는 행운을 감추지 못한 노총각을 두고, 아내 감추기 실패라고 하거나 원님의 횡포라고 하는 등 다양하다. 이처럼 부부관계의 실패는 구술자의 자의식에 따라 다양하게 인식된다. 이제 다양하게 구술된 이야기 형태를 통해서 <우렁이 각시>에 대한 구술자의 심리적 정서인 자의식을 좀 더 살펴보자.

단계별 구술자의 자의식

<우렁이 각시> 줄거리는 만남 → 이별 → 죽음·환생의 단락을 기본으로 하지만, 구술자들의 이야기 단계를 보면, 1) '만남'까지 구술된 이야기 2) '이별'까지 구술된 이야기 3) '죽음·환생'까지 구술된 이야기 4) '내기' 경쟁이 삽입된 이야기 5) '옷 바꿔 입기'가 삽입된 이야기 6) '과제' 수행'과 '역할' 바꾸기가 삽입된 이야기[4)~6)은 3)의 '죽음·환생' 대신 삽입] 등 여러 형태인데, 단계별로 구술자의 자의식이 어떻게 달라지는가 살펴보자.

1) '만남'까지 구술된 이야기

줄거리가 우렁이와 노총각의 우연한 '만남'까지 구술된 이야기는 부부가 되어 잘 살았다고 하면서 금기 화소가 아예 없거나, 있어도 사건 전개에서 문제 삼지 않았다. 구술자 고야지의 <우렁에서 나온 처녀>는 '금기' 화소가 아예 제시되지 않았고, 박찬임의 <우렁각시>는 총각 할머니의 넋이 우렁이에게 잘해주어서 보은하려고 왔다고 하여 우렁이 부부의 만남이 전생의 인연으로 이루어졌다고 했다. 최병갑의 <우렁 속에서 나온 미녀>는 효녀로 변신한 우렁이와 혼인하여 잘 살았다고 했고, 이정주의 <우렁각시>는 물두멍 속에 둔 우렁이가 각시로 변신해서 노총각의 밥상을 차려주었는데 붙잡아서 내외가 되었다고만 했다.

이런 이야기는 '밥상 차려짐'과 '우렁이 변신' 그리고 '부부가 되어 잘 살았음' 등 행복한 결말로 끝나는데, 구술자는 노모를 모시고 노총각 신세로 홀로 사는 주인공의 삶을 그저 안타까워하는 심리를 드러낸다.

그런데 만난 뒤에 아직 때가 되지 않았으니 기다려 달라는 '금기'가 제시된 이야기도 있는데, 우렁이는 당신하고 살라고 왔으니 때를 기다려 달라고 한다. 한영록의 <우렁각시>는 용궁에서 득죄得罪해서 이곳에 왔으니 때가 되면 당신하고 살 것이라고 했다. 김경선의 <우렁이 속에서 나온 처녀>는 금기 이행이 적극적이어서 우렁이 각시가 몇 달만 기다리라고 하고, 노총각은 살만 섞지 말고 마음만 두고 살자고 했다. 이는 우렁이 각시를 잡아 두려는 노총각의 집념을 드러낸 것으로 금기를 이행하고 난 뒤에 날을 받아 정식으로 결혼했다.

이처럼 이야기가 '만남'에서 끝나는 이야기들은 금기가 아예 없거나, 있더라도 그것을 잘 이행하여 결혼한다. 그런데 아예 금기 위반을 하고도 결혼해서 잘 살았다는 이야기도 있다. 김삼례의 <우렁각시>가 그것이다. 여기서는 우렁이 각시가 때를 기다려야 된다고 하였지만, 주인공은 이를 무시하고 결혼해 버렸다고 했다. 그리고 구술자가 이야기에 직접 개입하여, "엊그제 봤는데 잘 살더라."라고 하여 그들의 행복한 결말에 대해서 과장이 심할 정도로 확신에 차 있고, 줄거리가 이야기 문법에 어긋난 것을 전혀 문제 삼지 않았다. 이는 우렁이와의 기이한 인연으로 맺어진 만남에만 구술자의 관심이 극대화되어서다.

구술자들은 우렁이가 변신해서 주인공과 결혼했다는 내용으로 끝난 이야기는 주인공의 고난인 '아내 없음'과 '밥상 차리는 일' 등이 해결된 행복한 결말로 끝난다. 민담에서 흔히 볼 수 있는 이런 행복한 결말은 효행과 같은 주인공의 착한 행위에 대한 보상이다. 그래서 구술자의 관심은 '변신'과 '밥상 차리기'와 '부부로 잘 살았다.'라는 데 있다. 그리고 우렁이의 '변신'은 '낯설게 하기'에 해당하기 때문에 구술자에게 오래 기억될 수 있으며, '밥상 차리기'는 그동안 노모 또는 혼자서 해결했는데 기이한 여자를 우연히 얻어서 해결하고 부부로 잘살았다는 결말에서는 노총각의 삶에 대한 구술자의 연민 심리도 잘 드러난다. 특히 여성 구술자들에게는 이런 점이 인상적이어서 오래 기억될 수 있었을 것인데 여기에 속하는 이야기의 구술자 성별을 보면, 남성 구술자보다는 여성 구술자가 많다. '만남'에서 끝나는 이야기에 여성 구술자가 많은 점은 우연한 행운을 얻어 주인공 노총각의 문제가 해결된 것을 통해서 구술자들도 자신에게 처한 문제가 해결될 수 있겠다는 심리적 대리만족을 체험할 수 있어서 구술자들이 쉽게 그리고 오래 기억한 것으로 판단된다.

2) '이별'까지 구술된 이야기

줄거리가 '이별'까지 구술된 이야기는 노총각과 우렁이 각시가 만났다가 헤어지는 데까지인데, 이런 형태의 이야기 수는 꽤 많다. 이 중에는 '우렁이'가 아니라 달팽이, 고동, 조개, 자라, 잉어 등이 등장하는 화소도 있고, '금기' 제시 없이 '이별' 단락이 등장하는 이야기도 있다.

구술자 백금순의 <우렁각시>는 "남의 집 머슴살이를 하는 노총각이, 장가를 보내주지 않는 주인 밑에서 30세가 되도록 머슴으로 일하고 있었는데 우연히 논에서 우렁이를 보고 수렁에 넣어주었다. 그것이 크게 자라자 가져다가 벽장에 넣어 두었는데 끼니때가 되면 밥상이 차려졌다. 그래 엿보니 우렁이가 각시로 변신하여 그렇게 한 것임을 알고 붙잡아 같이 살았다." 이 이야기에는 '금기'가 없지만, 이야기 끝 대목에서 구술자가 원님이 각시를 데려가 버렸다는 것을 기억하고 구술했는데, 이는 부부의 결혼이 원만히 끝나지 않았음을 의미한다. 이 이야기는 장가보내 주지 않은 주인의 인색함, 우렁이를 수렁에 넣어줌, 차려진 밥상, 우렁이의 변신, 결혼, 원님의 강탈 등이 구술자에게 기억된 주요 요소다. 그런데 원님이 데려간 이유에 대해서 구술자가 구체적인 내용을 이야기하지 않고, 밑도 끝도 없이 원님이 데려가 버렸다고 했다. 아마도 그 과정은 기억이 잘 나지 않아서였겠지만, 원님 때문에 두 사람의 기이한 만남과 행운이 파탄에 이른 것이 기억에 남았기 때문일 것이다.

강점분의 <우렁각시>도 금기가 없지만, 변신한 사물은 우렁이가 아니라 달팽이다. 그런데도 이야기 제목을 <우렁각시>라고 한 것은 조사자가 이야기 구조상 '우렁이 각시' 형식에 속한다고 생각해서 그렇게 했을 것이다. 구술자는 "달팽이가 단지 안에서 나와 입으로 게워서 반찬과 밥을 지었다. 주인공 노총각은 달팽이 각시와 결혼한 뒤에 불행하게도 그 이튿날 죽었으므로, 각시가 다른 사람에게 시집가면서 죽은 사람을 땅에 묻어주었다."라고 하고, 이에 대해 구술자는 "주인공이 복이 없어서 그렇게 된 것이다."라고 했다. 주인공의 비극이 원님이 아닌 주인공의 '복 없음'이라고 하여 관의 횡포가 아닌 주인공의 팔자소관으로 돌렸다. 따라서 기이한 만남과 죽음이 모두 주인공의 팔자라고 생각한 구술자의 심리는 지극히 운명적이다.

이선재의 <총각과 조개 처녀>도 역시 금기가 없고 변신한 사물이 우렁이가 아닌 조개라는 것을 제외하면 줄거리 전개는 앞에서 언급한 이야기와 비슷하다. 다만 조개 부인의 집에 서기가 서린 것을 목격한 원님이 그녀를 데려다가 임금에게 바쳤다고 했다. 이야기 내용만으로는 조개 부인이 왕의 부인이 된 것에 대해 구술자가 어떤 반응을 보였는지 잘 드러나지 않고, 노총각은 조개 부인이 왕의 부인이 되는 중간 역할을 했을 뿐이다. 이 이야기에는 금기 위반이나 고부 또는 모자 사이의 갈등이 없고, 다만 가난한 백성이 기이한 인물과는 살 수 없으므로 조개 부인이 왕의 부인이 되는 것은 당연하다는 구술자의 심리가 잘 드러나 있다.

장봉춘의 <왕건이 용왕의 외손자로 태어난 내력>에서는 "왕건의 부친이 밥을 하려고 물을 긷다가 잉어를 잡게 되어서 그것을 물동이에 담아 두었다. 그 후로 끼니마다 밥상이 차려졌는데 이를 이상히 여겨 엿보았더니 잉어가 변신해서 한 짓임을 알고 붙잡아 함께 살자고 했다. 잉어가 자신은 용왕의 딸인데 아들을 낳기 위해서 왔다고 했다. 그런 뒤에 아들을 낳고는 온데간데없이 사라졌는데, 그 아들이 바로 왕건이다." 이는 고려 시조인 왕건의 탄생담으로 왕건의 기이한 출생을 들어내기 위해 우렁이가 잉어로 바뀌는 등 왕건 탄생의 신이성神異性을 드러내는 데 구술자의 관심이 집중되어 있을 뿐, 다른 심리적 정서는 잘 드러나지 않는다. 따라서 이 이야기는 '우렁이 각시' 구조를 빌린 고려 왕건의 탄생담이다.

금기 위반이 제시된 이야기 중에 김홍태의 <우렁 속에서 나온 미녀>는 금기 제시 전까지의 이야기 단락은 일반적인 이야기와 크게 다르지 않다. 다만 구술자는 우렁이가 변신한 대목에서 "한도가 차도록 가만두어야 하는데."라고 개입하면서 주인공의 금기 위반을 미리 염려했다. 우렁이 각시가 금기를 제기한 때도, "참아야 하는다."라고 하면서 금기 위반으로 불행이 다칠 것을 청중이 미리 짐작하도록 하고, 이야기의 결말에서는 "주인공이 금기를 위반해서 우렁이가 밥을 안 하고 곯아버렸다."라고 했다. 가난하고 외로운 노총각의 '밥' 문제가 해결되고 배우자가 생길 상황인데, 구술자는 주인공이 금기를 위반해서 우연한 행운이 파탄에 이른 것이라 했다. 구술자는 우연히 얻은 행운을 지키려면 금기를 잘 지켜야 한다는 것에 관심을 보이는 심리를 드러냈다.

김금순의 <우렁이 각시>도 금기 제시 전 단락까지는 일반적인 이야기와 유사하다. 다만 우렁이 각시가 사흘만 기다려 달라고 했는데 주인공이 그냥 살았다고 하여 금기를 위반해서 처녀는 얼마 후에 하늘로 올라가 버렸다고 했다. 이는 『나무꾼과 선녀』에 나오는 '하늘로 올라가기'를 차용하고 있지만, 처녀가 하늘로 올라간 것이 주인공의 금기 위반으로 암시되어 있어 이를 중시했다.

이난자의 <고동이 각시>는 어떤 남자가 낚시질하면서 잡힌 고기는 살려주었는데 큰 고동이 잡히자 집에 가져와 부엌에다 두었다. 그다음 이야기는 '밥상 차리기', '엿보기', '변신', '금기 위반', '원님의 고동이 각시 강탈' 등으로 전개되었다. 그런데 남편이 부인을 찾으러 원님에게 갔더니 원님은 그를 다른 여자에게 장가보내 주었다고 했다. 이에 대해 구술자는 "남자가 때를 기다리지 못해 좋은 짝을 놓친 것이다."라고 하여 이별의 책임을 주인공의 금기 위반으로 돌렸다. 원님이 남편을 다른 여자에게 장가보내 인정을 베푼 것처럼 구술한 것은 노총각이었던 남편에 대한 구술자의 연민 심리가 작용한 것으로 보인다.

김순엽의 <자라가 변한 각시>는 "노모와 사는 어느 남자가 겨울에 붕어 조림을 먹고 싶다는 어머니를 위해 붕어를 잡으러 갔으나 자라만 잡아 왔다. 어머니가 자라는 싫다고 해서 자라를 항아리에 넣어두고, 다음날 붕어를 잡으러 나갔다가 돌아오니 붕어 조림이 차려져 있었다. 그다음 날에도 밥상이 잘 차려져 있어서, 엿보았더니 자라가 변신해서 한 짓임을 알고 함께 살자고 했다. 각시는 남자에게 자기와 끝까지 살려면 석 달 동안 다른 곳에 있다가 오라고 했다. 그렇지만 남자는 석 달을 참지 못하고 집에 돌아와 보니 큰 구렁이와 뱀 새끼가 우글거렸고, 남자는 구렁이를 보더니 죽어버렸다.” 이야기 줄거리는 자라 각시가 구렁이로 변신했는데 이에 관한 구술자 설명은 없고, 구술자의 관심은 남자가 여자의 말을 듣지 않아 자라가 완전한 각시로 변신하지 못하고 구렁이가 되었다는 데 있다. 더욱이 이 이야기는 효행담과 결부되어 있지만, 구술자는 ‘효심’에 대해서도 관심이 없다. 오히려 효자라고 해도 여자가 제안한 금기를 위반하면 행운을 얻을 수 없다고 하여 금기 위반에만 관심을 보였다.

박태주의 <효자와 자라> 역시 앞의 이야기처럼 효행담과 결부되어 있다. 이 이야기도 “여자의 말을 듣지 않고 집으로 돌아와 엿보니, 자라가 뱀 새끼를 낳았다. 여자는 자기 말을 듣지 않은 주인공에게 자기 갈 길을 간다면서 떠났다.” 구술자는 “여자가 낳은 것이 뱀 새끼가 아니라 용 새끼였다.”라고 고쳐 말하고, “남자도 그것들을 묻어주고 어딘가로 떠났다.”라고 했다. 결국 주인공이 여자의 말을 듣지 않은 탓이라고 하여 주인공에게 이별의 책임을 돌렸다.

유사만의 <용에 얽힌 임실 용진 방죽>은 임실에 있는 용진 방죽이란 지명과 관련지어 구술되었지만, 자라가 변신한 것을 비롯한 줄거리는 앞의 이야기와 유사하다. 다만 "남자가 여자의 말을 듣지 않고 집에 돌아와 엿보니 용 아홉 마리가 꿈틀대고 있었다. 방문을 열었더니 용들은 사라지고, 앉아 있던 부인은 인연이 닿지 않는다며 죽어 버렸다."라고 했다. 구술자는 "남자가 여자의 말을 듣지 않아서 아내 될 사람이 죽게 되었다."라고 하여 역시 금기 위반을 문제로 삼았다.

여태명의 <박도령과 용녀>는 '잉어 변신', '용궁 내왕' 그리고 '화수분' 등의 화소가 연계된 이야기지만, 줄거리가 남녀의 이별에서 끝났다. 주인공 "박 도령이 잉어를 사 왔는데 어디선가 자기를 부르는 소리가 들려 돌아보았다. 잉어가 자기를 부른다는 것을 알고 잉어를 물에 넣어 두었다. 그 뒤로 늘 밥상이 차려져서, 엿보았더니 잉어가 여자로 변신했다. 박 도령은 변신한 여자와 함께 살았다. 얼마 후 아내가 처가인 용궁을 방문하자고 하여 용궁에 가서 지냈다. 아내는 용왕이 선물을 준다고 하면 궤짝을 요구하라고 해서 그렇게 하고, 궤짝 두 개를 가지고 뭍으로 나왔다. 궤짝은 화수분 같은 것인데 하나는 열어도 되지만, 다른 하나는 열지 말라는 금기가 제시되어 있다. 집에 와서 궤 하나를 여니 사람들이 나와 도와주어 부자가 되었다. 그러자 다른 궤에 대한 호기심 때문에 그것도 열었더니 새로 지은 집이 공중에 걸쳐 있고, 부인은 용궁으로 돌아가 버렸으며,

재산은 온데간데없이 사라져서 남자는 다시 옛날로 돌아갔다." 이 이야기도 우렁이가 잉어로 바뀐 것을 제외하면, '만남'까지는 일반적인 이야기와 유사하다. 그런데 용궁에서 얻어온 궤짝을 여는 대목에 금기가 제시되어 있어 금기 내용이 다르지만, 금기 위반으로 주인공이 불행하게 되었다는 점에서는 일반적인 <우렁이 각시>와 유사하다. 다만 '용궁 내왕'과 '화수분' 화소는 일반적인 '우렁이 이야기'에는 없는 내용이다. 이처럼 일반적인 <우렁이 각시> 이야기와 무관한 내용이 결부된 것은 구술자 자신의 관심사와 이야기 논리에 따라서 이야기가 축소 또는 확대되었기 때문이다.

이상으로 '이별'까지 구술된 이야기는 금기 위반이 주인공의 비극적 결말을 초래한 이야기 구조로 되어 있는데 이는 전설에서 흔히 볼 수 있다. 그런데 여성 구술자 김금순과 이난자의 이야기를 제외하면 모두 남성 구술자에 의해 구술되었고, 금기 위반으로 인한 비극적 결말은 여성보다는 남성 구술자들이 더 많은 관심을 보여, 우렁이 각시를 만나 행복하게 잘 살았다고 하는 '만남' 형식에서 여성 구술자가 많은 것과 대조적이다. 또 이 형식에 속한 이야기에 등장한 사물이 우렁이가 아니라, 자라 또는 잉어로 되어 있는 것도 남성 구술자와 여성 구술자와의 차이에서 비롯된 것이라고 할 수 있다.

3) '죽음·환생'까지 구술된 이야기

줄거리가 '죽음·환생'까지 구술된 이야기는 남편과 아내가 이별한 뒤에 남편이 죽어서 환생하는 내용으로 이어지는 <우렁이 각시>의 일반형이다.

구술자 김판례의 <우렁각시>는 앞에 구술된 일반형 이야기와 유사한데 "노총각은 우렁이 각시가 제기한 금기를 이행하고 함께 살고 있었다. 그런데 하루는 원님이 아내를 데려간 줄 남편이 알고 죽은 뒤에 '새'로 환생하여, 원님이 데려간 아내를 찾아가서 '우리의 이별은 너도, 나도 아닌 어머니 탓'이라고 했다. 원님은 새가 시끄럽게 군다며 새를 죽이니, 아내가 죽은 새를 부엌 찬장 밑에 묻어 주었다." 주인공이 금기를 위반하지 않았는데도 결말이 비극적인 것은 인물 간의 대립 갈등 때문이다. 하나는 누룽지로 인해 벌어진 고부간의 대립 갈등으로 밭에서 일하는 남편에게 새참을 갖다주라는 것인데, 아들이 아내에게 새참 심부름을 시키지 말라고 했는데 시켰으니 시어머니의 일방적 횡포다. 주인공이 죽은 뒤에 '새'로 환생하여 아내를 찾아가서 '너도, 나도 아닌 어머니 탓'이라고 한 말에서 알 수 있듯이 아들에 의해 어머니가 부정되는 자녀의 심리가 드러나 있다. 시어머니의 이런 횡포는 숨겨 두었어야 할 아내를 시어머니의 횡포로 원님에게 노출되어 부부관계가 지속될 수 없었기 때문이다. 또 다른 대립은 아내와 원님과의 갈등인데 아내는 원님의 하인을 속이기 위해 자신이 가지고 있는 가락지와 옷과 신발을 차례로 벗어주었으나, 원님은 그녀를 데려갔다고 하여 원님의 횡포로 상징된 '관탈민녀官奪民女'의 상황이 벌어지고, 이것 때문에 한이 맺혀 죽은 남편은 바로 '새'로 환생했다. 이 대립은 다시 남편과 원님과의 갈등으로 발전하지만, 원님의 일방적인 횡포로 남편의 의지가 좌절되었다. 아내는 죽은 '새'를 찬장 밑에 묻어주었는데, 이는 부부관계가 지속될 수 없는 상황에서 아내가 주인공의 넋을 위로하여 좌절의 비극적 상황을 일단 정신적으로 극복하려는 의지로 보인다. 그렇지만 반드시 그렇다고 할 수도 없는 것이 원님과 아내가 부부관계를 지속했기 때문이다. 이런 비극적 결말에 대해 남편은 우렁이 각시가 제기한 금기를 이행하였으므로 앞의 다른 이야기처럼 금기 위반도 문제 되지 않는다. 따라서 두 사람의 비극적 결말은 시어머니와 관官의 횡포 때문이다. 이처럼 세계의 횡포에도 불구하고 아내는 원님과의 부부관계를 지속하였으므로 죽은 '새'를 우렁이 각시가 찬장 밑에 묻어준 행위는 비극적 좌절의 정신적 극복이라기보다는 오히려 죽은 남편을 위한 단순한 '위령慰靈'의 행위로밖에 보이지 않는다. 이것은 원님이 보낸 하인들을 속이려고 아내가 가락지와 옷과 신발을 차례로 내주었지만, 일련의 이런 행위가 오히려 아내의 '속내[본심] 보이기'로 이해되는 이유도 우렁이 부인이 원님과의 부부관계 지속 때문이다.

유조숙의 <우렁각시>에서는 노총각이 금기를 위반한 것을 제외하면 줄거리는 앞에서 언급한 김판례 구술자의 이야기와 유사하다. 다만 "남편이 죽은 뒤에 '새'로 환생해서 아내를 찾아가 우니 아내도 힘께 울고, 이를 본 원님이 담뱃대로 '새'를 톡 처서 죽이자 비단으로 싸서 주춧돌 사이 오줌 내려가는 곳에 묻어주었다." 여기서 '함께 울었다.'라든가 '주춧돌 사이 오줌 내려가는 곳에 묻어주었다.'라는 행위는 남편이 죽었다는 비극적 상황으로 일어난 아내의 반응이지만, 김판례의 이야기에서 지적한 것처럼 '위령' 이상의 의미가 없어 보이는 것은 아내의 '속내 보이기'와 '원님과의 부부관계 지속' 때문이다.

박옥염의 <우렁각시>에서는 아들이 새참 내오는 일을 어머니에게 부탁하였음에도 불구하고, 어머니가 누룽지에 대한 욕심으로 며느리에게 아들의 부탁을 떠넘기고, 원님은 그녀를 데려가 버렸다. 아들은 멸치 장수가 되어서 아내를 찾아갔는데, 아내가 원님과 부부로 사는 것을 보고 애가 타서 죽었다는 것과 아내가 죽은 남편을 속적삼으로 덮어 주었다고 한 것 등은 일반형 이야기와는 다르다. 이 이야기에서는 죽은 뒤의 환생이 아니라, 소금 장수로 변신했으므로 환생이라고 할 수도 없다. 그렇지만 남편이 찾아가서 그들이 부부로 사는 것을 목격하고 애가 타서 죽었다고 했으므로 환생 단계에서 다루었다. 그런데 죽은 남편을 속적삼으로 덮어 주었다고 한 것도 앞의 이야기와 같은 맥락이므로 '위령' 이상의 의미가 없다.

박성예의 <참빗이 된 우렁이 처녀>에서 주인공 노총각은 우렁이 처녀가 되돌아가지 못하도록 우렁이 껍데기를 깨버리는 극단적인 금기 위반을 자행한 점이 다른 이야기와 다르다. 그리고 "원님이 아내를 데려간 것을 알고 어머니를 원망한 뒤에 죽어서 '꽃'으로 환생했다. 아내가 그 '꽃'을 꺾어다가 원님 댁 문 앞에 두었는데 '꽃'이 원님의 옷을 물어뜯자, 원님은 '꽃'을 꺾어 아궁이에 집어넣어 버렸다. 주인공은 다시 참빗으로 환생하니 아내가 머리를 빗을 때에는 곱게 빗겨지지만, 원님이 빗을 때 머리가 뜯겼다."라고 하여 원님에 대한 주인공의 저항이 심각하게 나타난다. 구술자는 남편이 우렁이 껍데기를 깨버렸다고 하여 금기 위반을 극단적으로 구술한 것은 남편이 자기의 삶에 적극적이었음을 보여준다. 그러므로 꽃과 참빗으로 환생한 뒤에 원님을 향한 투쟁 역시 적극적이다. 이를 보면 우렁이의 껍데기를 깨 버린 적극적인 삶의 자세와 반복적인 환생을 통해 부부관계 지속을 훼방하는 세계의 횡포에 대항해서 치열하게 투쟁하지만 결국 세계의 횡포에 죽고 말았다고 한 것에는 구술자의 비극적 심리가 강하게 드러나 있다.

이순용의 <우렁각시>도 일반형 이야기와 유사하다. 다만 제비로 환생해서 아내를 찾아갔는데 여기서는 남편인 아들이 말한 것이 아니라, 며느리가 '니 에미 탓'이라고 했다. 또 "임금이 환생한 제비를 담배통으로 때리자, 제비가 마누라 콧구멍 안으로 들어갔다."라는 행동은 다른 이야기와 다르다. 구술자는 고부간의 갈등에서 며느리가 시어머니를 탓함으로써 시어머니에 대한 부정적인 태도를 분명하게 했고, 주인공이 아내의 콧구멍 안으로 들어갔다는 행위는 임금의 횡포에 굴하지 않고 아내와의 부부관계를 지속하려는 의지를 보였다고 할 수 있다. 이처럼 남편은 아내와 함께 세계 횡포에 대해 원망하고 투쟁한 것은 구술자가 이들 부부관계가 회복되어야 한다는 심리가 적극적으로 반영되었기 때문이다.

이정주의 <우렁각시>는 조사자에게 구술한 첫 번째 이야기 <우렁각시>에 이어서 다시 구술한 내용이다. 첫 번째 <우렁각시>는 부부가 잘살았다고 하는 '만남'에서 끝났고, 두 번째 <우렁각시>는 환생까지 이야기했지만 두 편의 이야기에 드러난 구술자의 심리는 일관되어 있다. 두 번째 <우렁각시>에도 '금기 위반'이나 '원님 속이기'가 없다. 구술자는 "시어머니가 먹은 것이 배에 양이 차지 않아서 누룽지를 먹으려고 그런 것이다."라고 하여 시어머니의 횡포를 배고픔 때문이라고 함으로써 시어머니에 대한 주인공 부부의 부정적 인식을 드러내지 않았다. 반면에 "남편이 죽은 뒤에 파랑새가 되어서 아내를 찾아가 머리맡에서 우니까, 아내도 원한이 맺혀 죽어서 분홍색의 원앙새가 되었다."라고 한 것은 원님의 횡포 앞에서 좌절된 민民의 모습을 드러내고, 죽어서라도 부부관계를 지속하려는 의지를 보여준다. 이야기 구술과정에서 원님을 속이기 위한 우렁이각시의 '속내 보이기'가 없는 것도 이런 해석을 가능하게 한다. 따라서 첫 번째 <우렁각시>에서 부부가 잘살았다고 한 구술자의 소망 의지는 죽어서 파랑새와 원앙새로 환생하여 원님으로 상징된 세계 횡포에 대립하면서 노총각과 우렁이의 부부관계 지속 의지를 드러내고 있어, 다른 이야기들이 보여준 '원님과의 부부관계 지속'과는 다른 구술자의 심리를 보여준다.

이금녀의 <우렁각시>도 '금기 위반', '시어머니의 횡포', '원님 속이기' 등의 화소가 없다. 구술자는 "세 식구가 한집에서 살면서 살림도 넉넉하여 행복하게 살았는데 어느 날 아내가 남편 새참을 내가다가 우연히 어사에게 발각되었다."라고 했다. 그리고 "아내가 없어진 것을 안 남편은 죽어서 '새'가 되어 찾아갔는데, 아내는 어사와 부자富者로 살고 있다."라고 했다. 여기서 주인공의 환생은 관의 횡포에 대한 항거로 보이지만, 어사의 아내 강탈에 대해서는 구술자가 잘살고 있다고 하여, 이들 부부관계의 지속에 대해서 도덕적으로 어떤 비판을 하기보다는 부자로 산 것에 대해서 더 많은 관심을 보여주어 노총각과 우렁이 각시의 만남은 인연이 아니었다는 구술자의 심리를 드러냈다.

임사봉의 <우렁각시>는 앞에서 구술한 이금녀 <우렁각시>를 듣고 자신의 이야기와는 다르다며 구술한 이야기다. 줄거리는 우렁이 발견 과정에서 노총각은 우렁이와 대화가 없고, 금기 위반도 없다, 다만 결말에서 구술자는 "아내의 부재를 확인한 남편이 자결한 뒤에 '새'로 환생하여 원님이 살고 있는 서울로 가서, 머리를 빗고 있는 아내를 만나 '네 탓도 내 탓도 아니며 어머니 장腸[뱃속] 탓'이라고 했지만, 부인은 원님과 그냥 살았다."라고 했다. 이것은 관의 횡포에 의한 비극적 결말이고, 부부관계 지속의 장애는 '어머니 장탓'이라고 하여 배고픔 곧 가난 때문임을 구술자가 암시하고 있지만 어머니의 횡포를 부정하지도 않았다.

최판순의 <우렁 속에서 나온 미인>은 "가난한 남자가 일을 하다가 우렁이를 발견하고 집에 가져다 두었는데 그 뒤로 밥상이 차려졌다. 그런데 어머니가 그 우렁이를 내다 버리자 주인공은 울고불고 난리를 치며 굴러다녔다. 어머니는 아들이 바닥에 있는 줄도 모르고 아들을 같이 쓸어다가 두엄자리에 두고 불을 놓아버렸다. 남자가 타 버렸는데 뒤에 보니 '새'가 한 마리 죽어 있어서 어머니가 샘 중천에 묻어주었더니 거기서 벌레가 나왔다. 동네 여자들이 벌레에게 잎사귀를 갖다주었는데 뽕잎만 먹더니 누에가 되었다'"라고 했다. 이 이야기에는 '우렁이의 변신'이나 '주인공의 금기 위반' 등이 없다. 그 대신에 어머니의 '무지와 투기' 그리고 '잔인함' 때문에 모자간의 심각한 갈등이 강조되어 있다. 자식을 양육해야 할 어머니가 무지하여 아들과 며느리를 밀쳐냈다. 이뿐만 아니라 다른 이야기에서는 전혀 볼 수 없는 삽화로 죽은 아들이 환생한 벌레가 동네 여자들의 도움으로 뽕잎만 먹는 누에가 되었다고 하여 어머니가 무정하게 자식을 밀쳐냈고, 아들은 벌레로 환생하여 어머니를 부정했으며, 동네 여자들은 어머니 잔인함 때문에 상처받아 죽은 아들의 넋을 감싸고 있어 다른 이야기 구술자와는 전혀 다른 의식을 보여준다.

송점순의 <병 속에서 나온 각시>는 "가난한 남자가 밭에서 일하다가 병 속에 든 처녀를 발견했는데, 처녀가 소문내지 말고 집에 데려가 달라."고 했다. 이 이야기에는 우렁이의 변신이 아니라 처음부터 처녀로 되어 있는 것은 구술자가 '우렁이 변신'보다는 '병 속에 든 각시'가 더 현실적이라고 여겨서 그렇게 했을 것이다. 이를 제외하면 일반형 이야기와 비슷하다. 다만 "아내가 없어진 뒤에 남편은 죽어 '새'로 환생하여 아내를 찾아갔다. 원님이 그 '새'를 죽이자, 원님 부인이 된 아내가 묻어주었더니 열두 꽃으로 다시 환생하여 부인에게만 웃고, 원님에게는 시든 모습만 보였다. 그래서 원님은 그 꽃을 낫으로 베어버리니 부인도 자살해 버렸다."라고 하여 원님의 횡포가 강조되어 있고, 이에 대립한 남편의 저항도 심각했으며, 아내도 원님의 횡포에 저항하여 자살해 버림으로써 죽음을 통해서 부부관계를 지속하려는 의지를 극명하게 보여준다. 이처럼 환생하여 세계 횡포와 대립 갈등하면서도 결말에서 주인공이 비극적으로 끝나는 이야기도 전설에서 볼 수 있는 구조다.

4) '내기' 경쟁이 삽입된 이야기

줄거리가 '죽음과 환생' 없이 관官에서 아내를 데려간 뒤에 아내를 찾아 나선 남편에게 원님이 '내기'를 제안한다. 이 이야기는 남편이 죽지 않고 관을 대표하는 원님[임금]과 '내기'를 하면서 대립하는 형식이다. 따라서 일반적 이야기에 보이는 죽음이나 환생의 내용이 없고 그 대신 부인의 조력이 중심 삽화로 되어 있다.

구술자 윤도섭의 <우렁 속에서 나온 미인>은 구술자가 "처음에 우렁이 각시를 만나 잘 살았다."라는 데까지 구술한 뒤에, "이 이야기를 어머니에게 들었다."라고 했다. 그런데 조사자가 "그 뒤에 우렁이 속에 나온 여인은 원님한테 잡혀… 그런 애기."라고 유도하자, 구술자는 "끄트머리를 애기해야겠다면서 세력 있는 사람이 천하일색인 그 여자를 뺏어가려고 하고, 안 뺏기려고 그러고. 그 여자의 조화로 안 뺏기고 그랬다는디. 여나무[열서너] 살에 들었던 것이라 당최 기억이 안 나누만. 우렁이 애기를 해 달래서 해 본 겨."라고 하고 이야기를 마무리했다. 이 이야기는 세력 있는 사람이 천하일색인 우렁이 각시를 뺏어가려고 했지만, 여자의 조화로 안 빼앗겼다고 구술한 것으로 보아, '내기'에서 이겼다는 내용을 기억하지 못했는데, 구술자가 어렸을 때 들은 이야기라서 후반부 내용을 뚜렷하게 기억하지 못했다. 그렇지만 세력 있는 사람이 우렁이 각시를 뺏어가려고 했는데 여자의 조화로 빼앗기지 않았다는 장면은 기억했다. 이는 부부의 시련이 관의 횡포 때문이었지만, 아내의 조화로 빼앗기지 않고 두 사람이 부부관계를 지속한 것은 원님과 '내기'에서 아내가 기지를 발휘하여 이겼기 때문이니, 세계의 횡포에 대한 민民의 승리를 드러낸 셈이다.

최경호의 <남편 가르친 우렁 각시>는 줄거리 외에 이야기를 꾸미는 사설이 많았다. 이를테면 우렁이 각시에게 "누구냐?"라고 묻자, "3일 후에 가르쳐준다." 다시 3일 뒤에 어디 있냐고 물으니, "흙한 사발 떠다 놓아 보아라. 그러면 가르쳐준다."라고 하거나, 밥상 차리는 것도 데려다 놓은 뒤 3일 후에 했다고 하고, 제기된 금기도

3일 뒤에 이행했다는 식으로 이야기 전개와는 직접적으로 상관이 없는 사설이지만, 구술자는 3이란 숫자로 청중의 궁금증이 나게 했다. 이런 사설을 제외하면 일반적인 이야기와 유사하다. 다만 구술자는 일등 미인인 우렁이 각시를 원님이 데려가는 대목에서 신분 차이를 언급했다. 그리고 아내를 데려가려는 것을 남편이 거절하니, 원님은 강탈하기 위해 남편에게 내기를 제안하여 장기 두기에서는 아내가 파리로 변신해서 이기고, 말타기 내기에서는 아내가 비루먹은 말을 얻어주어 이기게 했다. 특히 이 대목에서 아내가 남편의 애정을 확인하기 위해 비루먹은 말에게, "이놈아, 오래간만에 얻은 마누라 안 빼앗기게 해 달라."라고 말하게 했다. 비루먹은 말로 원님과 내기에서 이겼다는 것은 약자의 승리인데 이는 해학적이고 역설적 표현으로 세계 횡포를 고발한 것이다. 내기의 결과는 남편이 승리해서 원님으로부터 많은 재산을 얻어 잘 살았다고 하여 약자의 승리를 확실하게 했다. 구술자가 남성임에도 불구하고 여성 주인공 우렁이 각시가 주도적으로 능력을 발휘하여 남편을 위기에서 구하는 여성 중심 이야기다.

박임순의 <우렁이 마누라 얻은 총각>도 일반적 이야기와 유사한데 다만 '임금의 아내 빼앗기'에서 차이가 난다. 노총각인 남편과 우렁이 각시의 혼인 잔치로 부인에 대한 소문이 나서 임금이 알게 된다. 임금은 그 아내를 빼앗으려고 남편에게 '웃는 꽃과 말하는 물 가져오기', '메뚜기 석 섬 잡아 오기', '말 타고 바나 건너기' 등의 누구도 쉽게 이길 수 없는 내기를 제안했다. 남편은 아내의 도움으로 내기를 모두 이겼다고만 했지, 구체적인 내용을 기억하지 못하고, 결말에서도 부부가 나라 재산을 빼앗아서 잘 살았다고만 했다. 구술자는 끝에 가서 "그런 얘기 들어 봤소? 얼마나 좋소."라고 하여 아내의 조력으로 임금과의 내기에서 이긴 것을 세계의 횡포에서 약자의 승리를 아주 흥미롭게 여겼다. 이 이야기도 '관탈'에 대한 항거로 내기를 해서 주인공이 승리했는데 그것이 아내가 주도적으로 했다고 한 것에 구술자의 관심이 집중된 여성 중심의 이야기다.

김도연의 <우렁이 각시>도 여성 중심의 이야기다. 노총각은 고딩이[우렁이] 각시를 얻으면서 금기를 위반했다. 그런데 남편은 일을 하면서도 아내가 보고 싶어 화상畵像을 가지고 다니다가 잃어버렸다. 주인공의 시련은 금기를 위반한 것과 아내의 화상을 분실한 실수 때문이다. 임금의 군사들이 사냥하다가 종이에 그려진 여자의 얼굴을 보고 그 집에 찾아가 데려가려고 했는데 남편이 거절했다. 임금은 남편에게 '천 냥을 걸고 말 타고 바다 건너기', '빈대와 벼룩 닷 섬씩 구해 오기', '웃는 꽃과 말하는 돌 가져오기' 등 역시 쉽게 이길 수 없는 내기를 제안했는데, 자세한 설명이 없이 아내의 도움으로 승리하고 부부가 잘살았다고 했다. 그런데 이 이야기에서 '웃는 꽃과 말하는 돌을 구해 오기'에서 나온 돌로 임금을 마구 때려주었다고 하여 '관탈'에 대한 주인공의 항거와 승리에 구술자가 남다른 관심을 보였다.

김현분의 <우렁각시>는 금기 위반이 없는 것을 제외하면 일반적 이야기와 유사하다. 다만 군사들이 우연히 우렁각시를 보고 데려가기 위해서 남편에게 '나무 심기'와 '말 타고 바다 건너기' 등의 내기를 했고, 이 역시 아내의 도움으로 이겼다고만 했다. 구술자는 '만남'의 단락에서 보여준 변신 화소와 후반부에서 군사들의 강탈에 대해 내기를 걸어서 이긴 것에 관심을 보였다. 이 이야기는 아내의 능력이 확장되어 있는데, 이에 반해서 남편은 왜소화되어 있어 여성 중심의 이야기가 되었다.

남편에게 내기 제안을 하는 이야기는 주인공과 세계와의 대립 갈등이 죽음과 환생이라는 비현실적 세계가 아닌 현실 세계에서 일어나고, 두 대립 사이에 쉽게 이길 수 없는 '내기' 형식을 통해서 치열하게 투쟁한다. 이 투쟁의 결말을 보면 아내의 조력으로 남편이 승리하여 부부관계를 지속할 수 있게 된 여성 중심의 이야기다. 구술자는 비현실적 내기 방식을 통해 약자가 세계의 횡포를 극복하여 민의 승리를 보여주었는데 이는 민담의 구조에서 볼 수 있는 형식이다.

5) '옷 바꿔 입기'가 삽입된 이야기

'옷 바꿔 입기'가 삽입된 이야기는 '내기' 형태처럼 주인공의 '죽음·환생'이 없이 아내의 재치로 부부관계 지속 장애를 극복하고 행복한 결말을 보여준다.

구술자 김형순의 <우렁각시>는 '죽음·환생까지 구술된 이야기'에서 소개했던 이금녀, 임사봉 구술자와 함께 자리한 이야기판에서 구술되었다. 김형순은 임사봉의 <우렁각시>를 들은 뒤 자기 이야기와는 다르다며 구술하려는데 이때 청중들은 우렁이 이야기만 하느냐고 불만을 터뜨렸다. 이런 분위기 속에서 김형순은 앞 구술자의 이야기와는 다르게 주인공이 원님과 옷 바꿔 입는 대목까지 구술했는데, '금기 위반'이나 '청혼' 과정은 없고 뒤에 가서 고부간의 갈등만 구술되었다. 구술 내용 중에 아내가 없어진 것을 알고 주인공이 울다가 그의 목에서 '새'가 나왔다고 하여 환생한 것처럼 이야기한 것은 앞 사람의 이야기로 혼란이 빚어진 것이고, 이야기 맥락으로 보면 주인공이 '새'로 변장한 것이다.

이야기 결말에서 구술자는 "원님에게 잡혀간 아내가 그동안 원님 앞에서 웃지 않았는데 '새'로 변장한 남편이 찾아와 '어머니 탓'이라고 하자, 아내가 웃었다. 이것을 목격한 원님이 불평하자, 아내가 원님에게 '그 감투를 새에게 주고, 새가 입은 옷을 입어라.'고 하여, 원님이 '새' 모습을 하고서 주인공의 부모를 탓하니 아내가 웃고서 원님하고 살았다."라고 했다.

여기서 '새'로 변장한 남편이 '어머니 탓'이라고 한 것은 어머니를 부정한 것이다. 부인이 그동안 웃지 않았다는 것은 절부節婦임을 암시하는데, 아내가 원님에게 '감투를 새에게 주고 새의 옷을 입어라.'고 하고, 원님이 새 모습을 하고서 '부모 탓'이라고 하자, 아내가 웃고서 원님과 살았다는 것은 이야기 논리로 보면 모순이지만, 구술자의 의식에는 원님과 부부관계 지속에 더 관심이 있어서 그런 것이라 할 수도 있다.

윤민녀의 <달팽이[우렁이] 각시>는 '내기'에서 다룬 김도연 구술자의 <우렁이 각시> 이야기와 유사하다. "아내와 떨어지기 싫어하는 남편에게 아내가 자기 화상畫像을 그려 주었는데 그것을 지니고 일을 하다가 화상이 바람에 날아갔다. 임금이 그 화상을 주워 화상 속의 인물을 찾아오라고 하니 부하들이 아내를 임금에게 데려갔다. 여자는 웃지 않고 지내다가 임금에게 거지 잔치를 해 달라고 했다. 거지 잔치에 쥐 털 벙거지를 쓰고 새털로 만든 낡은 옷을 입고 온 남편을 보고서 원님 부인이 된 아내가 웃자, 임금이 부인을 웃기려고 옷을 바꿔 입었는데 결국은 남편과 임금의 신분마저 바뀌게 되었다"라고 했다.

여기서 아내의 웃음 상실은 '관탈官奪'에 대한 아내의 항거 의지다. 남편이 아내의 과제 부과 없이 스스로 쥐 털벙거지를 쓰고 낡은 새털 옷을 입고서, 아내의 요청으로 벌인 거지 잔치에 갔다가 임금과 '옷 바꿔 입기'를 하고 결국에는 신분까지도 바뀌었다. 임금의 처지에서는 신분의 구속에서 벗어난 정신적 해방이겠지만, 주인공의 처지에서는 세계의 횡포를 아내의 지혜로 이겨낸 약자의 승리이고, 가난에서 벗어나 물질적 풍요를 누리게 되었음을 의미한다. 김형순의 <우렁 각시>에서는 남편의 새 옷을 바꿔입은 원님을 보고 웃고서 부부관계를 지속했다고 한 것과 다르게 약자의 승리가 '옷 바꿔입기'라는 아내의 지혜로 쟁취했다는 점에서 여성 중심적이면서도 비현실적인 '내기' 내용보다 현실적이다.

6) '과제 수행'과 '역할 바꾸기'가 삽입된 이야기

이야기 줄거리는 아내가 원님에게 붙들려가면서 남긴 '과제'를 남편이 수행한 뒤에 아내를 찾아가서 임금과 '역할'을 바꾸거나 '옷 바꿔 입기'를 통해 신분마저 바꾸어 부부관계 지속 장애를 극복해낸 내용으로 부부가 공동으로 부부관계 지속 장애를 해결하였으므로 단순히 '옷 바꿔 입기'를 하는 이야기와는 다르다.

구술자 하차례의 <우렁각시>는 일반형 이야기와 유사한데 주인공이 '금기'를 이행했으므로 '금기'는 사건 전개에 문제가 되지 않는다. 아내가 임금에게 강제로 붙들려가면서 신발을 떨어뜨렸다고 했는데, 이는 동행 거부를 상징적으로 보여주면서 남편에게 자기를 찾아와 달라는 표시이다. 아내가 부여한 과제는 자기를 찾으려면 도끼로 신발 떨어뜨린 곳을 파라는 것이었는데, 남편이 그 말대로 땅을 팠더니 아내가 기도하고 있었다. 아내를 만난 남편은 행복하게 잘 살았다. 이 이야기에서 아내가 부여한 과제는 남편의 성실성을 시험한 것이고, 남편은 이 과제를 성실히 수행함으로써 잃어버렸던 아내를 다시 찾은 것으로 끝날 뿐 임금과의 대립 갈등은 없다. 여기서 아내의 기도 행위는 부부관계의 지속 장애를 기도하여 종교적으로 해결하려고 했으니, 이는 부부의 능력이 아니라 초월자에게 의지한 셈이다. 그렇지만 문제의 해결이 '내기' 형식이 아니라 남편의 '과제 수행' 결과라는 점에서는 부부관계 지속 장애를 아내와 남편이 함께 해결했다고 할 수도 있다.

이순옥의 <우렁각시>는 '죽음·환생까지 구술된 이야기'에서 구술한 박옥염의 <우렁각시>를 들은 뒤에 다른 이야기가 있다고 하면서 구술했다. 박옥염 이야기에 나오는 '노총각의 엿보기'나 '금기'가 없고, 시이미니 삽화에 대해서도 모른다고 했다. 이순옥의 <우렁각시>에서는 원님의 횡포로 '부부관계 지속 장애'가 일어나는데, 이때 아내는 신랑에게 새털로 된 장삼을 입고 찾아오라는 과제를 냈다. "남편은 아내의 말대로 새를 잡아 장삼을 만들어 입고 아내를 찾아갔는데, 그동안 아내는 원님과 동침하지 않고 웃지도 않았다. 새털 장삼을 입은 남편을 본 아내가 웃자, 원님이 남편에게 새털 장삼을 자기 옷과 바꿔 입자고 했다. 결국 남편이 원님이 되었으므로 원님은 새털 장삼을 입고 다녔다."

이 이야기는 아내가 '과제 부여'를 하고 이를 수행한 남편은 아내를 찾아와 원님과 '옷 바꿔 입기'를 하는데, 윤민녀의 <달팽이[우렁이] 각시>에서처럼 신분이 바뀌는 '역할 바꾸기'가 되었다. 아내가 원님과 동침하지 않고 웃지도 않았다는 것은 원님과 혼인을 분명히 거절한 것이므로 부부관계 지속을 위해서 자신의 역할을 충실히 했고, 남편도 아내가 시킨 대로 새를 잡아 장삼을 만들어 입어 자기

역할을 충실히 했다. 따라서 이 이야기도 부부관계의 지속을 방해한 장애를 부부가 함께 해결한 셈이다.

나보옥의 <우렁에서 나온 처녀>는 '만남까지 구술된 이야기'에서 소개한 구술자 고야지의 <우렁에서 나온 처녀>의 이야기를 거들던 구술자가 그 뒤로도 계속 더 있다고 하면서 구술했다. 이 이야기에는 아내와 떨어지기 싫어하는 남편에게 아내의 화상을 그려 준 것은 김도연의 <우렁이 각시>나 윤민녀의 <달팽이[우렁이] 각시>와 유사하다. 그리고 나보옥은 김홍태의 <우렁 속에서 나온 미녀>처럼 주인공이 우렁이 각시에게 청혼한 이야기 부분에서, "가만두어야 하는데."라고 하고, '금기 위반' 때문에 우렁이 각시 머릿속에서 나오던 쌀이 나오지 않게 되었다고 한 부분에서도 "남자가 손을 안 댔어야 하는데."라고 하여 '금기 위반'에 대해서 민감하게 반응했다.

이 이야기에서 아내는 임금에게 붙들려가면서 남편에게 '뒹굴기 3년', '뛰기 3년'을 배우라는 과제를 부여했다. 이를 수행한 "남편이 아내를 찾아가 닭 망태 속에서 구르니까, 임금에 붙들려온 뒤로 전혀 웃지 않던 아내가 마침내 웃었다. 이때 임금은 남편과 '역할 바꾸기'를 제안하고 자신이 망태에 들어갔는데, 두 사람은 망태를 태워버리고 남편이 임금이 되어 잘 살았다." 아내의 '과제 수행'과 남편의 임금과의 '역할 바꾸기'를 통해서 부부가 함께 세계의 횡포에 임금이 들어간 닭 망태를 태워버릴 정도로 철저히 투쟁하여 승리함으로써 부부관계 지속 장애를 극복했다. 이는 이야기 구조가 민담이나 전설보다는 좀 더 복잡하게 얽혀져 있고, 갈등의 해결도 자아주도로 이루어져 있어 소설 구조에 가깝다고 할 수 있다.

권옥이의 <우렁이 각시 덕에 임금 된 사람>은 이야기가 시작되면서 구술자가 "옛날이야기는 말 같지 않아서 잘 하지 않는다."라고 전제하여 옛날이야기에 대해 부정적인 인식을 드러냈다. 이 이야기도 이별 대목까지는 기본적 이야기와 유사한데 다만 '변신'과 '금기'가 없는 것이 다르다. 임금이 아내를 데려가 버리자, 아내는 '활 삼 년', '글 삼 년', '뛰금[뜀뛰기 방언] 삼 년' 합쳐서 구 년을 공부하고 찾아오라는 과제를 부여했다. 여기서 '활'은 무과를, '글'은 문과를 공부하라는 의미고, '뜀뛰기'는 체력이나 재주를 단련하라는 의미로 남편의 미래에 변신을 암시하는 복선 기능을 한다. "아내가 부여한 과제를 수행한 남편이 아내를 찾아가니 용상에 임금과 함께 앉아 있었다. 임금 앞에서 평소에 웃지 않던 아내가 새털 옷을 입고 활을 어깨에 메고 있는 남편의 모습을 보고 웃으니, 임금이 옷을 바꿔 입고 '역할 바꾸기'를 했다. 이때 아내가 임금의 옷을 입은 남편에게 임금을 죽이라고 해서 남편이 그렇게 하고 두 사람은 잘 살았다."라고 했다. 이야기를 듣던 청중이 임금을 죽인 것은 잘못이라 지적했는데 임금을 죽인 것이 도덕적으로 잘못이라고 한 것인지, 아니면 이야기가 잘 못 되었다고 한 것인지 분명하지 않다. 다만 이 이야기에서 아내는 남편에게 임금을 죽이라고 하여 부부관계 지속을 방해한 인물을 철저히 응징했다. 이것도 아내의 '과제 부여'를 수행하고, 임금과 '옷 바꿔 입기'가 자연스러운 '신분 바꾸기'가 아니라, 앞에서 닭 망태에 불을 지른 것같이 임금을 죽이는 투쟁으로 '역할 바꾸기'를 하여 신분까지 바꾸는 적극적 투쟁을 벌여서 부부관계 지속을 방해하는 장애를 부부가 함께 해결했다. 이는 자아와 세계가 상호 우위의 처지에서 투쟁한 뒤에 결국 자아의 승리로 끝나지만, 나보옥의 <우렁에서 나온 처녀>에서 지적한 것같이 민담이나 전설보다는 이야기 구조가 좀 더 복잡하게 얽혀져 있고, 갈등의 해결도 자아 주도로 이루어져 있어 소설 구조에 가깝다고 할 수 있다.

지금까지 <우렁이 각시>의 일반형 이야기와 여러 단계의 이야기를 통해서 구술자의 의식에서 드러난 심리 상태를 살폈다. 이야기의 단계적 의미와 거기에 반영된 구술자의 심리를 논의하다 보니 혼란스러운 점이 없지 않고, 채록된 자료의 구술 정황, 구술자의 구술 태도와 언술이 구체적으로 채록되지 못한 경우가 있어서 논의의 한계가 있다. 그러나 구술된 이야기의 단락에 따라서 구술자의 심리는 얼마든지 달라질 수 있으므로 일반형 이야기만으로 '우렁이 각시'에 대한 구술자의 심리를 일률적으로 적용하는 것은 문제가 있을 수 있다는 것을 이 글을 통해서 밝혔다.

구술자가 이야기를 구술할 때는 구전된 것을 자신의 기억에 의지해서 구술하기 마련이므로 구술자가 기본적인 이야기 문법 논리에서 일탈逸脫되어 줄거리를 놓치면 대개 이야기를 지속하지 못하지만, 어떤 구술자는 자기의 논리에 따라서 이야기를 지속하는 경우도 이 글을 통해서 살필 수 있었다. 이는 이야기가 구술자의 자의식에 의해서 재구성되기 때문이다. 설령 기억에만 의지해서 구술했다고 해도 구술자가 그것을 기억한다는 것 자체가 그 대목에 관심이 많다는 것이고, 관심이 많은 것은 내용이 구술자에게 인상적으로 기억되어 자의식 속에 자리 잡았다는 의미다. 이것은 구술자의 가치관에 따라서 긍정적이든 부정적이든 간에 모두 해당하고, 부정적 경우에는 구술자가 논평을 통해서 이야기에 직·간접으로 개입하기도 한다. 따라서 이야기에는 어떤 형태로든지 구술자의 자의식이 반영되지 않을 수 없으므로 이런 자의식을 통해서 구술자의 심리 상태를 점검할 수 있다. 따라서 이러한 작업은 어떤 작품을 감상하고 거기에 대한 반응에 나타난 인간관계를 통해서 자기 이야기의 수준을 점검하는 것 못지않게 자연스러운 구술 상태에서 구술자의 의식 수준이나 심리 상태를 점검할 수도 있다.

'우렁이 각시' 이야기는 '문학치료'에서 말하는 자녀·남녀·부부·부모 네 영역의 관계가 모두 갖추어져 있고, 이를 근거로 한 인간관계의 네 단계 수준이라고 할 수 있는 가르기·밀치기·되찾기·감싸기가 자연스럽게 드러나는데, 구술자는 '우렁이 각시'에 반영된 자의식에 의해 다양한 심리 상태를 보여준다.

자녀를 중심으로 해서 어머니의 행위를 보면, 일반형에서는 고부 갈등으로 빚어진 시어머니 횡포로 아들이 불행해진다. 그러나 다양하게 구술된 이야기에서는 고부 갈등이 구술자에 따라서 심각한 문제로 인식되기도 하고, 그렇지 않기도 하여 어떤 구술자는 고부 갈등에 의한 시어머니의 횡포가 없이도 <우렁이 각시>를 구술하기도 한다. 또 자신들의 비극을 어머니 탓으로 돌려 부모를 부정적 시각에서 밀치기도 하지만, 배고픔 때문이라고 해서 어머니를 감싸기도 한다.

남녀를 중심으로 해서 주인공의 행위를 보면, 일반형에서는 주어진 상황에 순응하지 않은 선택 즉 금기 위반이 두 남녀 사이의 불행을 가져온다. 그렇지만 다양하게 구술된 이야기에서는 금기를 잘 이행하기도 하고, 아예 금기 없이 이야기를 전개하기도 한다. 심지어 금기 위반을 하고도 그것이 아무런 문제가 되지 않는다는 듯이 이야기를 전개하는 구술자도 있어, 구술자가 어떤 자의식을 가지고 이야기했는가에 따라 남녀 관계의 의미가 달라질 수 있다.

부부를 중심으로 해서 부부의 행위를 보면, 일반형에서는 주인공이 아내 부재의 현실을 인정하지 못하고 아내를 되돌리기 위해서 집착을 보이다가 결국 죽음을 맞고, 아내는 현실 상황에 순응하여 다른 사람과의 부부관계를 지속한다. 따라서 주인공인 남편에 대해서 부부관계 지속보다는 그의 죽음을 위령慰靈하는 수준에서 머물지만, 다른 이야기에서는 부부가 아무런 문제 없이 잘 살기도 하고, 금기 위반 때문이라고도 하며, 분수에 넘치는 아내를 얻었다거나 복이 없어서 자기에게 굴러온 행운을 놓쳤다고 하여 운명적인 세계관을 보이기도 한다. 그러는가 하면 남편에 대한 아내의 정절이 강조되어 남편을 따라 죽기도 하고, 세계의 횡포에 맞서서 아내의 조력으로 내기에서 승리하거나, 아내의 지혜로 임금과 옷 바꿔 입기를 해서 세계의 횡포를 극복하기도 하며, 아내가 제시한 과제를 성실히 수행함으로써 부부가 함께 세계의 횡포를 투쟁으로 극복하기도 하는데 이런 여러 경우는 부부관계를 중시한 구술자의 자의식에 기인한 것이다.

마지막으로 부모를 중심으로 해서 주인공의 행위를 보면, 일반형에서는 아들에 대한 상실감으로 양육에 대한 의무를 포기하고 아들과 며느리를 갈라놓기도 하고, 며느리에게 횡포를 부려서 밀쳐내기도 하며, 부모가 무지해서 아들에게 잔인하게 굴면서 밀쳐내기도 한다.

이처럼 <우렁이 각시>는 다양한 영역의 인간관계와 단계별 수준을 함께 보여주는데 이는 이야기 문법과는 무관하게 구술자들의 자의식에서 비롯되었다고 할 수 있다.

12.
회귀回歸 이야기

한국 〈쥐[두더지] 혼인〉

한국의 '쥐[두더지] 혼인담'은 문헌으로 전해지는 이야기와 입으로 구술된 이야기가 있다. 두 형태의 '쥐 혼인담'의 차이는 전사가 풍자로 비판적이라면, 후자는 소화笑話로 흥미성이 강조되어 있다. 논의 대상은 문헌으로 전하는 유몽인 『어우야담』의 <두더지의 혼인>과 구전 자료를 집대성한 『한국구비문학대계』에 수록된 경기 강화도의 <쥐의 혼인>을 비롯해서 전남 함평의 <쥐의 배필은 두더지>, 경북 성주의 <쥐와 두더지의 혼사>, 경남 거제의 <두더지 신랑 고르기>, 경남 거창의 <두더지의 혼인> 등 다섯 편만 다루지만, 이 이야기는 지역적으로 꽤 광범위하게 분포되어 있다. '쥐 혼인담'에서 주인공은 쥐지만 흙을 파서 놀미륵을 넘어뜨린 두더지도 쥐와 동족으로 인식되어 있어 '두더지 혼인담'이라고도 하는데, 여기서는 '쥐 혼인담'이라는 제목에 포함해서 다룬다. 그리고 혼인 당사자가 딸 또는 아들로 되어 있고, 혼인할 때 부모가 배필을 구하지만,

당사자가 직접 구하기도 한다. 이런 유형의 이야기가 인도 설화집이나 중국 설화집에도 전해지는데, 구술 의도는 우리나라에 전하는 이야기와 다르다.

문헌설화 <두더지의 혼인>

이야기 주인공이 두더지로 되어 있는 『어우야담』의 <두더지의 혼인>의 도입 부분에는 서술자의 서술 동기가 있다. "예로부터 국혼國婚 때문에 화가 미친 일은 다 기록할 수가 없을 정도다. 이는 두더지[야서野鼠]가 자기 무리와 혼인하는 것보다 못 한 일이니 무슨 말인가?"라고 하여 구술자는 서두에서 당시 국혼으로 화禍가 미친 일이 적지 않은 현실을 두고 <두더지 혼인>을 사례로 들어 이에 속한 군상들을 비판하였다.

"두더지 부모는 아들을 낳아 애지중지하며 키우면서 자기들은 귀한 족속이라 여기고 혼처를 구하는데, 높이 있으니 귀할 것이라 여기고 먼저 하늘을 택하여 찾아간다. 하늘은 자신이 제일 높지만, 구름이 나를 가릴 수 있으니 구름만 못하다고 하고 거절한다. 구름을 찾아가 당신만큼 귀한 족속이 없으니 내 아들과 혼인하기를 바란다고 하니, 구름은 온 세상을 다 가릴 수 있지만, 바람이 나를 흩어 버리니 바람만 못하다고 한다. 바람을 찾아가 당신만큼 귀한 족속이 없으니 내 아들과 혼인하기를 바란다고 하니, 바람은 모두 날릴 수 있지만, 과천의 돌미륵만 어쩔 수 없으니 돌미륵만 못하다고 한다. 돌미륵을 찾아가 당신만큼 귀한 족속이 없으니 내 아들과 혼인하기를 바란다고 하니, 돌미륵이 바람에는 끄떡없지만, 두더지가 밑을 파면 넘어지니 두더지만 못하다고 했다. 두더지는 놀라서 자신을 되돌아보고 탄식하며, 천하에 귀한 족속으로 우리만 한 존재가 없다 하고 두더지와 혼인한다."

이야기 결말에서 서술자는 "대저 사람이 분수를 스스로 알지 못하고 감히 국혼을 하여 사치스러움을 스스로 누리려다가 마침내 재앙이 자신에게 미치니 어찌 두더지만도 못한 것이 아니겠는가?"라고 논평했다. 이처럼 구술자는 <두더지의 혼인>을 통해서 당시에 국혼으로 사치와 부를 누리려다가 화를 입은 사람들을 두고 두더지가 혼인하는 것만도 못하다며, 그 어리석음을 풍자하여 당시 지배층의 탐욕을 비판하였다. <두더지의 혼인>에서 두더지의 부모는 딸이 아닌 아들을 혼인시키는 것으로 되어 있는데 구술자가 당시 국혼의 폐해를 왕자와의 혼인보다 공주와의 혼인이 더 심각하다고 생각해서 그렇게 한 것 같기도 하지만 자세한 것은 알 수 없다. 사실 고전 사회에서 국혼의 폐해가 왕자 또는 공주 어느 쪽과의 혼인에서 더 심했는지는 가늠하기 쉽지 않다. 왜냐하면 왕실의 공주 또는 옹주와 혼인한 남자는 벼슬길에 나아가는 것을 금하고 있어 당사자로서는 그렇게 바람직한 혼인이라고 여기지 않는 경우가 많기 때문이다. 그런데 서술자가 도입 부분에서 그 폐해를 다 기록할 수 없다고 한 것으로 보아 그 실상을 잘 알 수 없지만, 당대의 이런 사례가 많다고 여겨 이 이야기를 빗대어 국혼의 실상을 풍자하여 비판했을 것이다. 그리고 이 이야기에서 혼인이 당사자보다는 부모의 의견에 따라 결정되는데, 이는 당시 국혼이 부모의 의지에 따라서 행해졌기 때문이다. 따라서 이 이야기에서 풍자의 대상은 당사자가 아니라 부모다.

구전설화의 <쥐[두더지] 혼인>

이 이야기는 『한국구비문학대계』에 다섯 편이 전하는데, 이야기의 공통 줄거리를 중심으로 보이면 다음과 같다.

"쥐[두더지]가 천하일색의 딸을 낳고 천하에서 제일 훌륭한 배우자에게 시집보내고자 했다. 해가 높은 곳에 있으니 쥐[두더지]는 해가 가장 훌륭하다고 생각하여 해를 찾아가서 말하니, 해는 구름이 덮으면 자기가 보이지 않으니 구름이 더 훌륭하다고 했다. 구름을 찾아가서 딸을 당신에게 시집보내고 싶다고 하니, 구름은 바람이 불면 자기가 흩어지니 바람이 더 훌륭하다고 했다. 바람을 찾아가서 딸을 당신에게 시집보내고 싶다고 하니, 바람은 아무리 세차게 불어도 돌미륵이 있으면 못 지나가니 돌미륵이 더 훌륭하다고 했다. 쥐[두더지]는 돌미륵을 찾아가서 당신에게 딸을 시집보내고 싶다고 하니, 돌미륵은 두더지가 구멍을 뚫으면 자기가 무너지니 두더지가 더 훌륭하다고 했다. 쥐[두더지]의 부모는 돌아와 자기 딸을 두더지와 혼인하게 했다."

다섯 편 이야기의 구체적 내용에는 조금씩 차이가 있다. 경기 강화도에서 채록된 <쥐의 혼인>에서 주인공은 딸 쥐다. 그런데 딸의 혼인을 어미 쥐가 결정하고 딸을 '높은 곳'으로 시집보내고 싶어서 신랑감을 찾으러 다녔다. 그러다가 마지막에 찾아간 존재가 돌미륵이고, 그에게 실망한 어미 쥐는 결국 딸을 동족과 혼인하게 한다. 전남 함평에서 채록된 <쥐의 배필은 두더지>도 주인공은 딸 쥐고, 혼인을 결정하는 사람 역시 어미 쥐다. 어미 쥐는 신랑감으로 '이름 있는 큰 양반' 또는 '무서운 존재'를 구했다. 구술자에게 '이름 있는 큰 양반' 또는 '무서운 존재'는 '훌륭한 존재'라는 인식이 잠재되어 있는데 마지막으로 찾아간 미륵은 두더지가 땅을 파면 자기가 넘어진다며 두더지가 제일 무섭다고 했다. 그래서 어미 쥐는 무서운 존재인 두더지를 사위로 삼았다. 여기서 두더지는 쥐와 동류로 인식하고 있으므로 이렇게 말한 것이다. 경북 성주에서 채록된 <쥐와 두더지의 혼사>는 주인공이 아들 쥐다. 그런데 이 쥐는 아주까리 껍질을 가죽 신발이라고 신고 꿀밤 껍데기는 갓이라고 덮어써 한껏 멋을 부리고 스스로 옥황상제님을 찾아가 혼인하자고 하여 다른 이야기에 비해서 쥐의 태도가 당돌하다. 쥐가 마지막으로 찾아간 미륵은 두더지가 밑구멍을 파면 넘어진다고 하니, 쥐는 결국 두더지와 혼사를 치렀다. 경남 거제에서 채록된 <두더지 신랑 고르기>에서 주인공 딸은 땅속에 사는 두더지이고, '높은 곳'으로 시집을 가고자 했다. 마지막으로 바람이 추천한 인물을 은진미륵이라고 하여 돌미륵보다는 더 구체적으로 제시되었는데, 은진미륵은 두더지가 심하게 파면 넘어질 수밖에 없다고 하자, 두더지는 자기 무리인 두더지에게 시집을 갔다. 경남 거창에서 채록된 <두더지의 혼인>에서 주인공 딸 역시 사람으로 둔갑한 두더지인데 세상에서 무서운 것이 없는 존재로 등장한다. 사람으로 둔갑한 두더지의 부모는 딸의 혼처를 구하는데 신랑감을 해님으로 정하고 찾아가 사돈을 맺자고 했다. 그런데 해님은 세상에 '무서운 것'이 구름이라며 구름이 자기 위에 있으니 자기는 사돈을 할 자격이 없다고 했다. 구혼의 마지막 대상은 은진미륵이다. 은진미륵은 두더지가 자기 똥구멍을 막 뒤집으면 자빠지고 만다며 그가 제일 무섭다고 하고 혼인을 거절했다. 결국 두더지는 무서운 존재가 자기 무리라는 것을 알았다. 이 이야기에서 구술자는 마지막에 "나는 내다. 이 말이라. 거, 인자 우리 말하자면 남의 집 하인은 장[늘] 남의 집 하인이고, 양반은 장[늘] 양반이다. 고마 거뿐이라[그만 그것뿐이라]."라고 논평했다. 구술자의 논평은 노력한다고 해서 신분이 달라질 수 없다는 것이지만, 해석하기에 따라서는 자기 신분이 가장 좋다는 의미도 된다.

위에서 살펴본 대로 문헌설화이든 구전설화이든, 또 주인공이 쥐든 두더지든 간에 이야기 단락은 모두 누적적累積的 회귀구조回歸構造로 되어 있다. 구전설화 구술자는 문헌설화 구술자처럼 당시의 세태를 직설적으로 풍자하지 않았고, 다만 거창에서 채록된 <두더지의 혼인>의 구술자 논평을 제외하면 소화笑話로서의 흥미성에 주로 관심을 보였다. 구전설화 중에 문헌설화처럼 부모가 자녀의 혼인을 주도한 것은 다섯 편 중에 네 편인데, 이는 한국 구전설화의 구술자 의식에는 자녀의 혼사에 대해서 전근대적 사고가 남아 있음을 알 수 있다. 구혼의 대상이 '높은 곳, 이름 있는 큰 양반, 무서운 존재, 어른' 등으로 표현된 이들은 '훌륭한 존재'와 동일시되어 이 역시 자식의 혼인을 통해서 부모 또는 자신이 훌륭한 존재 또는 고귀한 존재가 되고자 하는 욕망이 반영되어 있다.

구전설화의 공통 이야기 내용을 통해서 이야기 구조에 드러나는 의미를 좀 더 살펴보자. 이 이야기가 표면적으로는 흥미에 관심을 두었지만, 그렇게만 말할 수 없는 점도 있다. 쥐[두더지]가 부모든 본인이든 간에 자기들이 잘났다는 점을 빌미로 첫 번째 혼인 대상을 해[하늘, 옥황상제님]로 정했다. 이런 사고思考는 자기가 속한 세계에 대한 부정에서 출발하여 더 나은[높은] 세계로 향하고자 하는 욕망이다. 쥐[두더지]의 속성을 해와 비교하면 자신들이 사는 땅속 세계는 낮고, 어두움으로 표상되는 세계다. 따라서 자기 세계에서 벗어나고자 하는 욕망의 성취를 위해서 자기 집단과 대극적對極的 세계에 존재하는 해[하늘, 옥황상제님]를 지목했다. 왜냐하면 해의 속성은 높고, 밝은 곳으로 표상되는 세계이기 때문이다.

해는 쥐[두더지]의 욕망을 거절한 핑계로 구름에 가리면 세상을 밝게 할 수 없는 약점을 들어서 구름이 더 훌륭하다고 했다. 그러자 쥐는 '밝음'을 전제로 찾아간 해가 그 밝음을 구름이 가리면 어두워져 구름이 낫다고 하니, 쥐는 다시 구혼을 위해 구름을 찾아간다. 그런데 구름은 바람이 자기를 흩으면 어찌할 수 없음을 들어 바람이 더 낫다고 한다. 이런 식으로 더 나은 존재인 바람을 찾았으나 바람은 불어도 꿈쩍하지 않는 돌미륵이 더 낫다고 하여 쥐의 구혼을 거절한다. 쥐는 다시 돌미륵을 찾아가 구혼하지만, 돌미륵 역시 두더지가 자기의 밑을 파면 넘어질 수밖에 없다며 두더지가 더 낫다고 했다. 이처럼 쥐[두더지]는 자아 욕망의 성취를 위해서 자기와는 다른 세계 즉 더 높고, 밝고, 세고, 흔들리지 않는 존재를 찾아가는 구혼 여행을 했지만, 결국 자기가 추구한 세계는 바로 자기가 속한 세계임을 확인하고 회귀한다. 구술자는 이야기의 의미를 표면적 주제를 누적적 회귀 구조의 형식에 맞추어 자기 신분을 망각한 쥐[두더지]의 욕망을 풍자하여 비판하거나 흥미 위주의 웃음거리로 삼았다.

이처럼 한국의 '쥐[두더지] 혼인담'은 부모나 본인의 욕망을 노골적으로 풍자하기도 하지만, 쥐[두더지]가 자아 욕망에서 비롯된 구혼 여행을 통해서 자기가 속한 세계를 긍정적으로 인식 전환을 하는 계기를 마련한다. 우선 이 이야기에 등장하는 구혼 상대[해,

구름, 바람, 돌미륵]의 속성을 보자. 해는 가장 높은 곳인 하늘에 있으며 세상을 밝혀주는 강한 존재지만, 쥐[두더지]는 땅속 낮고 어두움의 세계에 살고 있는 약한 존재다. 그러니 자아도취에 빠져 있는 쥐[두더지]로서는 자기 세계에 대해서 부정적일 수밖에 없고, 이를 극복하기 위해서 대극적 관계에 있는 해를 구혼의 첫 상대로 삼은 것은 당연하다. 그런데 해는 구름이 자기를 가리면 드러날 수 없다고 하여 자기보다 더 센 신랑감으로 구름을 추천하지만, 구름은 눈에 보이지만 손에 잡히지 않는다. 구름은 다시 자기를 쓸어버릴 능력을 갖춘 바람을 추천하지만, 바람은 느낄 수는 있어도 눈에 보이지 않는다. 바람이 자기가 움직일 수 없는 돌미륵[은진미륵]을 추천하는데 돌미륵은 바람도 어찌하지 못할 정도로 미동微動도 하지 않는 존재지만, 현세의 구원자가 아닌 미래의 구원자고, 미륵 대신 벽으로 된 이야기도 있는데 벽은 미래가 보이지 않는 막힌 존재다.

따라서 쥐[두더지]의 욕망은 자기 세계와는 대극적 관계에 있는 해를 비롯하여 구름처럼 잡을 수도 없고, 바람처럼 볼 수도 없으며, 마지막에 찾아간 돌미륵 역시 현세불이 아닌 미래불이란 점에서 현세가 아니라 죽어서 환생할 미래에서나 쥐[두더지]의 욕망을 성취시켜줄 존재고, 돌미륵 대신 벽으로 된 이야기에서 벽은 '미동도 하지 않음'을 속성으로 가진 존재지만, 바람도 뚫지 못하는 '막힘'의 속성은 욕망이 더 이상 나아갈 수 없어 미래가 보이지 않는 절망적 상황을 암시한다. 이처럼 이야기에 등장하는 구혼 대상자들은 자기보다 상대적 우위에 있는 존재를 소개하면서 쥐[두더지]의 구혼을 거절하지만, 사실은 쥐[두더지]가 구혼을 위해서 이들에게 찾아간 것 자체가 실현 불가능한 욕망이었음을 이들 구혼 대상자의 속성에서 볼 수 있다.

결국에 쥐[두더지]는 자기 세계에 대한 부정으로 출발한 욕망의 구혼 여행이 불가능을 실현하고자 하는 긴 고난의 시간이었다. 쥐[두더지]는 이 고난의 시간을 거치고 난 뒤에야 비로소 세상에 존재하는 것에는 상대적 우위성이 있다는 것을 확인한다. 그 결과로 자기 세계로 회귀하고 누적된 회귀는 어리석음의 풍자가 아니라, 자기 세계에 대한 긍정적 수용을 암시한다고 할 수도 있다. 쥐[두더지]는 비록 자아도취自我陶醉에 빠져 자기 세계에서 벗어나려는 욕망의 구혼 여행을 시작했지만, 이 욕망이 없었다면 자기 세계에 대한 부정적 인식에서 영원히 헤어나지 못했을 것이고, 자기 세계를 긍정적으로 바라볼 수 있는 회복의 기회도 얻지 못했을 것이다. 따라서 이 이야기는 욕망이 반드시 부정적으로 인식되어야 할 대상이 아니라는 점을 재음미하게 한다.

욕망도 관점에 따라서는 우리에게 긍정적으로 인식될 수 있다. 따라서 이 이야기는 자기 세계에 대한 부정 심리를 가진 사람들의 심리 치료 같은 데 원용될 수도 있다. 자기 세계에 대한 부정 심리를 가진 사람들의 심리 상태는 매우 복잡하고 다양하여 이들의 삶의 방식이나 태도를 간단히 설명할 수 없다. 자기 부정의 심리에 빠진 사람들은 대개 본인이 대단한 능력을 소유하고 있다고 생각한다. 그렇지만 자기가 추구하던 목표가 좌절되거나, 주변 세계로부터 인정받지 못해서 생기는 자기 부정의 심리 상태에 놓인 경우가 많다. 겉으로 드러나는 이들의 언행을 보면 늘 본인 또는 본인 세계에 대해 혐오적이거나 얕잡아보지만, 내면세계는 늘 자아도취에 빠져 있다. 따라서 이들이 자신이 처한 세계에 대해 현실을 직관하는 긍정적 마음을 회복하는 길은, 사람은 누구나 상대적 우위성이 있다는 것을 확인시켜 주는 일이다. 그리나 이를 확인시키는 일은 자기 세계에 대한 부정적 심리를 가지고 있는 사람들이 스스로 할 수 있는 것이 아니다. 따라서 쥐[두더지]의 구혼 여행처럼 당사자가 정신적 여행을 할 수 있도록 조력자가 이런 이야기를 통해 유도해 준다면, 이들도 자기 부정의 세계에서 벗어날 수 있지 않을까 한다. 이런 관점에서 '쥐[두더지] 혼인담'은 심리 치료에서 다룰 수 있는 중요한 서사 도구가 될 수도 있을 것이다.

이 이야기와 유사한 인도의 <암쥐 이야기>나 중국의 <노서가녀>는 한국의 <쥐[두더지] 이야기>와 의미가 다르다. 이들 설화도 누적적 회귀 구조로 되어 있지만, 인도의 <암쥐 이야기>는 부모나 본인이 욕망에서 비롯된 구혼 여행이 아니라 내신內心은 절대 바뀌지 않는다는 것이 주제이고, 중국의 <노서가녀>는 분수를 모르고 욕망에 사로잡힌 쥐를 암시적으로 풍자하고 있지만, 구술자는 이를 민속 유래에 초점을 맞추어 설명한 이야기다. 인도의 『판차딘드라』에 수록된 <암쥐 이야기>와 중국의 『민간문학』에 수록된 <노서가녀老鼠嫁女>의 이야기를 여기에 소개하여 한국의 '쥐[두더지] 혼인담'과의 실제로 어떤 차이가 있는지 보자.

인도 〈암쥐 이야기〉

인도 <암쥐 이야기>는 인도인들에게 '지혜로운 삶에 관한 지침서[산스크리트어로 니티샤스트라Nitisastra]' 중 하나로 알려진 우화집 『판차-탄트라』에 들어 있다. 이 우화집은 다섯 부분으로 된 이야기 모음집으로 그중 세 번째 이야기가 「까마귀와 올빼미」인데, <암쥐 이야기>는 그중에서 열 번째에 나온다. [이 이야기는 G. L. 찬드라마니의 영역본 『판차 탄트라(Pancha-tantra)』 서수인 역, 태일출판사 1996.에서 인용했다.]

『판차-탄드라』 우화집의 저작 배경과 성격은 영역을 한 찬드라마니가 쓴 '서문'에 나타나 있다. 쓸모없는 자식들을 가진 왕이 그들의 마음을 깨우쳐 주기 위해 학식이 풍부한 브라만 계급에 속한 판디트 비쉬누 샤르마에게 도움을 청한다. 그는 왕자들을 육 개월 안에 깨우치기로 왕과 약속하고, 그의 '아슈라마[암자]'로 왕자들을 데려간다. 거기에서 그가 인생을 슬기롭게 살아가는 법을 가르치기 위해 특별히 지어낸 다섯 부분으로 된 이야기다. [산스크리트어로 '판차'는 다섯을, '탄트라'는 체계 또는 부분이란 뜻이다.]

『판차 탄드라』는 우화집이지만, 판디트 비쉬누 샤르마가 왕자들을 교육할 목적으로 당시 구전되는 이야기를 적절히 활용하고, 또 자신이 직접 이야기를 지어내기도 했다. 따라서 이 우화집은 구전과 창작 양면성을 지니고 있어 일반 구전설화와 동일 범주로 논할 수는 없지만, 이 우화집에 수록된 <암쥐 이야기>는 <쥐[두더지] 혼인담>의 원형으로 중국과 한국 등에 구전된 것이 아닌가 생각된다.

『판차 탄트라』의 이야기 방식은 어느 부분이나 유사하게 되어 있다.「까마귀와 올빼미」 이야기도 서두에 배경과 등장인물 그리고 사건의 발단이 서술자에 의해 제시된다. 제시된 문제의 해결을 위해서 등장인물들이 모여 논의할 때, 등장인물들이 번갈아 가며 자기 의견을 내고 이를 입증하기 위해서 예화를 든다. 이 예화 중의 하나가 <암쥐 이야기>다. 따라서 이 우화집은 이야기 속에 이야기가 들어있는 구술 방식이다.

<암쥐 이야기>의 출현 배경을 이해하기 위해서는「까마귀와 올빼미」의 관계를 먼저 알아야 한다. 언제부터인가 원수 사이가 된 까마귀 나라 왕과 올빼미 나라 왕 간에 갈등이 벌어져, 올빼미 왕이 까마귀들을 잡는 대로 모두 죽여 버리니 까마귀들은 멸족의 위기에 처한다. 다급해진 까마귀 왕은 대신들을 불러 이에 대처할 회의를 하고, 대신들이 여러 묘안을 내는데 부왕의 신하였던 늙은 대신 스티라지비는 이런 경우에 속임수를 써서 적을 물리치는 것이 좋다고 세안한다. 이를 듣고 있던 왕이 까마귀와 올빼미가 어떻게 해시 원

수지간이 되었는지 스티라지비에게 이야기해 달라고 하여 이야기 속의 이야기가 시작되지만, 실제로 <암쥐 이야기>는 락타크샤가 올빼미 왕국의 왕과 대신들에게 들려준다.

올빼미 왕국을 속이자는 전략을 낸 스티라지비는 까마귀 왕족의 멸망을 막기 위해서 스스로 올빼미 왕국을 찾아가서 위장 귀순을 하고 충성을 맹세한다. 올빼미 왕국에서는 까마귀 스티라지비의 귀순을 두고, 올빼미 왕이 대신들을 불러 모아 회의를 한다. 대신 중 한 사람인 락타크샤는 이 까마귀를 죽여야 한다고 주장하지만, 왕은 여러 대신들의 의견을 들은 뒤에 까마귀를 죽이지 않기로 하고 까마귀의 제안대로 동굴 밖에서 거처하게 한다. 락타크샤는 까마귀 스티라지비가 "말은 그럴듯하게 하고 있지만 그는 거짓말쟁이요. 설사 그가 올빼미로 다시 태어난다고 해도 그의 내심은 여전히 까마귀로 남아 있게 될 것이다."라고 하면서, "태양과 구름, 바람과 산과의 결혼 주선을 거절한 암쥐가 결국은 쥐 서방을 남편으로 골랐네."라는 이야기가 있다고 하자, 올빼미의 왕과 대신들은 그것이 무슨 말인지 궁금하다며 락타크샤에게 물으니, 그가 <암쥐 이야기>를 왕과 대신들에게 들려준다.

<암쥐 이야기>

"갠지스 강가에 있는 암자에 살면서 늘 단식과 고행으로 명상에 잠기는 타파시[수도자]들은 먹는 것도 풀뿌리와 과일뿐이고, 갠지

스 강의 물로 목을 축이며 옷도 나무껍질로 만들어 입었다. 이 암자에 사는 성자聖者 야즈나발키야가 신성한 강물에 목욕하고 신들에게 기도하고 있을 때, 매에 채여 가던 생쥐 한 마리가 성자聖者 야즈나발키야 손에 떨어졌다. 그는 이 생쥐를 뱅골 보리수 잎 위에 올려놓고, 몸을 정화하기 위해 다시 목욕한 뒤에 생쥐를 어린 소녀로 변신시켜 암자로 데리고 왔다. 그리고 아내에게 말하기를 자식이 없으니 이 애를 우리 친자식처럼 키우자고 했다.

그 애가 자라 열두 살이 되어 결혼할 나이가 되었을 때 성자 야즈나발키야 아내는 남편에게 딸을 위해 대책을 세우라고 하니, 남편은 딸에게 어울리는 신랑감을 찾아 주기로 했다. 그는 딸에게 어울리는 신랑감은 사회적으로나 경제적으로 너무 기울지 않아야 한다고 생각하고, 또 당시에 현명한 사람들은 딸을 시집보낼 때 일곱 가지 조건을 갖춘 사위를 선택하는데 그것은 훌륭한 가문, 좋은 성격, 가족 부양 능력, 교육, 재산, 건강한 신체, 적당한 나이였다.

성자 야즈나발키야는, 딸이 반대하지 않는다면 이런 조건에 맞는 신랑감은 태양이 적당하다고 여기고 아내에게 의논하니, 아내도 좋다고 했다. 야즈나발키야는 기도와 위력으로 태양신을 불러, 이 애가 당신과 결혼을 원한다면 승낙의 표시로 딸의 손을 잡아달라고 했다. 그리고 딸에게 너는 온 세상을 밝게 비춰주는 태양신을 너의 신랑으로 맞이하겠느냐고 물었다. 그런데 딸은 그가 성격이 지나치게 화끈해서 부담된다면서 다른 신랑감을 구해 달라고 했다. 아버지는 태양신에게 딸이 별로 탐탁하게 여기지 않으니 당신보다 더 나은 신랑감을 추천해 달라고 했다. 태양신은 구름이 자기를 가리면 꼼짝 못 한다고 하면서 구름을 추천하였다. 아버지는 구름을 초대하고 딸에게 구름이 어떠하냐고 물으니, 딸은 너무 검고 차가워서 싫다면서 다른 사람을 구해 달라고 했다. 아버지는 더 나은 사람을 구름에게 추천해 달라고 했다. 구름은 자기를 순식간에 쓸어 버리는 바람을 추천했다. 아버지는 바람을 초대하고 딸에게 바람이 어떠하냐고 물으니, 딸은 바람은 변덕이 너무 심해서 결혼할 마음이 없으니 다른 사람을 구해 달라고 했다. 아버지는 바람에게 더 나은 신랑감을 추천해 달라고 했다. 바람은 산이 버티고 있으면 자기가 마음대로 지나갈 수가 없다며 산을 소개했다. 아버지는 산을 초대하고 딸에게 산은 어떠하냐고 물으니, 딸은 딱딱하고 엉덩이가 너무 무거워 싫다면서 다른 사람을 구해 달라고 했다. 아버지는 산에게 더 나은 신랑감을 추천해 달라고 했다. 산은 자기 몸 구석구석 수없이 구멍을 뚫어놓는 쥐들이 자기보다 월등히 세다고 했다. 아버지는 쥐 왕을 초대하고 딸에게 쥐 왕은 어떠하냐고 물었다. 딸은 대왕 쥐를 보는 순간 야릇한 쾌감에 온몸이 떨림을 느끼면서 천하에 으뜸가는 신랑감이라고 했다. 그리고 결혼하여 가사를 돌보고 종족을 위해 보람 있는 일을 할 수 있게 자신을 빨리 쥐로 둔갑시켜 달라고 했다. 아버지는 명상의 힘으로 딸을 다시 쥐로 되돌려 주고 대왕 쥐와 결혼하게 했다.

이 이야기를 마친 락타크샤는 태양신, 구름, 바람, 산과의 결혼을 거절한 암쥐가 결국 쥐 서방을 얻었다고 하면서 까마귀가 죽어서 올빼미로 환생한다고 해도 그의 '내심'은 여전히 까마귀로 남아 있을 것이므로 까마귀를 죽여야 한다고 했다."

「까마귀와 올빼미」 전체 이야기는 서술자가 따로 있고, <암쥐 이야기>의 서술 화자는 전체 이야기 속에 등장하는 락타크샤다. 이처럼 전체 이야기와 이야기 속 이야기의 서술 화자가 다르지만, 이야기의 주제는 '까마귀의 내심은 절대로 바뀌지 않는다.'라는 락타크샤의 주장이다. 내부 서술 화자인 락타크샤는 자신의 주장을 증명하기 위해서 <암쥐 이야기>를 예화로 든 것이어서 이야기의 서사 구조도 거기에 맞추어져 있다.

이 이야기는 아버지가 딸의 혼처를 구하는 누적적 회귀 구조로 되어 있는데, 성자인 아버지가 신랑감을 구할 때 딸에게 어울리는 신랑감은 사회적으로나 경제적으로 너무 기울지 않아야 한다는 당시의 교훈을 따랐을 뿐이고 세속적 욕망에 사로잡혀 딸의 혼처를 구하지 않았다. 또 당시에 현명한 사람들은 딸을 시집보낼 때 일곱 가지 조건을 갖춘 사위를 선택한다고 했는데 훌륭한 가문, 좋은 성격, 가족 부양 능력, 교육, 재산, 건강한 신체, 적당한 나이다. 따라서 아버지는 혼처를 구하는 당시의 교훈 그리고 기준과 조건에 맞춰서 신랑감을 구했을 뿐이고 상대적으로 더 나은 신랑감을 구해야겠다는 욕망에서 비롯된 것은 아니다.

예를 들어 아버지는 딸에게 어울리는 첫 번째 신랑감을 태양신으로 선택한다. 그것은 그가 온 세상을 밝게 비춰주는 태양신이어서 자기 딸에게 맞을 거라고 판단했기 때문이다. 아버지의 이런 선택은 당시의 기준과 조건에 따라 했을 뿐이다. 더구나 아버지는 신랑감을 찾아가 구걸한 것도 아니고 기도와 위력으로 불렀다. 서술화자도 아버지의 구혼 행각을 세속적 욕망 성취를 위한 행위로 보고 있지 않다.

딸의 태도 역시 마찬가지이다. 태양신의 성격이 지나치게 화끈해서 부담된다며 딸은 아버지에게 다른 신랑감을 구해 달라고 했다. 아버지는 딸의 요구에 따라서 불러온 신랑감에게 더 나은 상대를 차례로 추천받아 구름, 바람, 산을 딸에게 소개했다. 그러나 딸은 이런 신랑감의 성격에 대해 여러 가지로 이유를 대면서 거절했다. 딸의 이런 거절은 신랑감의 선택권이 부모가 아니라 딸에게 있다는 것을 의미하지만, 그것이 욕망에서 비롯된 것은 아니다. 마지막으로 대왕 쥐가 나타나자, 딸은 '야릇한 쾌감에 온몸이 떨림을 느껴 천하에 으뜸가는 신랑감'이라고 하고 결혼해서 가사를 돌보고 종족을 위해 보람 있는 일을 할 수 있도록 자신을 빨리 쥐로 둔갑시켜 달라고 했다. 아버지는 명상의 힘을 빌려서 딸의 요구를 들어주었다. 이처럼 딸은 자신의 취향에 맞지 않아서 다른 신랑을 요구한 것일 뿐 세속적인 욕망과는 무관하다.

아버지는 성자이고 자식이 없었는데 우연히 손에 들어온 암쥐를 변신시켜 딸을 삼았고 장성하자 당시 교훈에 따라서 신랑감을 구해 주었다. 따라서 딸을 위한 아버지의 구혼은 세속적인 욕망에서 비롯된 것이 아니다. 딸 역시 신랑감을 거절했던 이유 등을 볼 때, 자신의 신분 상승 같은 욕망 실현을 위해서 다른 신랑감을 요구한 것이 아니다. 딸은 신랑감의 성격이 자기와 맞지 않는다고 하여 거절했기 때문에 다른 신랑감들이 자기보다 더 나은 존재라고 하여 아버지에게 추천한 것은 딸의 거질 사유와도 무관하다. 이를테면 딸은 태양의 성격이 지나치게 화끈해서 부담된다고 했는데 아버지가 태양에게 더 나은 신랑감 추천을 부탁했다. 그러자 태양은 구름이 자기를 가리면 아무런 능력을 발휘할 수 없으니 자기보다 더 낫다고 하여 추천하였다. 태양은 구름의 능력이 자신보다 상대적 우위에 있다고 여기고 추천한 것이지만, 딸은 태양, 구름, 바람, 산 등의 성격을 문제 삼아서 거절한 것이므로 딸의 요구와는 무관하다.

<암쥐 이야기>에서 아버지가 더 나은 신랑감을 상대에게 요구한 것이 아버지의 욕망 실현 때문이 아니듯이, 딸의 다른 신랑감 요구 역시 딸의 욕망 성취 때문이 아니라 성격이 맞지 않아서 그런 것이다. 딸이 문제 삼은 혼인 상대의 성격을 보면, 태양은 지나치게 화끈하고, 구름은 검고 차가우며, 바람은 변덕이 심하고, 산은 딱딱하고 엉덩이가 무겁다고 했다. 이것은 모두 세속적인 욕망이 아니라 딸의 취향에 맞지 않은 것뿐이다. 그런데 마지막으로 딸이 대왕

쥐를 선택할 때는 야릇한 쾌감에 온몸이 떨리는 감정이었다. 딸의 대왕 쥐 선택은 욕망의 끝자락에서 어쩔 수 없는 선택이 아니고, 그녀의 취향 수준을 벗어나서 동족에 대한 원초적 본능에서 비롯된 것이다. 구술자는 이것을 '내심'이라고 했다.

이 설화에서 <암쥐 이야기> 내부 구술자인 락타크샤의 주장이나 이야기 구조를 통해 알 수 있는 딸의 신랑감 선택 기준은 그녀의 취향과 원초적 본능이었다. 그리고 구술자도 도입과 결말에서 딸의 원초적 본능이 '내심'에서 비롯된 것이므로 절대로 변하지 않는다고 했다. 이 이야기는 바로 이 점이 주제화된 것이다. 이 이야기에서는 구술자의 구술 의도와 <암쥐 이야기>의 구조는 주제가 일치한다. 이것은 구술자가 <암쥐 이야기>를 전해오는 이야기라고 하였지만, 작가에 의해 우화로 재창작되는 과정에서 작가의 서술 의도가 반영되었을 것이다.

중국 〈노서가녀老鼠嫁女〉

이 이야기는 왕수촌王樹村의 『민간문학』 [중국민간문예연구회中國民間文芸硏究会, 1981]에 수록된 것을 중국인 맹상염이 번역한 것을 참고했다. 중국의 민간 목판 세화歲画 중에는 '노서가녀老鼠嫁女'나 '노서성친老鼠成親'이 있는데 쥐의 무리가 울긋불긋한 옷을 입고 가마를 메고 있다. 가마에는 소녀가 앉아 있고, 가마 앞에는 깃발, 징,

일산, 부채 등을 들고 있는 쥐도 있고, 나발 등 악기를 들고 있는 쥐도 있다. 봉건사회에서 행해지던 결혼 행렬과 비슷한데 이 그림에는 아주 흥미 있는 민간 전설이 전한다.

도입 부분에 소개된 구술자의 의도는 민속 유래에 관한 설명이다. 이 이야기의 내용이나 전개 방식은 인도의 <암쥐 이야기>와 별로 다르지 않다. 그렇지만 구술자가 이야기하는 의도와 등장인물의 행위나 태도는 다르다.

"옛날에 법술을 아는 노인이 매에게 삽혀가는 생쥐가 불쌍해서 구해주었다. 생쥐가 딸이 되어서 은혜를 갚겠다고 하자, 노인은 법술로 생쥐를 소녀로 변신시켰다. 딸이 된 생쥐는 응석이 심하고 자기가 제일 예쁘고 똑똑하다고 여겼다. 매사를 자기에게 의지하는 노인을 싫어하던 딸은 시집보내 달라고 하면서 부귀영화를 누릴 수 있는 권세 있는 사람으로 하늘의 해를 가리켰다. 노인은 해를 찾아가서 당신이 가장 존귀하니 자기 딸을 부인으로 삼아 달라고 했다. 해는 구름이 가리면 누구에게도 보이지 않으니 구름의 권세가 가장 강하다고 했다. 노인은 딸을 데리고 구름을 찾아가서 해가 당신을 무서워하니 내 사위가 되라고 했다. 구름은 바람이 불면 지기는 사라지므로 바람을 찾아가라고 했다. 노인은 딸을 데리고 바람을 찾아가서 내 사위가 되어 달라고 했다. 바람은 벽이 막으면 자기는 속수무책이라며 벽에게 가라고 했다. 노인은 딸과 함께 벽을 찾아가서 당신이 가장 강하니 딸을 시집보내고 싶다고 했다. 벽은 쥐가 구멍을 뚫으면 자기는 서 있지 못한다며 쥐가 가장 대단하다고 했다. 노인은 딸에게 쥐가 가장 권세 있으니 쥐와 결혼하라고 했다. 딸은 쥐가 작은 구멍에 살아서 결혼할 수 없다고 하자, 노인이 딸을 쥐로 변신시켜주었다. 생쥐는 구멍을 보자 바로 들어갔는데 그날이 정월 25일이었다."

구술자는 결말에서 사람들은 그날을 쥐가 혼인하는 날이라고 부르고, 쥐가 무사히 결혼할 수 있도록 밤이 되어도 집집이 불을 켜지 않는다고 했다. 도입과 결말 부분의 내용으로 보면 구술자는 이 이야기를 통해서 쥐 혼인날의 민속 유래를 설명하려는 의도인 것을 알 수 있다.

한국에도 정월 상자일上子日을 '쥐의 날'이라고 하는 민속이 전한다. 신년 정월 상순에 드는 자일子日을 '쥐의 날'이라고 한 것은 십이간지十二干支의 자子가 동물로는 쥐에 해당하기 때문이다. 이날과 관련된 이야기로 『삼국유사』의 <서출지書出池>가 있는데, 여기에 등장한 쥐가 임금의 위기를 구해준 것과 관련해서 '쥐의 날'이 정해졌다. 일반적으로 쥐는 비록 해로운 동물로 인식되지만 <서출지>를 참고하면 이날에 쥐를 위해 줌으로써 쥐의 피해를 줄여보려는 민간 신앙에서 '쥐의 날'이 유래된 것으로 생각된다.

이것과 다르게 한국민속에 나오는 '쥐의 날'엔 사람들이 논두렁과 밭두렁에 불을 놓아 쥐를 없애는데 이를 '쥐불놀이'라 한다. 이날 밤 자시子時에는 방아를 찧는데 곡식이 없으면 '빈 방아'라도 찧어 요란한 소리를 내고, 또 이날에는 일도 하지 않는다. 이것은 쥐가 곡식 축내는 것을 방지하려는 행사다. 사람들은 쥐가 잘 쪼기 때문에 이날 밤엔 불을 밝히지 않고, 길쌈을 하거나 의복을 짓는 일도 하지 않는다. 이처럼 한국 민속에서 쥐는 곡식을 축내는 해로운 동물로 여기기도 한다. 이날 밤에 불을 켜지 않는 것은 중국 설화에서 불을 켜지 않는 것과는 다르다. 중국 이야기의 구술자는 쥐가 혼인하는데 방해되지 않도록 조용히 하고, 불도 켜지 않는다고 하여 중국인들이 이날만은 쥐를 위해 주고 있다. 중국인들의 이런 민속은 쥐가 다산多産을 상징하는 동물로 여겨졌기 때문이다.

중국의 <노서가녀>에서는 딸이 자신의 욕망을 위해 신랑감을 구하려다가 거절당하고 결국은 자기 무리인 쥐가 가장 강하다는 이야기를 벽으로부터 듣고 나서 쥐와 결혼한다. 법술가法術家인 아버지는 딸의 신랑감을 구하는 데 안내자의 역할을 하다가 마지막에만 딸에게 쥐가 가장 강하니 쥐에게 시집가라고 한다. 이 이야기 구조에서는 주인공인 쥐가 자신의 욕망을 성취하기 위해 자신의 신분을 망각한 채 권세 있는 신랑감을 구하려는 오만한 태도가 보인다. 그런데도 구술자는 이에 대해서 어떤 비판도 하지 않고 오직 쥐의 혼인이라는 민속 유래를 소개한다.

물론 중국의 '쥐 혼인담'에 속하는 여러 이야기 중에는 욕심을 부린 어미 쥐가 딸의 불행을 자초한 것을 풍자한 이야기[백경승白庚勝, 『중국민간고사전서中國民間故事全書』 하남河南·민지권澠池卷, 지식산업출판사知識産業出版社, 2009]도 있는데, 어미 쥐가 다람쥐를 중매쟁이로 삼아 딸의 혼사를 부탁하고 여러 신랑감을 만나지만 모두 거절당한다. 마지막에 똑똑한 쥐마저도 자기는 고양이가 가장 무섭다며 거절했다. 어미 쥐는 자기 딸을 고양이에게 데려가고 고양이는 좋다고 해서 혼인을 한다. 그런데 혼인하는 날 신부와 후행後行들이 모두 고양이에게 잡아먹혔다. 이 이야기는 회귀 구조를 벗어난 이야기다. 구술자가 쥐의 욕심을 직설적으로 풍자하고 있지는 않지만, 딸을 비롯하여 혼인에 참석했던 후행들이 함께 죽게 된 것은 어미 쥐의 결혼 욕심 때문임을 암시한다.

그런데 <노서가녀>의 구술자는 이런 암시조차도 드러내지 않고, '쥐의 날'의 민속 유래 설명에 귀결시켰다. 서사 구조상으로는 딸 쥐가 자신의 욕망에 따라서 '신랑감 구하기'를 하지만 결국 자기 동족이 가장 강하다는 것을 아버지한테 듣고 다시 쥐로 변신하여 쥐구멍으로 들어갔다. 이런 결말을 통해서 서술 화자는 쥐의 욕망에 대해 부정적 인식 아래 비판을 하지만, 딸의 심리는 '신랑감 구하기' 여행을 통한 자기 세계에 대해 긍정했다기보다는 아버지의 권유에 따른 어쩔 수 없는 선택으로 보인다. 따라서 이 이야기가 자기 세계를 부정한 욕망이 자기 세계를 긍정하는 계기가 되었다고는 볼 수 없다.

이렇게 볼 때 인도의 <암쥐 이야기>에서 구술자는 쥐에 대해 비판하거나 풍자하지 않았지만, 중국의 <노서가녀> 구술자는 쥐의 욕망에 대해 암시적으로 풍자했다. 그러나 욕망이 자기 세계의 부정적 심리가 긍정적 심리로 전환되는 계기로 발전하지 못하고, '쥐의 날' 민속 유래에 관한 설명하는 데 그쳤다. 따라서 구술자가 '쥐[두더지]의 혼인담'을 빗대어서 노골적으로 세태를 풍자하고 자기 세계에 대한 부정적 심리가 긍정적 심리로 전환되는 계기를 보여준 것은 한국의 '쥐[두더지] 이야기'이다. 우선 국혼을 욕심내는 지배계급을 두고 두더쥐가 혼인하는 것만도 못 한 속물들이라고 풍자한 문헌설화를 비롯하여 구전설화도 모두 그렇다.

13.
치악산 꿩[까치] 이야기

〈치악산 꿩[까치]의 보은〉

치악산 상원사 안내문에 의하면 이 절은 신라 경순왕敬順王 때 왕사王師인 선사禪師 무착소사無着祖師가 당唐나라에서 귀국한 뒤에 오대산 상원사 문수대성文殊大聖에게 기도하여 관법觀法으로 치악산 정상[1050M]에 성지를 발견하고 창건했다. 그 뒤 도선국사道詵國師, 나옹화상懶翁和尚 같은 고명한 스님들이 이곳을 거쳐 갔다. 현재의 절은 1966년에 혜원慧圓과 대행大行 두 스님이 중창했고, 1984년 경덕敬悳 스님이 주지로 있으면서 현재의 불사를 일으켰다고 한다. 안내문에는 <은혜 갚은 꿩>만 전하고, 현재 절 마당 한쪽 종각 안에 있는 범종은 그리 오래되지 않았으며 관련된 기록이나 구전된 내용이 없다. '치악산 꿩[까치]의 보은'은 이 상원사上院寺를 연원淵源으로 하고 있고, 이런 유형은 이 지역만이 아니라 전국적으로 구전되고 있으며 줄거리는 다음과 같다.

"치악산 상원사 주변을 지나가던 도사가 꿩의 둥지를 위협하는 구렁이를 목격하고, 이를 차마 그대로 두고 볼 수 없어서 구렁이를 죽였다. 죽은 구렁이의 암컷이 수컷의 죽음을 복수하기 위해 여자로 변신하여 도사를 유혹해서 죽이려고 했다. 위기에 빠진 도사는 암구렁이에게 꿩이 불쌍해서 측은지심惻隱之心에 그리한 것이니 살려달라고 애원했다. 암구렁이가 새벽까지 절에 있는 종을 울리면 살려주겠다고 했지만, 도사는 방법이 없으니 절망하고 있는데 새벽에 종이 울리자 암구렁이가 사라졌다. 아침이 되어 도사가 종이 있는 곳에 가 보니 꿩[까치]들이 죽어 있었다. 도사는 꿩[까치]을 땅에 묻어 장사를 지내주고 돌아갔다."

암구렁이가 도사를 죽여 복수하지 않고 갑자기 마음이 변해 절의 종을 울리면 살려주겠다고 한 제안이 도사의 애원 또는 측은지심 때문이라고 하기에 이야기 문법의 긴밀성이 떨어진다. 구렁이와 상원사 종 사이에 무슨 인연이 있어서 이렇게 제안한 것 같은데 그것이 없다. '보은'이란 주제 구현에 중요한 서사적 기능을 하는 구렁이의 제안이 이야기 맥락상 비약으로 생각되지만, 구술자들이 이를 개의치 않고 구술하는 것은 이 제안이 없으면 '보은'이란 주제가 구현될 수 없기 때문이다. '보은'을 사람이 아닌 동물이 실천하고 있어서인지 구술자들은 이를 강조해서 구술한다. 무주군 진도리 김옥분[여]은 이야기를 마친 뒤에 덧붙인 "짐승은 베풀면 꼭 은혜를 갚는데 사람은 은혜를 원수로 갚는다."라고 하고, 용인군 용천리의 김영하[여]는 "인간 구제는 악이 돌아오고, 짐승 구제는 복이 돌아온다."라고 한 데서 알 수 있듯이, 은혜를 원수로 갚는 인간들과 대조적으로 날짐승인 꿩[까치]이 은인을 구하기 위해서 목숨을 바쳤다는 주제가 구술자들에게 깊은 감동이었으므로 이야기의 '비약'이 구술하는 데는 장애가 되지 않을 수도 있다. 이 이야기는 강원도 지역에서 멀리 떨어진 경상도나 전라도 지역에서도 채록되는 것을 보면 화소의 변이에 차이가 있지만 전국적으로 전승되고 있다.

꿩[까치] 보은담의 변이형은 이야기에 따라 화소의 차이가 있어 은혜를 베푼 주인공의 신분이 '선비, 무사, 도사, 포수, 총각' 등 다양하고, 보은하는 동물도 꿩[까치] 외에도 '황새, 비둘기'가 등장한다. 그렇지만 이야기의 구조적 의미나 이야기 문법이 크게 달라지지 않고 절의 종소리와 관련하여 '보은'을 주제로 한 동물 이야기라는 점은 유사하므로 내용을 소개하지 않는다. 이런 변이형 외에 단순한 '꿩[까치] 보은담'도 있는데 종소리와 관련된 이야기가 아니다. 이야기가 꿩[까지]의 둥지를 해치려고 하는 구렁이를 목격한 주인공이 이를 차마 볼 수 없어서 구렁이를 죽였다는 데까지는 유사하다. 그런데 그 뒤에 전개되는 뱀딸기[장어·잉어]를 머고[뱀의 뼈를 밟고] 얼굴이 부어 사경死境을 헤매는 주인공을 마당에 내놓으니, 꿩[까치·황새·비둘기]이 날아와 그의 몸을 쪼아대어 몸속의 구렁이[뱀] 새끼들이 모두 죽은 체로 나와 병이 나았다는 이야기다.

구술자 이경자[무주군 읍내리, 여]의 <까치의 보은>은 "구렁이 때문에 위기를 맞았는데 주인공을 감고 있던 구렁이가 주인공에게 까치 소리를 내면 감은 것을 풀어주겠다고 했다. 주인공이 까치 소리를 내지 못하고 있는데 갑자기 밖에서 까치 소리가 들려서 위기를 모면했다."

이 이야기에서 주인공에게 구렁이가 까치 소리를 내면 살려주겠다는 제안한 것은 종을 울리라는 것보다는 좀 더 실현이 가능한 것이지만, 구렁이의 이런 제안에 대한 의문은 여전히 남는다.

박분준[김해군 상동면, 여]의 <꿩의 보은>은 주인공이 꿩의 죽음을 안타까워해서 구해주니 꿩이 보은했다는 이야기다. "어느 남자가 왕거미 줄에 걸린 꿩을 보고 왕거미를 죽이고 구해주었다. 그런 뒤에 부인이 태기가 있어 아들을 낳았는데, 아들이 일곱 살이 되어 서당에 다니면서도 어미의 젖을 빨아 어미가 죽을 지경이었다. 그래서 아들이 오는 시간이 되면 어머니가 숨었다. 하루는 도사가 그 집에 나타나서 아들을 총으로 쏘아 죽이라고 했다. 주인공이 차마 그렇게 하지 못하고 망설이자, 도사가 아들을 총으로 쏴 죽였다. 그러자 왕거미가 우글거렸다. 도사는 거미줄에 걸린 꿩이 바로 자신이었다고 말하고 환생해서 은혜를 갚으러 왔다."

이 이야기는 불교의 윤회사상을 배경으로 하고 있지만 비현실적 환생담이다. 꿩을 살려 준 집의 아들로 환생한 왕거미가 복수하려는 것을 꿩이 도사로 환생해서 그 집의 위기를 면해 주었다. 이는 등장인물 간의 대립이 꿩과 구렁이가 아니라 꿩과 왕거미이다. 이야기가 전개되는 시간도 어머니가 주인공을 낳고 7년이 지난 뒤에 위기가 벌어진 사건이고, '보은'이란 주제는 불교의 윤회와 환생을 원형 구조로 하고 있다.

박영희[군위군 우보면, 남]의 <꿩의 보은으로 잡은 퇴계 자손의 묘터>는 꿩이 보은으로 명당을 잡아주었다는 이야기다. "어느 나이 많은 양반이 매로 꿩사냥을 하는데, 꿩이 집에서 베를 짜고 있던 처자의 치마 밑으로 숨어버렸다. 그 처자가 꿩을 살려주는 것을 먼발치에서 지켜 본 매사냥꾼이 처자의 부모를 만나 장가를 들겠다고 했다. 부모의 처지가 꿩 사냥꾼인 양반의 소작인이라서 사위가 될 사람이 나이가 많았어도 거절하지 못한 채 주저했다. 마침 처자가 그 양반에게 시집을 가겠다고 하여 결혼해서 아들을 하나 낳았다. 매사냥꾼은 나이가 많은 까닭에 일찍 죽게 되어서 장사를 치르는데 꿩이 찾아와 명당을 잡아주었다. 그 집의 후손들이 대대로 잘 되었는데 바로 퇴계 집안의 후손이다."

이 이야기는 꿩을 위협하는 존재가 구렁이가 아니라 꿩사냥을 하던 양반이다. 이것은 여자가 우연히 자기 치마 밑으로 들어온 꿩을 살려 주고, 꿩은 그 은혜에 보답하려고 여인에게 명당을 짐지해 주었다는 보은담이다. 꿩을 잡으려던 사냥꾼인 양반이 자기와는 다르게 처신한 여자에게 혼인하겠다고 했다. 여자가 꿩을 살려주었지만, 사냥꾼인 양반에게 무슨 피해를 준 것이 없으니 양반이 복수하는 단락도 없다. 다만 꿩의 처지에서 죽음의 위기에 처했을 때 그것을 면하게 해준 처자에게 일찍 죽은 남편의 명당을 점지해 주어서 은혜를 갚았다.

'꿩의 보은'을 주제로 한 이야기에서 이경자[여]의 <까치의 보은>은 종을 울리는 제안이 아니라 까치 소리를 내는 것으로 되어 있어 위기에 처한 주인공에게는 실현이 가능한 제안이지만 상원사 종과는 관련이 없고, 박분준[여]의 <꿩의 보은>은 '보은'이란 주제는 불교의 환생 화소로 된 비현실담이며, 박영희[남]의 <꿩의 보은으로 잡은 퇴계 자손의 묘터>는 꿩과 대립적 인물이 양반이고 은혜를 베푼 인물이 처자인데, 이들이 혼인한 뒤에 남편이 죽자 꿩이 보은의 뜻으로 묘터를 잡아주어 퇴계 후손이 복 받은 이야기다.

상원사의 신종 〈치악산〉

이처럼 구전되고 있는 '꿩[까치] 보은담'이 꿩[까치]의 '보은'을 주제로 하고 있어서 '상원사 꿩[까지]의 보은' 변이형이라고 할 수도 있겠지만, 치악산 상원사 종과 관련된 <꿩[까치]의 보은>에서 구렁이의 갑작스러운 '제안'은 여전히 문제로 남는다. 이 유형의 이야기가 채록된 강원도 횡성 지역을 제외하면 꿩 보은담의 변이형은 주로 치악산 공간과 상원사 종이란 증거물과는 거리가 먼 지역에서 전승되고 있다.

상원사 종에 대한 기록이나 안내문이 없어서 암구렁이의 제안이 문맥상 이해되지 않아 지금까지 암구렁이가 주인공에게 복수하는 과정에서 왜 갑자기 종소리를 울리면 살려주겠다고 제안했는지 근거가 모호했는데, 다행스럽게도 기존의 설화 자료집 중에 이를 보완을 할 수 있는 이야기가 『강원의 설화』 Ⅱ 치악산, 229-229쪽[강원대학교 인문과학연구소, 2005]에 치악산 상원사를 배경으로 구전된 '상원사 신종神鐘'에 관한 이야기가 <치악산>이란 제목으로 수록되어 있는데 줄기리는 다음과 같다.

"불심 깊은 주지가 신종 제작을 계획하고 전국에서 시주를 모았다. 주지는 시주로 받은 숟가락을 보니 탐욕이 생기고 함께 있던 보살의 유혹에 빠졌다. 주지와 보살은 숟가락 반을 감춘 채 종을 만들어서 신도들 앞에서 타종하는데 종소리가 울리지 않았다. 이때 허공에서 주지의 파계와 탐욕을 질타하는 부처의 음성이 들리고, 주지와 보살은 구렁이가 되었다."

이것은 상원사 신종 제작과 관련해서 중과 보살이 파계와 탐욕으로 구렁이가 되었다는 이야기이다. <치악산이 은혜 갚은 꿩>에서 암구렁이가 주인공에게 복수를 하려다 말고 갑자기 절의 종소리를 울리면 살려주겠다고 제안한 이유를 이 이야기를 통해서 짐작할 수 있다. '상원사 신종'에 관한 <치악산>이 먼저 구술된 다음에 <은혜

갚은 꿩> 이야기가 구술되었으면 <치악산의 은혜 갚은 꿩>의 완형담이 되는데, 앞에서 소개한 <상원사>의 '치악산 신종' 이야기가 없어서 문맥이 모호했다. 이들 이야기를 재구하여 순차적으로 제시하면 다음과 같다.

"불심 깊은 주지가 신종 제작을 계획하고 전국에서 시주로 숟가락을 모았다. 그런데 주지가 탐욕이 생기고 함께 있던 보살의 유혹에 빠졌다. 주지와 보살은 시주로 받은 숟가락에 탐욕이 생겨서 그 절반을 감추고 종을 만들어서 타종하는데 소리가 나지 않았다. 이때 허공에서 주지와 보살의 파계와 탐욕을 질타하는 부처의 음성이 들렸다. 참석한 신도들이 비난하니 절은 망하고 주지와 보살은 암·수 구렁이가 되었다. <치악산[상원사 신종]>

그러던 어느 날 구렁이가 꿩의 둥지를 위협하는 것을 본 도사가 꿩이 불쌍해서 구렁이를 죽였다. 암구렁이는 죽은 구렁이의 복수를 위해서 여인으로 변신하여 도사를 유혹하고 죽이려고 했다. 도사는 약자에 대한 측은지심에서 그리한 것이니 살려달라고 했다. 암구렁이가 새벽까지 폐사된 절의 신종을 울리면 살려주겠다고 했다. 도사는 체념하고 있었는데 새벽에 신종이 울리자 구렁이는 슬그머니 사라지고, 도사는 암구렁이한테 죽을 고비에서 살았다. 이상하게 여긴 도사가 아침에 종이 있는 곳에 가 보니 꿩들이 머리가 깨친 채로 죽어 있었다. 도사는 꿩들을 땅에 묻어 장사를 지내주고 떠났

다.” <은혜 갚은 꿩>

이렇게 재구성하고 나면 암구렁이가 왜 절의 종을 울리면 살려 주겠다고 했는지 맥락이 통한다. 절의 주지가 처음에는 불심대로 종을 만들려고 했으나, 보살의 유혹에 빠져 파계破戒하고 물질에 대한 탐욕 때문에 시주를 받은 숟가락 반을 숨기고 종을 만들었다. 종이 완성되어서 신도들이 모인 가운데 타종을 했으나 울리지 않았다. 이때 허공에서 주지의 파계와 탐욕을 질타하는 부처의 음성이 들리고, 주지와 보살은 구렁이가 되었다.

『강원의 설화』 Ⅲ 동해시 편에는 <욕심을 부려 구렁이가 된 스님>도 있는데, 구술자는 스님이 욕심이 많으면 구렁이가 된다는 속설을 여러 차례 강조한 내용이다. 이런 이야기는 ‘인과응보’를 주제로 하고 있다. 재구성된 완형담 <치악산 상원사의 은혜 갚은 꿩[까치]>은 스님과 보살의 파계와 탐욕으로 종이 울리지 않았고 그 때문에 그들의 구원은 말할 것도 없고 파멸에 이르고 만 것이니, 울리지 않은 종소리 문제가 해결되지 않는 한 그들의 구원은 기대할 수 없다.

파계와 탐욕으로 주지와 보살은 구렁이가 되었는데 탐욕에 눈이 먼 수놈 구렁이가 꿩[까치]의 둥지를 위협하다가 그곳을 지나가던 도사에게 목격되어 죽고, 짝을 잃은 암놈 구렁이는 복수를 위해서 도사를 죽이려고 했다. 도사는 무슨 원한이 있어서 구렁이를 숙인 것이 아니고, 꿩의 둥지를 위협하는 구렁이를 보고 꿩에 대한 측은지심 때문에 구렁이를 죽였다고 했다. 이 말을 들은 암놈 구렁이는 마음이 변해서 바로 그 자비심을 가진 도사의 힘을 빌려서 울리지 않은 종을 울리게 하려고 종을 울리라고 제안한 것이다. 이런 제안은 종이 울려야 자기들도 구원받을 수 있기 때문이니, 암놈 구렁이는 자기들의 구원의 길을 열고 싶어서 울리지 않는 종을 울리라고 제안한 것이다.

이렇게 재구성된 이야기는 이야기 문법으로 훨씬 개연성이 있다. 주인공인 도사가 측은지심 때문에 꿩을 살리려고 구렁이를 죽인 것이라고 한 데서 짝을 잃은 구렁이는 도사가 정말 자비심이 있는 존재인지 아닌지를 시험해보기 위해서 종을 울리라고 제안한 것이다. 그런데 도사가 처한 상황을 보면 구렁이의 제안은 실현될 수 없는 제안이므로 도사는 절망할 수밖에 없다. 이런 절망의 순간에 꿩이 극적으로 종을 울림으로써 도사의 자비심이 입증되어 죽음을 면하게 되고 꿩은 도사에게 보은하게 되었다. 이뿐만 아니라 이로 말미암아 구렁이 역시 자신들의 파계와 탐욕의 죄업에서 벗어날 수 있게 되었다.

이 이야기를 행위자 중심으로 대립 구조의 양상樣相과 구축構築된 의미를 보면, 한쪽에는 파계와 탐욕의 주지와 보살이 있고 다른 한쪽에는 측은지심과 자비로운 도사가 있어 하나의 대립 쌍이 되고, 복수를 시도한 암놈 구렁이와 보은의 꿩이 또 다른 대립 쌍이 된다.

그리하여 주지와 보살은 파계와 탐욕 그리고 암놈 구렁이는 복수라는 부정적 의미를 구축하고, 도사는 측은지심과 자비로움 그리고 꿩은 보은이라는 긍정적 의미를 구축한다. 파계와 탐욕의 주지와 보살은 신종의 소리가 울리지 않아서 절이 폐사되고, 이들이 구렁이로 변신하는 극단의 비극적 결과를 초래했다. 반면에 측은지심과 자비로움의 도사는 꿩의 보은으로 울리지 않은 신종이 울려서 도사를 죽음의 위기에서 벗어나게 한 기적이 일어났다. 그리고 꿩에게는 도사에 의해서 그의 보은을 기리는 무덤이 만들어져 살신보은殺身報恩의 뜻을 보상받는다. 이런 보상은 단순히 도사와 꿩에게만 그치는 것이 아니다. 그동안 탐욕의 업보로 구렁이로 지낸 이들에게도 종이 울림으로써 자기들의 업보에서 해방되어 용으로 승천하는 은혜를 받는다.

그렇다면 신종의 소리가 울리지 않았다는 것과 꿩에 의해서 소리가 울렸다는 것의 상징적 의미는 무엇일까? 절의 주지가 신종을 만들고 타종했는데 소리가 나지 않은 것은 비록 소리가 났다고 해도 그것은 파계와 탐욕에서 비롯된 것이므로 사람들에게 아무런 감동을 줄 수 없으니 종이 울리지 않은 것이나 마찬가지다. 파계와 탐욕의 인간에 의해 울리는 종소리는 설령 그 소리가 신도들에게 들린다고 해도 안 들리는 것과 같은 무의미한 소리일 뿐이다. 이에 반해서 꿩[까치]이 머리로 부딪혀 신종의 소리를 낸 것은 자비와 보은이 종소리를 울리게 한 것이다. 이런 종소리는 단순한 소리가 아니라 인간의 고난을 구원하는 의미 있는 소리가 되어서 도사를 살리고, 나아가 구렁이까지도 구원에 이르게 했다. 이것이 바로 이 이야기의 중심 주제다. 그런데 지금까지 구술된 <꿩의 보은담>은 '보은'에만 이야기의 초점을 맞추어 구술하고, 상원사의 신종 이야기인 <치악산>이 생략되었어도 문제 삼지 않았다. 그러다 보니 구렁이가 갑작스럽게 '종소리를 울려라.'라고 한 제안이 자연스럽지 않았다.

이처럼 종소리의 상징적 의미는 현대사회에서 흔히 들을 수 있는 불교 사찰, 기독교 교회, 천주교 성당 같은 각종 종교의 종각에서 울리는 종소리에도 똑같이 적용될 수 있다. 종각에서 울리는 종소리가 신도들에게 단순한 소리로만 들린다면, 그것은 회당 지도자의 마음이 파계와 탐욕으로 가득해서 신도들이 종소리를 의미 있는 소리로 듣지 못하기 때문이다. 반면에 지도자의 마음이 자비와 보은 또는 사랑과 감사의 마음이 가득하면, 신도들은 종각의 종소리에서 단순한 소리가 아닌 구원의 소리를 듣게 된다. 왜냐하면 종각에서 울리는 종소리는 그들이 추구하는 종교적 가치와 교훈을 일깨우기 위해서 치는 각성의 소리이기 때문이다. 재구성된 <치악산 상원사 은혜 갚은 꿩>은 인간이 실천하기 어려운 '보은'을 꿩이 실천했다는 단순한 의미에서 그치는 것이 아니다. 종소리에 자비와 보은 또는 사랑과 감사가 함께 담겼을 때 종교적 기적 곧 구원이 이루어질 수 있음을 말한 것이므로 종소리를 주관하는 스님이나 목사나 신부의 '세속적 욕망'의 절제가 이루어져야 그 종소리가 제구실을 할 수 있다.

14.
호랑이 이야기

옛날이야기 중에는 전국적으로 구전된 <떡 하나 주면 안 잡아먹지>라는 호랑이 이야기가 있다. 이야기 내용이 지나치게 잔인하다고 해서 요즘에는 어린이들에게 들려주지 않는다. 이 이야기가 손진태의 『조선 설화집』에는 <해와 달과 별>로 수록되어 있다. 오두막에 살던 오누이들이 호랑이에게 쫓기다가 하늘에 올라가 해와 달과 별이 되었다고 하여 해와 달과 별이 어떻게 해서 생기게 되었는지 유래를 설명하기도 한다.

〈떡 하나 주면 안 잡아먹지〉

"아주 먼 옛날 산속 오두막에 세 자매를 가진 어머니가 살았는데 하루는 아이들에게 문단속을 잘하라고 이르고 산 아래 잔칫집에 일하러 갔다. 일을 마친 뒤 주인이 나눠준 떡을 보자기에 싸 들고 아이들이 기다리는 오두막으로 서둘러 발길을 옮겼다. 돌아오는 산길에서 호랑이를 만났는데 호랑이가 어머니를 잡아먹으려다가 '떡 하나 주면 안 잡아먹지.'라고 했다. 어머니는 떡을 하나 던져주었더니 떡을 받아먹은 호랑이는 그 떡만으로는 성에 차지 않아 또 '떡 하나 주면 안 잡아먹지.'라고 하여 마침내 떡을 모두 빼앗아 먹었다. 그러자 이제는 어머니에게 '팔 하나 주면 안 잡아먹지.' 하고, 나머지 팔도 달라고 한 뒤에 이제 팔이 없으니 '다리 하나 주면 안 잡아먹지.' 하더니 결국 어머니마저 잡아먹었다.

그런 뒤 호랑이는 오두막에서 어머니를 기다리고 있는 세 자매를 찾아가 문을 두드리며 '어미가 돌아왔으니 문을 열어라.' 하자, 아이들은 어머니 목소리와 다르다며 문을 열어주지 않았다. 호랑이는 목소리를 바꿔 다시 문을 열라고 했다. 그래도 의심하며 문틈으로 손을 내밀어보라고 했다. 털이 나서 거친 호랑이 손을 본 아이들은 어머니가 아니라고 했다. 호랑이는 밀가루를 바르고 다시 내미니 드디어 문을 열어주었다. 호랑이를 본 자매는 여기저기 숨었다.

호랑이는 아이들을 잡아먹으려고 부엌으로 들어가 준비하는 동안 아이들은 집 뒤 우물가에 서 있는 나무로 올라갔다. 아이들이 없어져서 찾아 나선 호랑이는 우물 속에 비친 아이들을 발견하고 나무를 올려다보며, '너희들은 어떻게 올라갔지?' 하고 묻자, 큰아이가 부엌에 있는 참기름을 바르고 올라왔다고 했다. 호랑이는 부엌에 가서 참기름을 가져다가 나무에 바르고 올라가려고 하니 미끄러지기만 할 뿐 올라가지 못했다.

그 모습을 본 아이들은 깔깔거리고 웃다가 마음 약한 막내가 도끼로 찍고 올라왔다고 일러 주었다. 그러자 호랑이는 도끼를 가지고 와서 나무를 찍고 올라가니, 아이들은 하늘에 기도하며 '하느님, 하느님 우리를 살리려거든 새 동아줄을 내려 주시고, 우리를 죽이시려거든 헌 동아줄을 내려 주세요.' 하고 기도하니, 하늘에서 새 동아줄이 내려와 하늘나라로 올라갔다. 호랑이도 자기가 하늘에 올라갈 수 있도록 동아줄을 내려 달라고 기도하자, 하늘에서 헌 동아줄이 내려와 올라가다가 그만 수수밭에 떨어져서 수수깡은 호랑이 핏빛으로 물들어 지금도 붉고, 하늘에 올라간 아이들은 해와 달과 별이 되어 행복하게 살았다."

<떡 하나 주면 안 잡아먹지>의 결말은 세 아이들이 하늘에 올라가 해와 달과 별이 되어 행복하게 살았다고 하여 민중의 소박한 희망을 보여준다. 그렇지만 심의린의 『조선동화대집』에 이와 유사한 줄거리로 된 <악독한 범>은 오누이만 등장하여 해와 달이 되었다고 하고, 이야기 결말에서 구술자는 "천상에 올라간 두 아이가 선인이 되었다가 옥황상제의 명으로 사내아이는 해님이 되고 여자아이는 달님으로 변하여 지금까지 낮에는 해가 비추고 밤에는 달이 비추어 우리 세계가 광명하게 지낼 수 있다."라고 했다. 이는 호랑이로 상징되는 탐욕스러운 존재에게 희생된 착한 오누이가 천상에서 해와 달로 부활하여 세상의 빛이 되었음을 의미한다.

이 두 편의 이야기에 등장하는 탐욕스러운 호랑이는 산칫십에서

나눠준 떡을 가지고 집에 돌아가는 어머니를 잡아먹고, 아이들이 사는 오두막에 찾아가서 잡아먹으려다가 실패하고 수수밭에 떨어져 지금도 수수 줄기가 붉고, 오누이는 하늘에 올라가 해와 달과 별 또는 해와 달이 되었다. 이 이야기에서 호랑이가 탐욕스러운 지배층을 상징한다면, 산골 오두막에서 착하게 살아가는 어머니와 아이들은 지배층으로부터 수난받는 민중을 상징한다. 어머니는 결국 호랑이에게 횡액을 당했지만, 아이들은 하늘에 기도하여 새 동아줄을 잡고 호랑이의 위협에서 벗어나 하늘로 올라가 해와 달과 별이 되었다고 하여 민중의 고난이 초월적 존재에 의해 구원되고, 탐욕스러운 호랑이는 악행으로 욕망이 좌절되는 권선징악을 주제로 하고 있다. 이뿐만 아니라 아이들이 하늘에 올라가 해와 달과 별로 또는 해와 달로 부활한 것은 미래의 꿈을 보여준 민중의 소망이기도 하다. 민중은 자신들이 부딪히는 세계의 횡포를 현실 세계에서는 해결할 길이 없으니 이야기 세계를 통해 이를 해결하고 위로받는다. 호랑이가 수수밭에 떨어져서 지금도 수숫대가 붉다고 한 것은 믿거나 말거나 한 포괄적 증거물로 비현실적이지만 주제의 진실성 보여주려는 민담의 장치다.

지금까지 소개한 이야기에 나온 호랑이는 악독한 이미지지만, 우리나라 이야기 속에 등장하는 호랑이는 단군 신화에 곰과 함께 인간 되기를 원했다가 실패한 호랑이 이야기가 아주 오래전부터 구전되어 우리에게 꽤 친숙한 동물이다. 이뿐만 아니라 한반도 지형이 호랑이와 유사하다고 하여 한반도를 호랑이 형상으로 그리기도 하고, 그 용맹스러움 때문에 우리나라를 대표하는 동물로 삼기도 한다. 그런가 하면 그림 속의 호랑이가 산신山神과 동격으로 인식되기도 하고, 덫에 걸린 호랑이나 짐승의 뼈나 여자의 비녀가 목에 걸려서 고통받는 호랑이를 구해준 보은報恩의 의미로 호랑이는 남의 집 처녀를 업어다 주기도 한다. 또 가난한 중에도 부모를 정성스럽게 봉양하고 3년 시묘살이하는 효자를 옆에서 돌봐주는 마음씨가 착한 호랑이나, 과부를 유혹하는 탐욕스러운 훈장님을 혼내 주는 의로운 호랑이를 통해서 인륜을 실천하는 모습도 보여준다. 이처럼 전설에 등장하는 호랑이는 긍정적인 이미지로 그려져 있다.

그런데 민담에서는 어리석은 호랑이로 등장하여 겨울철에 물고기를 잡는 요령을 가르쳐주겠다는 토끼에게 속은 호랑이는 못에 꼬리를 담고 있다가 온몸이 얼어붙기도 하고, 호랑이를 뒤따르게 한 여우는 동물들이 모두 자기를 두려워한다고 속이기도 하며, 외양간에 숨어 들은 호랑이는 자기가 온다고 해도 울음을 그치지 않던 아이가 곶감을 준다고 하니 울음을 그치니 곶감이 자기보다 더 무서운 놈이라 생각하고 있는데, 어두운 외양간에서 도적이 발을 헛딛어 호랑이 등에 떨어지자, 곶감이라고 착각한 호랑이가 혼비백산했다고 하여 부정적 이미지로 그려져 있다.

이야기 속의 호랑이 이미지는 이처럼 다양한데 전설에 등장하는 호랑이는 산신으로 토템 신앙의 대상이 되기도 하고, 착한 사람을 보호해주는 동물로 그려진 데 반해서, 민담에 등장하는 호랑이는 어리석은 동물로 구술되어 무서운 호랑이를 희화화戱畫化하여 사람들에게 공포감을 덜어주어 친숙한 존재로 이미지화하려는 의도가 보인다. 호랑이 이야기에 등장한 오누이가 해와 달이 되었다는 유래를 보자.

〈해 누이 달 오빠〉

호랑이 이야기 속에 등장하는 오누이가 해와 달이 되었다고 했는데, 손진태의 『조선 설화집』에는 <해와 달과 별> 외에도 <해 누이 달 오빠> (1), (2)가 있다. 여기에는 앞에 소개한 이야기와는 다르게 호랑이와는 관계없이 오빠와 누이만 등장하여 해와 달의 유래를 설명하는데 <해 누이 달 오빠> (1)은 다음과 같다.

"하느님께는 두 오누이가 있었다. 오빠가 태양이 되고 누이동생은 달이 되었는데, 달이 된 누이가 '달은 사람들이 쳐다보니 싫어. 태양은 사람이 똑바로 올려보지 못하니 나를 태양으로 해줘.' 불평해도, 오빠는 '태양은 천하를 두루 도는데 이는 남자의 기상이니 바꿔줄 수 없다.' 거절하여 오누이 사이에 다툼이 일어났다. 다툼 중에 오빠가 담뱃대로 누이의 눈을 찌른 뒤에 누이가 불쌍해서 태양을 누이에게 양보하고 자기는 달이 되었다."

<해 누이와 달 오빠> (2)는 다음과 같다.

"아주 먼 옛날, 두 오누이를 둔 어머니가 있었다. 오누이 사이가 나빠 항상 다투었다. 그러다가 오빠가 누이의 눈을 바늘로 찔러 죽이니, 어머니는 오빠를 가두어 굶어 죽게 했다. 죽은 뒤에 오누이는 해가 되고 오빠는 달이 되었는데, 누이는 찔린 눈을 사람들이 보지 못하도록 강한 빛을 비추었다."

<해 누이 달 오빠> (1)은 하느님에게 두 오누이가 있었다고 하여 처음부터 천상계 인물로 설정되어 있다. 구술자는 오누이의 관계를 남성 우위의 유교 이념에 바탕을 두고 남녀 역할을 구분하고, 오빠가 실수로 누이의 눈을 찌르는 바람에 측은해서 누에에게 양보했다고 하여 음양陰陽의 대립과 조화를 보여준다. 그런데 <해 누이 달 오빠> (2)는 처음부터 지상계에 속한 인물로 오누이 관계가 지극히 대립적인데 그 이유는 알 수 없지만, 결국 오빠가 누이의 눈을 바늘로 찔러 죽이고 어머니는 오빠를 굶겨서 죽게 했다. 죽은 뒤에 오누이가 해와 달이 되었다고 한 구술자는 누이가 자기의 찔린 눈을 보지 못하도록 강한 빛을 비추었다고 하여, 사람들이 해를 왜 똑바로 볼 수 없는 이유와 해가 여성성을 가지게 된 사연을 설명해 준다.

15.
나무꾼과 선녀 이야기

〈나무꾼과 선녀〉

<나무꾼과 선녀>는 총각이 나무를 하다가 포수에 쫓겨 위기에 처한 사슴을 도와주니 은혜의 보답으로 선녀들의 목욕 장소를 사슴이 알려주고, 선녀의 옷을 숨겨 두었다가 아이 셋을 낳을 때까지 주지 말라고 했는데, 나무꾼이 금기를 어기고 아이 둘을 낳자, 옷을 주니 선녀는 그 옷을 입고 하늘로 올라갔다. 혼자 살게 된 나무꾼은 다시 사슴의 도움으로 잃어버린 아내를 찾아 두레박을 타고 하늘로 올라갔다.

"산중에 사는 한 총각이 조실부모하고 나무를 하며 혼자 살고 있었는데 포수에게 쫓긴 사슴이 숨겨달라고 해서 구해주었다. 하루는 나무꾼이 나무를 하고 있는데 사슴이 찾아와서 장가를 가고 싶거든 선녀들이 호수에서 목욕하는 곳에 가서, 선녀의 옷 하나를 감추고 아이 셋을 낳도록 주지 말라고 했다. 호수에 가서 사슴이 시키

는 대로 하고 선녀를 아내로 맞이했다. 그런데 아이 둘을 낳자, 인정에 끌린 나무꾼은 사슴이 해준 말을 어기고 선녀에게 옷을 보여주었다. 그러자 선녀는 아이 둘을 안고 하늘로 올라가 버려서 나무꾼은 아내 없이 혼자 살았다. 그러다가 나무꾼은 사슴의 도움으로 하늘로 올라가는데, 사슴이 이젠 선녀들이 폭포에서 물을 길어가니 두레박이 내려오면 거기에 올라타라고 했다. 나무꾼은 시키는 대로 하여 하늘에 올라가 다시 아내를 만나 행복하게 살았다."

나무꾼이 사슴의 도움으로 선녀와 결혼해서 노총각 신세를 면하고 아이 낳고 잘 살았다는 이 이야기는 전국적으로 잘 알려져 있다. 그런데 아이 둘을 낳고 옷을 보여달라는 선녀의 청을 거절하지 못해 금기를 어기고 옷을 보여준 나무꾼의 마음은 측은지심에서 비롯된 것이지만 그 결과 다시 혼자가 되었다. 그러자 사슴의 새로운 정보 제공으로 나무꾼이 하늘에 올라가 행복하게 잘 산 것은 착한 마음씨 때문이다. 나무꾼은 지상에 살아야 하고, 선녀는 하늘에 살아야 하므로 이들이 지상에서 영원히 함께 살 수 없는 것은 하늘과 지상을 이원적 공간으로 인식하는 한 어찌할 수 없지만, 인간의 착함[선善]은 이런 생각마저도 극복할 수 있음을 보여준다.

〈수탉이 하늘 보고 우는 사연〉

앞의 이야기는 전반부이고 후반부로 이어지는 이야기 <나무꾼과 선녀>가 홍태한의 『한국 구전 설화집』에 있다. 이 이야기는 <수탉이 하늘 보고 우는 사연>이란 제목으로도 잘 알려진 이야기인데 그 부분만 소개하면 다음과 같다.

"두레박을 이용하여 하늘에 올라간 나무꾼은 아내와 자식들이랑 잘살고 있었다. 하루는 남편이 땅에 물을 준다며 하늘에서 물을 뿌렸다. 물을 너무 많이 주면 농사지을 수 없다는 선녀의 말을 어기고, 나무꾼이 물을 너무 많이 주어서 지상에 홍수가 났다. 나무꾼은 홍수가 얼마나 났는지 궁금하여 이를 확인하려고 지상으로 내려오는데, 선녀는 주막에 들러 술을 마시더라도 주량을 지키고, 박나물은 절대로 먹지 말라고 했다. 그런데 세 번째 들렀던 주막에서 맛있는 박나물을 보고는 아내의 말을 어기고 박나물을 먹고 하늘에 영영 올라가지 못한 채 수탉이 되었다. 그 뒤에는 하늘에서 자식들이 '아버지'하고 부르면, 수탉이 '박나물 먹어서 못 올라간다.' 하고 운다."

하늘에 올라갈 때는 저승이나 이상세계 등을 가는 것과 다르게 스스로 갈 수 없으니 두레박이나 무지개 같은 보조 도구를 이용하므로 일반 탐색담에서 볼 수 있었던 주인공의 탐색 과정을 여기서는 볼 수 없다. 그 대신 이 이야기는 하늘에서 살다가 왜 다시 지상으로 내려오게 되었는지 그 사연을 보여준다. 하늘에 올라가 행복하게 살던 나무꾼이 부인의 말을 듣지 않고 하늘에서 물을 많이 뿌려 지상에 홍수가 나고 이를 확인하러 지상에 내려왔다가 먹지 말라는 박나물을 먹고 다시 올라가지 못했다. 행복하게 잘 살던 나무꾼이 아내의 말을 듣지 않아 불행을 자초하고 더욱이 지상으로 내려올 때 하늘에서 아내가 일러준 금기마저 지키지 않아 영원히 하늘에 올라가지 못하고 죽어서 수탉이 되어 가족이 그리워 하늘을 보고 운다.

<나무꾼과 선녀>의 구술자는 나무꾼이 행복하게 잘 살았다고 했는데, <수탉이 하늘 보고 우는 사연>의 구술자는 행복하게 잘 사는 나무꾼 이야기를 굳이 확대하여 하늘에서 아내의 말을 듣지 않고 땅에 물을 많이 주어 홍수가 나게 하고, 이를 확인하러 지상에 내려올 때도 아내가 일러준 금기를 어기고 먹지 말라는 박나물을 먹어서 하늘에 올라가지 못해 수탉이 되었다고 했다. 이를 두고 나무꾼의 불행은 아내의 말을 듣지 않아서 그렇게 된 것이니, 남편이 불행해지지 않으려면 아내 말을 잘 들어야 한다는 것을 주제로 한 이야기라고 한다면, 이는 이야기 속에서 평범한 의미만을 찾아 읽은 것이다.

나무꾼이 하늘에서 물을 많이 뿌린 것은 지상에 살 적에 가뭄으로 인해 사람들의 고통이 기억나서이고, 또 박나물을 먹지 말라는

금기 위반은 박나물에 특별한 의미가 있어서가 아니라, 나무꾼이 하늘에 올라갈 때 이용한 '두레박'의 '박'과 관련성이 있어 구술자가 이를 유추해 낸 것이며, 마지막으로 나무꾼은 하늘로 되돌아가지 못하고 지상에 남아서 죽은 뒤에 수탉이 되어 하늘 보고 운 것은 수탉이 하늘을 바라보며 목을 길게 빼고 우는 형상에서 연상되었기 때문이다.

현실에서 일상의 삶을 사는 인간은 하늘에서 사는 선녀와 결코 함께 살 수 없다. 전반부 이야기에서는 지상에 사는 나무꾼이 하늘에 사는 선녀와 한 공간에서 살 수 없다는 이원적 세계관을 나무꾼의 착한 성품이 불식시켰다면, 후반부 이야기에서는 기존의 사고에서 벗어나지 못한 인간은 이 세상을 떠나서 절대로 하늘에서 살 수 없음을 보여준 것이다. 그런데 하늘에서 지상으로 내려온 이유가 더욱 현실감 있게 구술된 이야기가 있다.

"아내는 하늘나라 임금의 딸이었다. 나무꾼은 자기 가족들만 재미있게 살다 보니 집에 홀로 계시는 어머니가 생각이 나서 자식 된 도리로 집에 다녀와야겠다고 하니, 아내는 걱정이 되었다. 그렇지만 주인공의 효심에 감동된 임금은 이를 허락하고 용마까지 내주니 어찌할 수 없었다. 주인공은 그걸 타고 내려오는데, 아내가 땅을 밟으면 다시 올라올 수 없으니 말 위에서 인사하고 바로 올라오라고 했다. 그런데 어머니가 아들이 좋아하는 호박죽을 끓여주며 먹고

가라고 하니, 그걸 먹으려다가 뜨거워 말 등에 떨어뜨렸다. 말이 놀라 뛰니, 아들은 말에서 떨어지고 용마는 하늘로 날아가 버렸다. 아들은 하늘에 다시 올라가지 못해서 매일 하늘을 쳐다보며 한탄하다가 죽어 수탉이 되어서 하늘을 보고 울었다."

이야기의 주인공이 지상으로 다시 내려온 이유가 홀로 계시는 어머니가 걱정되어서라고 하고, 이를 들은 임금은 효심에 감동되어 용마까지 내주었다. 구술자는 이 이야기에서 아들의 효심을 꺼냈지만, 어차피 인간은 하늘에서 살 수 있는 존재가 아니므로 지상으로 귀향은 당연하다. 이런 귀결을 앞의 이야기에서는 지상의 홍수가 염려되어서 내려왔고, 아내가 일러준 금기를 위반해서 하늘로 돌아갈 수 없다고 하여, 하늘 선녀와 지상 나무꾼을 이원화했다. 그런데 이 이야기에서는 구술자가 아들의 효심과 어머니의 자애심 때문이라고 하여 유가의 이념인 아들의 '효성孝誠'과 어머니의 '자애慈愛'로 바꾸었다. 더욱이 호박죽은 민중들의 구황음식이자 기호 식품으로 이를 뜨겁게 끓인 것은 아들에 대한 어머니의 애정 표현이다. 다만 용마의 등에 호박죽을 쏟은 것은 나무꾼의 실수인데, 이야기 속에서 인간의 비극은 언제나 이런 실수에서 비롯된다. 구술자는 나무꾼이 다시 하늘에 올라갈 수 없게 된 이유를 이원화된 하늘과 지상을 유가의 이념과 예상치 못한 실수 때문으로 돌렸다. 지상의 인간은 하늘의 선녀와 어차피 함께 살 수 없는 존재임을 주어진 현실에 집착한 나무꾼을 통해서 보여주는데도, 사람들이 살아서는 인생지락人生至樂을 누리고도 만족 못 하고, 죽음에 이르러서는 인생은 무상無常하고, '헛되고 헛되니' 하늘나라에 가고 싶다고 하는데 인간 욕망의 끝은 과연 어디인가?

김균태

1948년생으로, 서울대학교 사범대학 국어교육과·대학원 국어국문학과를 졸업, 1986년에 박사학위를 받았고, 한남대학교 국어국문학과 교수를 역임했으며, 현재는 명예교수로 있음.
저서로는 『이옥李鈺의 문학 이론과 작품세계 연구』, 『한국 고전소설의 이해』(공저), 『알기 쉽고 재미있는 초학한문初學漢文』, 『우즈베키스탄 고려인의 이주와 삶』(공저) 『구비문학대계』(장성·화순·우즈베키스탄·카자흐스탄 편, 공저), 『부여의 구비설화』(공저), 『금강 유역 구비설화』(공저) 등이 있으며, 번역서로는 『이옥李鈺 문집』, 『부여효·열지』, 『백천유집百泉遺集』, 『군자의 논어』, 『동리 신재효 한시 자료』, 『한국 선교이야기』(공역), 『한국 문화이야기』(공역) 등이 있음.

이야기 속의 이야기

초판 1쇄 인쇄 2025년 8월 25일
초판 1쇄 발행 2025년 9월 10일

지은이 김균태
펴낸이 이대현

편집 이태곤 권분옥 임애정 강윤경
디자인 안혜진 최선주 김다윤
기획/마케팅 박태훈
펴낸곳 도서출판 역락
주소 서울시 서초구 동광로46길 6-6 문창빌딩 2층(우06589)
전화 02-3409-2055(대표), 2058(영업), 2060(편집) FAX 02-3409-2059
이메일 youkrack@hanmail.net
홈페이지 www.youkrackbooks.com
등록 1999년 4월 19일 제303-2002-000014호

ISBN 979-11-7396-110-6 03810